华章经管
HZBOOKS | Economics Finance Business & Management

娄向鹏
看世界农业

一本书带你看透全球标杆农业

娄向鹏 著

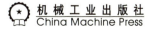
机械工业出版社
China Machine Press

图书在版编目（CIP）数据

娄向鹏看世界农业：一本书带你看透全球标杆农业 / 娄向鹏著 . -- 北京：机械工业出版社，2022.1
ISBN 978-7-111-69622-3

I. ①娄… II. ①娄… III. ①农业经济 - 经济发展 - 研究 - 世界 IV. ①F313

中国版本图书馆 CIP 数据核字（2021）第 238987 号

娄向鹏看世界农业：一本书带你看透全球标杆农业

出版发行：机械工业出版社（北京市西城区百万庄大街 22 号　邮政编码：100037）	
责任编辑：李文静　王　芹	责任校对：殷　虹
印　　刷：北京文昌阁彩色印刷有限责任公司	版　次：2022 年 1 月第 1 版第 1 次印刷
开　　本：170mm×230mm　1/16	印　张：19.25
书　　号：ISBN 978-7-111-69622-3	定　价：89.00 元

客服电话：（010）88361066　88379833　68326294　　投稿热线：（010）88379007
华章网站：www.hzbook.com　　　　　　　　　　　　　读者信箱：hzjg@hzbook.com

版权所有 • 侵权必究
封底无防伪标均为盗版
本书法律顾问：北京大成律师事务所　韩光 / 邹晓东

特邀推荐
Recommend

　　学习、比较、思考、提炼，娄向鹏先生是一位农业品牌实践专家，也是一位理论专家。本书从表象看本质，从特殊到一般，以独特的视角总结了世界农业发展的若干规律，非常具有借鉴意义！

——夏敬源　联合国粮食及农业组织植物生产与保护司司长

　　加快农业国际化既是我国农业高质量发展的重要目标，也是增强我国综合实力、提升大国地位的现实需要。娄向鹏老师的这部新著潜心研究、重点介绍了9个国家农业现代化的成功做法和典型案例，内容丰富，视角独特，为我们展现了深入观察世界农业的精彩一角，很有参考价值和借鉴意义。

——张华荣　农业农村部中国绿色食品发展中心主任

　　汉语拼音之父周有光先生说："要从世界看国家，不要从国家看世界。"只有放眼全球才能找到路标。本书作者历时6年，行程15万公里，考察了9个农业发达国家，为立志实现中国农业现代化的人们取回了真经，实在是难能可贵，可喜可贺。本书值得认真研读、传播，很有价值。其中，规则、科技与可持续，是核心，是关键。愿真经之花，结出丰硕之果。

——刘兆彬　中国质量万里行促进会会长、原国家质检总局总工程师农业是一个古老的、任何国家都有的基础行业，经济先发国家走过的路和来之不易的发展经验，对于中国有特别宝贵的借鉴价值。《娄向鹏看世界农业》是多年深耕品牌农业的娄向鹏先生的新作，是一本对海外先发国家农业发展经验进行实证式、全景式研究的力作，案例丰富，精练而生动。"他山之石，可以攻玉"，希望这本书为我国农业生态圈中的各界人士带来多方位的启发和思考，对正在加速推进中的国家乡村振兴事业的伟大进程起到借鉴和促进作用。

——陈绍鹏　佳沃集团董事长兼总裁

娄向鹏先生为我们带来的世界现代农业的标杆经验，必将使奋战在现代农业一线的精英们受益匪浅，也必将有力地推进乡村振兴战略的实施，助推实现伟大的中国梦。百斯特农业将与你一起去创造"温室效应"、打造品牌物语、加强原产地保护、超越全能冠军，创造属于中国现代农业的辉煌。

——王强众　全国人大代表、江苏百斯特投资集团有限公司董事长

我与娄向鹏先生相识已经12年了，他是中国为数不多有战略定力的、本着真正的专业精神在一个垂直领域深入研究和实践的专家！他一直致力于中国农业和农产品品牌事业，竭尽全力去实现从"田野"到"餐桌"的品牌梦想！在今天的商业社会，娄向鹏先生的精神和实践无疑为我们提供了一个长期主义者践行向善农业的样本！他的新作《娄向鹏看世界农业》就是这一长期努力的硕果。他让我们再次抬眼看世界，发掘顾客价值和企业实践的新可能性！我强烈推荐你仔细研读本书，定有收获！

——曹虎　美国科特勒咨询集团全球合伙人、中国区总裁

从本质上看，包括美国在内的发达国家的农业现代化，不在于其规模大，而主要在于其经营体系强，在于其品牌强。这是根本认知和路径问题。《娄向鹏看世界农业》站在中国农业现代化的高度审视国外农业品牌建设，详细介绍了9个国家农业现代化、品牌化的实践和经验，并把国外、国内农业品牌

打造的路径放在一起比较、讨论，使读者容易体会，更易于借鉴。中国农业品牌化的进程刚刚开始，相信本书的出版一定会为进一步推动这一进程贡献力量。

——孔祥智　中国人民大学中国合作社研究院院长、教授、博士生导师

著一部书，行三十万里路，娄先生用脚步丈量世界，探寻真经。我本人也曾与娄先生到海外学习调研，一路收获颇丰。《娄向鹏看世界农业》以全球视野从产业、市场、品牌、营销等角度总结经验，为中国农业的品牌化、产业化和现代化提供了参考与指引。品牌盛则农业盛，品牌强则农业强。如果品牌农业有颜色，那一定是田野里的那一抹绿！在我国乡村振兴战略的大背景下，本书非常值得大家研读和学习。

——张清苗　福建安井食品股份有限公司董事总经理

有别于之前的"品牌农业四部曲"，本书着眼于国际视野，以全球优秀实践来拓展对中国农业品牌的进一步思考。见贤思齐，"他山之石，可以攻玉"，作为常年用脑思考品牌、用脚丈量土地的"农艺人"，相信娄向鹏先生凝聚八年心血的这本专著，一定会对改造中国传统农业，走向现代化发展之路有很大借鉴作用。

——乔百君　中信农业产业基金管理有限公司董事总经理

作为一名中国农业战线的老兵，一名致力于中国农业品牌创造的实践者，我通读了娄向鹏先生所著的《娄向鹏看世界农业》后，内心涌动着满满的感动，升起了对作者娄向鹏先生无限的敬意！

"中国农业与先进国家比要落后至少20年"，这是农业人的共识，也是农业人的心头之痛，但农业兴盛是中国全面兴盛的必由之路。正因如此，一批又一批希望改变这一局面的有识之士前赴后继地投身农业产业，探寻中国农业发展之路。

中国地域的多样性和复杂性，决定了中国农业品牌发展的艰巨性和不确

定性！没有哪一个国家的成功模式能在中国普遍适用，但我相信，在不同国家的所有不同模式中，很可能有一种适合你。

这就是《娄向鹏看世界农业》给我们中国农业和农业人带来的价值和希望！它不仅集世界农业品牌不同成功模式之大成，更难能可贵的是，作者以其非凡的洞察力，窥探到了所有成功案例背后的共同规律——九条真经！

作者以其非凡的愿力，了悟了中国农业现代化之"道"，即"应从中华民族深厚的五千年农耕文明和独一无二的中国特色社会主义伟大实践中去发掘和探索"，为中国农业和农业人指明了方向！

——余惠勇　深圳百果园实业（集团）股份有限公司董事长

推荐序
Foreword

用中国眼光透视世界农业

娄向鹏先生的第五本品牌农业著作《娄向鹏看世界农业：一本书带你看透全球标杆农业》即将出版，嘱我作序。向鹏团队的"农业西游"，我参与了其中的欧洲之行，自有一番感悟，也体会到了其中的"痛"与"乐"。

如果留意，很多人就会发现，在近年来的正规文件中，有关"强国"的提法很多，诸如军事强国、文化强国、体育强国、科技强国、质量强国、航天强国、网络强国、交通强国、人才强国、制造强国等，但是没有农业强国。试想，十九大报告提出到2035年基本实现社会主义现代化，2018年中央一号文件提出到2035年基本实现农业农村现代化，都基本现代化了，还不说"强国"，是什么原因？我理解，之所以不说农业强国，不是出于科技的原因，而是出于经营体系的原因。"经营体系"这个概念也是最近几年才开始大量使用的。

2015年3月9日，习近平总书记在参加十二届全国人大三次会议吉林代表团审议时提出："要加快推进现代农业建设，在一些地区率先实现农业现代化，突出抓好加快建设现代农业产业体系、现代农业生产体系、现代农业经营体系3个重点。"⊖此后多年的中央一号文件都强调了"三个体系"，实际上把三

⊖ 傅多强，曹梦南. 习近平总书记参加吉林代表团审议侧记 [EB/OL]. (2015-03-10). http://cpc.people.com.cn/n/2015/0310/c64094-26669875.html.

个体系作为新时代农业现代化的代名词，核心在于经营体系，其内涵当然非常丰富。

我理解，农业发达国家的农业经营体系无一例外都是比较完善的，竞争力强，发展后劲足。在完整的产业链、价值链上，农业品牌化特征十分明显。这里的品牌包括两个方面，一是区域公用品牌，二是企业品牌。比如提到葡萄酒可能会想到法国的波尔多（Bordeaux）、美国的纳帕（Napa），这就是区域公用品牌的力量。人们在庆祝某件事情时喝的香槟就更明显了，仅仅是指法国香槟（Champagne）产区生产的起泡葡萄酒，无法复制，无法模仿，具有排他性。

当然这些区域也有很多酒庄、很多大企业，这些酒庄、企业都有自己的品牌，这就是企业品牌，如拉菲葡萄酒。后者是依托前者而发展起来的。区域公用品牌、企业品牌都很强大，这个区域的农业产业经营体系就强大了，这个地区或国家的农业才可以说是强农业。

可见，强农业有很多特征，但强大的品牌一定是最重要的特征之一。在现代社会，品牌是农业产业的灵魂。没有这个灵魂，在国际市场上就没有竞争的资本，就不会有立足之地。

中国是农业现代化的后起之秀。所谓"现代化"，就是发达国家在前面"现代"着，后发展的国家"化"近这个距离，逐步赶上甚至超越发达国家的过程。学习欧美，实际上很多人想的主要是"美"，主要是生产规模的"大"，这就是改革开放以来相当长一段时间政策上推动土地流转和规模化经营的内在原因。

1998年召开的中共十五届三中全会明确指出，"在家庭承包经营基础上，积极探索实现农业现代化的具体途径，是农村改革和发展的重大课题"。这一途径是什么呢？全会给予了回答，那就是农业产业化。当时的农业产业化主流形式就是发源于山东潍坊等地的"公司+农户"模式。这个形式当然也有缺陷，后来逐步发展成为"公司+合作社+农户"模式，并导致了2006年10月《中华人民共和国农民专业合作社法》的出台。2008年召开的中共十七届三中全会对这个问题有深入的分析，并提出以农民专业合作社为主要主体的新型农业社会化服务体系建设问题。

这个过程说明，中央高层对于农业经营制度变迁路径和方向的把握是非常正确的，我们耳熟能详的美国、新西兰、德国、法国等国家的农业企业，绝大多数是合作社模式。

十九大以后，"三个体系"的建设实际上又回到了十七届三中全会规划的路径上，也就是农业发展还是要以农民为主体。2018 年 9 月 21 日，习近平总书记在中共中央政治局就实施乡村振兴战略进行第八次集体学习时的讲话指出："要突出抓好农民合作社和家庭农场两类农业经营主体发展，赋予双层经营体制新的内涵，不断提高农业经营效率。"⊖在两类新型经营主体中，合作社是最重要的主体。

这说明，我们又回到了原来的路径上，即十五届三中全会说的在家庭承包经营基础上实现农业现代化，这也是发达国家农业现代化的基础。从本质上看，包括美国在内的发达国家的农业现代化，不在于其规模大，主要在于其经营体系强、品牌强。这是根本认知和路径问题。

我感到非常高兴的是，向鹏这个团队依托中国人民大学中国合作社研究院，多年来一直致力于中国农业品牌的打造。他的前四本著作主要探讨中国农产品品牌运作的规律并介绍他们所打造的品牌，而这本书则侧重于介绍国外的农业现代化和品牌化，其资料和体验主要来自团队 6 年来对美国、荷兰、以色列、日本、新西兰、法国、德国、瑞士、泰国等国家农业的考察。

我有幸参加了 2019 年对德国、瑞士和法国这欧洲三国的考察，包括德国百年品牌——慕尼黑柏龙啤酒厂、慕尼黑谷物市场、瑞士爱蒙塔尔奶酪工厂、雀巢集团总部、依云矿泉水所在地依云小镇、法国勃艮第葡萄酒核心产区的宝尚酒庄等，深刻感受到了欧洲农业品牌的魅力，简而言之，就是工匠精神，是几代人孜孜不倦打造一个品牌的故事。农业品牌的打造，靠"大跃进"是不可能成功的。

本书站在中国农业现代化的高度审视国外农业品牌建设，详细介绍了 9 个

⊖ 张维. 习近平主持中共中央政治局第八次集体学习并讲话 [EB/OL]. (2018-09-22). http://www.gov.cn/xinwen/2018-09/22/content_5324654.htm?cid=303.

国家农业现代化、品牌化的实践和经验,在行文中自觉把国外、国内农业品牌打造的路径放在一起比较、讨论,使读者容易体会,更易于借鉴。

中国农业品牌化的进程刚刚开始,相信本书的出版一定会为进一步推动这一进程贡献力量。

孔祥智

中国人民大学中国合作社研究院院长、教授、博士生导师
《中华人民共和国农民专业合作社法》起草小组成员

序言
Preface

全球标杆农业的"九条真经"

从青铜之路到丝绸之路,从张骞出使西域到日本遣唐使团来访,从郑和下西洋到航海大发现,从经济全球化到一带一路,一部世界史,就是一部人类文明交流互鉴史,亦是一部农业全球化史。

进入21世纪,以科技、品牌和高质量发展为主要特征的农业现代化和全球化之战如火如荼,粮食战争在全球依然硝烟弥漫。

今天,有着五千年灿烂农业文明的中国,创造了用不足世界9%的土地资源养活世界近20%人口的伟大奇迹,正在向着全面建成社会主义现代化强国、实现中华民族伟大复兴的中国梦奋勇前进。

没有农业农村的现代化,就没有整个国家的现代化。在我们全面推进乡村振兴、加快农业农村现代化的新征程中,如何更加积极主动而有效地学习借鉴世界上其他国家的优秀成果,是一个重要而又迫切需要解决的命题。

中国农业如何创造新的时代篇章,书写新的农业文明?

2014~2019年,从美国、法国、新西兰、荷兰、以色列、瑞士、德国、泰国到日本,历时6年,往返15万公里,我走遍9个全球农业标杆国家,从政府、企业、科研院校到农场和市场终端,探寻农业现代化和品牌化的全球实践。

2020～2021年，在突如其来的新冠肺炎疫情期间，出差少了，我才得以静下来认真反刍这些形形色色的场景和碎片化的资讯，不断探寻个中究竟。

取其精华，去其糟粕。本书是我从产业、市场、品牌、产品、营销等角度系统总结全球标杆农业的理念、实践和经验的结晶，既是我的"品牌农业"系列著作的第五部，也是我六年环游世界取回来的"九阳真经"，希望对大家有所启发和帮助，让大家不用东奔西走也能把世界农业看透。

第一条：观念改变农业

贾雷德·戴蒙德在其著作《枪炮、病菌与钢铁：人类社会的命运》中提出的两大核心命题"农耕文明为什么战胜了狩猎文明""工业革命为什么诞生在欧洲"，关键在于认知和观念。

中国自2000多年前西汉时期开启的丝绸之路，不仅第一次在世界范围内大规模实现了农作物迁徙和商品贸易，而且有力地促进了中外文明的交流。中国通过丝绸之路对外输出了茶叶、丝绸、瓷器等，也引进了胡萝卜、胡椒、西红柿、胡桃等。

这是中国最早的"全球化"认知革命，对世界农业的"全球化"也产生了重要影响。

从1492年起，哥伦布开启了大航海时代，农作物也沿着航海路线走上了它们的全球之旅。从某种意义上讲，航海大发现是农业重塑世界的开始。否则，我们至今可能还不知道玉米、马铃薯、花生为何物。

以色列学者尤瓦尔·赫拉利在《人类简史：从动物到上帝》中提出，智人之所以得以统治地球，是因为智人拥有创造及相信虚构事物和故事的能力。他把发生在智人身上的这场巨变称为"认知革命"。

自称"上帝拣选的民族"的以色列人，硬是靠着"无中生有""变废为宝"的发展理念，在最不适合人类居住的沙漠上，创造了举世瞩目的农业奇迹，让沙漠变绿洲，让死海变"活"……不禁让人感叹：开发大脑远比开发土地更重要。

立顿茶，打破千年产业逻辑和饮茶习惯，在没有茶叶种植、生产和消费文化的英国，通过打造三个"标准化"，将品牌推向了全世界；雀巢咖啡走工业化、快消化、平民化和全球化道路，让"贵族咖啡"走入寻常百姓家，成就世界第一食品企业；佳沛聚焦奇异果，聚焦品种和品质，把一个"中国舶来品"打造成世界第一水果品牌；荷兰缤纷菜市场用想象力颠覆传统，用艺术创造价值，成为"最性感的菜市场"。

不得不承认，是观念改变了农业。

第二条：规则驱动创新

规则为什么重要，从根本上来说，它能够解放、发展和保护生产力。

具体来说，就是可通过制定规则来减少损失。有规则可循，有法律可依，就能够提供正确的引导，激发创新的活力，塑造高效的机制，从而实现更大的利益。

早在1516年，巴伐利亚大公威廉四世就颁布了《纯净法》，该法成了当今世界上最古老的关于食品和饮料的法律，也是德国啤酒几百年来一直保持醇厚口味的秘诀。

100多年前，为了解决波尔多葡萄酒市场上层出不穷的勾兑、假冒年份问题，法国逐步建立起"原产地名称保护制度"（Appellation d'Origine Contrôlée，AOC），打造了从种植到加工再到销售的一整套市场体系，为法国葡萄酒走向世界奠定了坚实的基础，因此也成为法国农业驰骋欧洲、享誉世界的重要法宝。

美国早在立国之初就明确提出"以农立国"，后又通过《纯净食品和药品法》、美国食品药品监督管理局（FDA）和世界上"最风光"的美国农业部（USDA），推动建立农业全产业链服务体系，构建了全球最完善的农业产业链"微笑曲线"。

日本的"肯定列表制度"，号称"世界上最苛刻的质量标准"，通过对农产品质量标准严格的规定和执行，全面提升了农产品质量，打响了日本的农业口碑。

同样，荷兰的花卉拍卖制度，为荷兰花卉产业高效流通、走向全球奠定了坚实的基础，也为全世界农产品流通体系建设提供了"指南针"。

回望历史，每一次规则创新，都对农业产业进步、消费升级、社会发展乃至文明进步产生了影响和推动，这是变革的力量，也是底层逻辑。

第三条：分工是基本保障

200多年前，亚当·斯密在《国富论》中说，"劳动生产力的最大提高，以及在任何引导或应用劳动的地方的更高技能、熟练程度和判断力，似乎都是劳动分工的结果"。

日本之所以在"人多地少"的情况下快速实现了农业现代化，离不开世界上公认最为成功的农业合作经济组织——农业协同组合（简称农协）的推动。农协通过提供一站式解决方案，成功地将日本分散的小农户组织起来，形成强大的聚合力和竞争力。

以色列则通过基布兹和莫沙夫这两大农民组织模式，有效破解了"农民组织不起来"的世界难题，实现了规模化和集体分工协作，大大提高了传统农业的劳动生产效率。

中国人民大学教授、中国合作社研究院院长孔祥智教授曾说，合作社是农业中的现代企业制度。此言甚是。

美国所建立的农业分工服务体系是当今世界分工最科学、专业化水平最高、最有效率的服务体系之一，为农产品的品质化、规模化和稳定性提供了坚实的基础。

著名"三农"问题专家温铁军教授曾经将世界上成功的农业发展模式分为三类：①以加拿大、美国、阿根廷、澳大利亚等为代表的"大农场模式"；②以欧盟各国为代表的"中小农场模式"或"莱茵模式"；③以日本、韩国等为代表的小农经济，即"东亚模式"。

事实上，无论何种模式，组织分工都是其基本保障。

第四条：科技是第一生产力

可以说，现代社会是由科学技术驱动和重塑的。对现代农业而言，更是如此。

西奥多·W.舒尔茨在其闻名于世的《改造传统农业》一书中指出，改造传统农业的关键是要引进新的农业生产要素。

而科技，恰恰是至关重要的"新的农业生产要素"。

荷兰是一面很好的镜子。作为一个面积比我国宁夏还要小的国家，荷兰却做到了世界第二农业强国，其全球领先的设施农业及在此基础上形成的育种、肥料、生物防治等系统创新体系，创造出世界现代农业的"荷兰温室效应"。

无独有偶，德国则借助工业强国的优势，在工业4.0的基础上提出农业4.0，大力发展高度集约、高度精准、高度智能的现代农业形态，并成就一批农业科技巨头和专精特新的世界级"隐形冠军"企业集群，实现了德国农业的高质量发展。

同样，以色列农业的全球竞争力和声誉，建立在其开创的滴灌技术之上。该技术不仅解决了以色列的"沙漠化生存"这一地球难题，还为其他国家提高农作物产量、提升灌溉效率、节约水资源做出了重要贡献。

美国农业的全球地位，源于其全球领先的生物育种、农业机械装备、农业数字化技术，以及"顶天立地"的农业科技教育培训创新体系。

你可能想不到，我们耳熟能详的新西兰佳沛奇异果，却是源于中国的猕猴桃。正是几十年如一日持续不断的科技育种，使新西兰佳沛奇异果以独领风骚的金果品种和不可替代的品质优势纵横全球。

以色列特拉维夫机场以色列籍诺贝尔奖获得者的巨幅照片和主要贡献展示，以及日元纸币上印制的科学家和教育家头像，都让我们看到了一个国家对科技的高度重视和推崇。

农业的现代化、品牌化过程实际上是改造传统农业的过程，推动资源消耗型农业增长模式向科技创新型模式转变是必由之路。

解决农业"卡脖子"问题，从科技创新开始。

第五条：联合起来打天下

在现代战争中，航空母舰是至关重要的战略利器，以其大体量、多功能、强协同、强防护和强进击能力而横行天下。

商场如战场。尤其对于现代农业而言，搏击商海，赢得市场，也离不开"航空母舰"。

新西兰佳沛奇异果是全球最成功的水果品牌之一，其核心模式便是2700多户果农联合起来组建了统一的经营大平台——ZESPRI佳沛新西兰奇异果国际行销公司，形成从品种培育、品牌打造、标准制定、生产、储运，到市场开发、宣传推广的一体化运营模式。

同样，全球最大的乳制品出口商新西兰恒天然集团，由新西兰最大的两家乳品公司和新西兰乳品局合并而成，10 500个合作社和家庭农场成为股东。

1893年，各自为政、反复经历"果贱伤农"的美国加州果农走上联合的道路，自发组织成立世界上最大的"新奇士水果合作社"，联手打造了享誉全球的"新奇士"水果品牌。

这就是联合的力量。

联合体企业是农业品牌建设的"航空母舰"。

事实上，世界四大粮商——ADM、邦吉、嘉吉、路易达孚，以及泰国正大集团、雀巢集团等世界500强企业，通过资本和市场扩张，与上下游建立了密不可分的产业联盟和密切协作，亦成为"航空母舰"。

1968年，加勒特·哈丁首先提出"公地悲剧"理论模型。其实质是指无节制的、开放式的资源利用的灾难。在农业品牌建设中，同样存在这样的"公地悲剧"。

而联合体企业模式，是解决"公地悲剧"的最佳路径。

第六条：品牌创造价值

品牌源于农业。

品牌（brand）一词源于古挪威语"brandr"，意为烙印，即在牲畜身上打上烙印，用以区分归属。无论是美国西部牲畜身上的印记，还是欧洲地窖里酒桶上的标志，抑或是我国良渚时期陶罐上的符号，都说明品牌萌芽于农业，用于区分物品，标明归属。

当今世界，波尔多葡萄酒、瑞士奶酪、加州巴旦木、爱达荷土豆、希腊橄榄油、日本神户牛肉、荷兰郁金香、韩国高丽参、挪威三文鱼等，已成为所在国家或地区的品牌名片。

农业也是诞生大企业、大品牌的源头和起点。

新奇士、都乐、依云、泰森、通用磨坊、达能、嘉吉、路易达孚、孟山都、拜耳、杜邦、美盛……都是世界级农业巨头。

世界上最大的食品企业雀巢，其灵魂产品雀巢咖啡，源于滞销的巴西咖啡豆；可口可乐，是从古柯（Coca）叶子和可拉（Kola）果实中"提取"出来的世界品牌；乐事薯片，依托爱达荷土豆的产业支撑风靡世界；在"区域公用品牌＋行业协会"的品牌发展模式下，华盛顿苹果畅销世界……

而以上全球性品牌，一半以上来自美国。作为现代品牌理论的开创者和引领者，美国通过上下通吃的品牌全产业链布局，以及"国家品牌—区域公用品牌—企业（产品）品牌"三位一体的打造，进行品牌赋能，托起"凹陷的中游"，创造出完美的农业价值曲线。

中国是全世界人参种植面积和产量最大的国家，但人参产业附加值和品牌做得最成功的却是韩国。韩国举全国之力打造高丽参，其用户品牌是"正官庄"。

大量世界实践告诉我们，品牌是现代农业的重要标志，是农业实现高质量发展的战略抓手。

世界农业已进入品牌经济新时代。

第七条：文化是最硬的软实力

20世纪80年代，哈佛大学教授约瑟夫·奈首创"软实力"概念。今天，软实力已成为一个国家、地区、产业和企业综合实力与影响力的重要组成部分。

在现代农业的发展过程中，文化的作用与价值日益凸显，成为最硬的软实力。

瑞士，凭借"像养孩子那样养奶酪"的精神，将数百年传承的传统工艺与现代工业完美融合，赢得全球消费者的青睐，成为欧洲的"奶酪天堂"。

全球第一高端矿泉水品牌"依云"，其贩卖的不仅仅是阿尔卑斯山脉水的纯净与甘甜，还是法国贵族治好肾病的百年传奇，更是"留住青春与美丽"的品牌价值。从某种意义上说，依云已不仅仅是一瓶矿泉水，更代表了一种精英理念和生活方式。

日本神户牛肉，以100%纯正的血统控制、极致的饲养过程、惊艳的产品品质，成就了"世界第一贵"的美名。同样，"世界第一贵"的苹果、"世界第一贵"的葡萄也产自日本。

日本农业之所以盛产"世界第一贵"，成为全球独树一帜的精致农业，是因为日本千百年传承下来的工匠精神和极致文化。

原本不产茶叶的英国，却打造了风靡世界的立顿红茶品牌。文化是秘密武器，即源于英国公爵夫人创造的"伦敦下午茶"贵族生活方式。

曾有美国士兵在家书中如此写道："二战对可口可乐来说是个至关重要的转折点，它使可口可乐在战时成为一种'全球公认的好饮料'。令可口可乐人崇敬的嘶嘶作响的饮料，也对美国战士有一种近乎神圣的意义。"

可见，具有百年以上历史的可口可乐文化，已经深深融入美国人的血液里。

纵观全球，像慕尼黑啤酒、帕尔玛火腿、波尔多葡萄酒、希腊橄榄油等国家名片级地理标志产品，作为国家或区域地理特征和人文基因的载体，无不浸透着文化的血液。

可以说，文化是农业发展的最强软实力，也是农业品牌建设最大的基因禀赋与价值源泉。

第八条：产业融合是大势

早在20世纪60年代，西方学者就提出了产业融合的思想和概念。到了

90年代，日本农业专家今村奈良臣首次提出"第六产业"的概念。

他主张推动以三产融合为核心的六次产业化，形成集生产、加工、销售和服务于一体的完整产业链，以创造新的附加价值，同时把更多的附加价值留给农业生产者。

1+2+3 = 6，1×2×3 = 6。这就是"第六产业"的来历。

泰国正大集团是典型代表。

自20世纪20年代开始，谢氏兄弟从开办菜籽作坊起步，逐步将其发展壮大，形成由种子、种植、饲养、加工、销售、进出口贸易、金融服务、终端零售等组成的完整现代农牧产业链，"从农场到餐桌"，打造"世界的厨房"，堪称一二三产业融合发展的国际样本。

日本熊本县原本是一个传统的农业县，但它另辟蹊径，用文创打造出"熊本熊"品牌IP（Intellectual Property，知识产权），快速引爆熊本县知名度，从一个贫穷落后的农业县变身成为国际知名的旅游胜地，成为农文旅融合的代表。

依托依云矿泉水的品牌影响力，依云小镇从初期疗养胜地到水主题养生度假胜地，从举办高端体育赛事到举办商务会议，成为融多种功能于一体的产业之都和世界级文化旅游目的地。这些再反哺依云矿泉水，形成产业融合价值叠加效应。

法国普罗旺斯薰衣草、瑞士拉沃梯田式葡萄园、爱蒙塔尔奶酪、荷兰库肯霍夫公园、泰国普吉岛，以及日本宇治抹茶、忍野八海，都是一二三产业融合发展"第六产业"的典范。

产业融合，要素重组，价值重构，势在必行。

第九条：可持续才有未来

2015年9月25日，联合国正式发布"联合国可持续发展目标"。

可持续发展，已经成为人类的理念共识和行动目标。而农业，天然是可持续发展的第一道护栏。

以色列建国后，以"为自然立法"的理念，把水和土地作为最重要的国家战略资源加以严格保护和计划使用，通过科技把死海激活，把死海水变成饮用水和灌溉水循环利用。用死海水浇灌出的西红柿"味道更甜"，还卖出了高价，一举两得。

瑞士以"人与自然可持续发展"为基本国策，推行《联邦有机农业计划》，使瑞士有机农产品产出比和人均消费世界第一，成为高度发达的"农业理想国"，对瑞士"大生态"战略也是最好的价值支撑和赋能。

日本早在1971年就成立了全国有机农业研究会，提出"防止环境遭受破坏，维持培育土壤地力"的口号，广泛发动农民生产更多、更好、更健康的农产品。

依云矿泉水把自身的发展与阿尔卑斯山水源生态保护融为一体，不仅建立了自然保护区，还成立了村庄协会出资保护水资源，并鼓励当地居民植树，通过建立一条完整的循环回收路线，致力成为可循环品牌。

雀巢在长期发展中，探索建立一个价值共享生态圈，将世界范围内众多小农户都纳入雀巢的品牌生态中，使得当地的合作伙伴（供应商、种植户、政府等）都能实现价值创造与回报，形成整个品牌生态圈的共赢，助力公司2050年实现净零碳排放。

哈佛商学院教授迈克·波特提出共享价值的理念，认为一个成功企业的周边必然有一个成功的生态圈。

放大开来，价值共享与可持续发展，不仅关乎自然生态保护，更关乎我们每个人、每个企业、每个城市与每个国家的健康、和谐与未来。

九九归一：从西方术到东方道

农为邦本，本固邦宁。

6年9个国家15万公里的农业之行，我最大的感触是：一个强大的国家，必须有强大的农业。西方多国已实现农业现代化，确实有很多值得学习之"术"。

然而中国农业现代化之"道"，我认为还应从中华民族五千年的深厚农耕文明和独一无二的中国特色社会主义伟大实践中去发掘和探索。

正如 80 多年前费孝通在江南开弦弓村办丝厂一事上的伟大发现：乡村工业。

这完全不同于西方"工业聚集城市"的发展路径，也完全不同于亚当·斯密和大卫·李嘉图等西方主流经济学家的大工业构想，而是一种来自中国实践的经济思想灵光。费孝通因此成了世界上第一个指出乡村也能发展工业经济的经济学家。

费孝通在《江村经济》一书中以及后来在很多场合多次强调的"把工业留在农村""让农民有更多副业收入"，恰恰是解决中国"三农"问题的根本突破口。

千年农耕、大国小农、联产承包、"三权"分置、适度规模、乡镇企业、混合所有、产业扶贫、乡村振兴、一县一业、三品一标、农村电子商务、种业保卫战、农业供给侧结构性改革、中央一号文件、一带一路、国内国际双循环。

道法自然、天人合一、药食同源。绿水青山就是金山银山。生态文明、绿色发展、高质量发展、人类命运共同体。

这就是中国特色、中国智慧和中国道路。

现代管理学之父彼得·德鲁克曾直言：只有中国人才能建设中国，只有中国人才能发展中国。

毫无疑问，中国特色的"新农业文明"也只能由中国人来创造。

以中国国情和文化为"道"，以世界优秀理念和经验为"术"，探索和开辟中国特色的农业现代化、品牌化之路，为中国现代化建设和中华民族伟大复兴奠定坚实基础，为世界农业贡献中国智慧和中国方案。

相信有一天：数现代农业，还看中国。

这是我们共同的使命和责任，也是我们 20 年专注品牌农业研究与实践的初心与信心。

路虽远，行则将至。

于北京奥运村

目录
Contents

特邀推荐

推荐序　用中国眼光透视世界农业（孔祥智）

序言　全球标杆农业的"九条真经"

第1章　美国　/ 1
世界农业赛道的"全能冠军"

农业：美国的另一个"核武器"　/ 2

世界上"最风光"的农业部　/ 4

顶天立地：美国的农业科技创新体系　/ 5

制度的力量：政府怎样当好"裁判员"　/ 8

高效率背后的极致分工　/ 10

上下通吃的品牌全产业链布局　/ 12

品牌赋能：创造完美价值曲线　/ 17

通用磨坊：从面粉起家的世界500强企业　/ 21

新奇士橙：百年农业品牌的"活化石"　/ 27

华盛顿苹果：最懂营销的苹果　/ 31

第2章 法国 / 36
征服世界的原产地保护制度

征服世界的"三瓶水" / 36
原产地名称保护制度：全球农业品牌建设的"拿破仑法典" / 37
区域公用品牌与企业品牌相互加持 / 41
城乡一体化与多姿多彩的文旅融合 / 42
共同农业政策，构建受保护的利益共同体 / 45
依云：一瓶滋润世界的水 / 46
保乐力加：名酒品牌帝国的超级玩家 / 51
国际大粮商路易达孚的两张王牌 / 53

第3章 新西兰 / 58
生态是第一发展力

生态立国的全球样板 / 58
不仅仅是骑在牛羊背上的国家 / 59
发达国家中不靠国家补贴农业的国家 / 60
向海而生的农业品牌国际化道路 / 62
新西兰贸易发展局：全球引路，品牌赋能 / 63
农业立国的引擎：新西兰皇家植物与食品研究院 / 66
佳沛奇异果：纵横全球的品牌统治力 / 67
恒天然乳业：世界乳品"标兵"是如何养成的 / 79

第4章 荷兰 / 87
创造世界农业的"温室效应"

世界农业"老二"，面积比宁夏还小 / 87
掌握核心技术，变资源劣势为产业优势 / 88
制度创新：世界农业拍卖模式开创者 / 91

瓦赫宁根大学：为荷兰农业注入强大科技动能 / 93

精细化专业分工，让荷兰农业"大而强" / 95

荷兰郁金香：一个"香"誉全球的国家级农业品牌 / 97

Markthal 缤纷菜市场：全球最性感的菜市场之一 / 102

羊角村：农文旅融合的荷兰样本 / 104

第5章 以色列 / 107
沙漠上崛起的世界农业强国

沙漠上的绿色奇迹：将有限的资源利用到极致 / 108

科技：让死海活起来 / 110

产学研一体化：科技竞争力的源头 / 113

"人民公社"：破解"农民组织不起来"的世界难题 / 115

不仅要开垦土地，更要开发人的大脑 / 119

可持续发展与绿色农业之道 / 122

耐特菲姆：滴灌全世界 / 124

第6章 瑞士 / 129
一个高度发达的"农业理想国"

山地小农业，生态大价值 / 129

人均有机食品消费全球第一 / 131

巧克力、咖啡、奶酪，瑞士农业工业化"三宝" / 132

在瑞士，看到乡村振兴的理想模样 / 136

拉沃梯田式葡萄园：传教士缔造的世界文化遗产 / 139

爱蒙塔尔奶酪：沉浸式农旅融合打卡地 / 141

雀巢：一杯咖啡成就世界第一食品品牌 / 143

第7章 德国 / 161
不仅有工业 4.0，更有农业 4.0

从工业 4.0 到农业 4.0 / 162

德国标准与有"身份证"的鸡蛋 / 166

以出为进的"德国农业制造" / 170

德国农民协会：覆盖 90% 以上农民的大服务网 / 174

慕尼黑啤酒：融入德意志民族血液的"液体面包" / 176

拜耳：百年品牌的长青之道 / 180

第8章 日本 / 192
精致到灵魂的品牌物语

匠心、轻奢、创意，日本精致农业的三大法宝 / 192

肯定列表制度：世界级品质壁垒的底层逻辑 / 198

全程可追溯：构建全链条信任体系 / 199

日本农协：最成功的农业合作经济组织之一 / 201

顶层设计：从第一产业到第六产业 / 204

绿色至上："日本造"的独特基因 / 207

宇治抹茶：抹茶之都的农业现代化启示 / 209

熊本熊：日本农文旅融合的代表作 / 211

"一村一品"：日本版乡村振兴的成功实践 / 214

第9章 泰国 / 217
稻花香里说"榴莲"

泰囧？你不了解的泰国农业范儿 / 217

有机泰国：泰国版的"国家品牌计划" / 218

"世界厨房"计划：泰国农业打开世界的一扇窗 / 220

独具特色的"皇家农场" / 221
体验营销，泰国版的一二三产业融合 / 222
泰国香米如何成为"国家品牌名片" / 223
榴莲：一炮打响的泰国农业"新利器" / 228
正大集团：世界级的现代农牧业产业化经营典范 / 231

第10章 加餐 / 239
世界农业产业化的三个样本

立顿：茶叶品牌帝国的全球化思维与工业化路径 / 239
樱桃谷鸭：一只北京鸭引发的国际种业保卫战 / 247
正官庄：一个世界级特产品牌的国家营销之道 / 250

第11章 从西方术到东方道 / 258
中国特色农业品牌建设的道路与方法

日本人为什么偷不走茅台酒 / 260
千年一遇：中国农业进入品牌经济新时代 / 261
品牌是农业现代化和乡村振兴的战略抓手 / 265
中国农业品牌建设的三大"病症" / 266
与生俱来的生态和文化是农业品牌最大的基因和禀赋 / 267
新时代农业品牌建设的王道，就是做有根有魂的事 / 269
政府主导、企业主营双轮驱动：农业品牌建设的中国道路 / 271
省市县"三极联动"的中国实践之道 / 275

后记　行万里路，写一卷书 / 280

第 1 章

美国

世界农业赛道的"全能冠军"

美国前国务卿基辛格曾说过:"谁控制了粮食,谁就控制了世界上所有人。"

中国"三农"专家朱信凯大声疾呼:美国掌控和打击全世界的武器根本不是"核武器",而是粮食。

美国农业究竟有多强大?

我们的美国之行从亚马逊总部提供的免费香蕉开始(见图1-1)。

图 1-1 笔者在亚马逊总部体验"免费香蕉"

农业：美国的另一个"核武器"

在美国建国初期，杰斐逊总统就主张"以农立国"，之后历任总统虽执政主张各不相同，但都不约而同地执行一项基本国策，即不遗余力地发展农业，形成了重农主义传统。美国视农业为"国家命脉"，不惜持续投入重金，把农业打造成一张闪亮的国家"名片"，支配着全球消费者的餐桌。

如今，美国不仅是当今世界上的超级大国和首屈一指的经济强国，更是全球头号农业强国。农业竞争优势已经成为美国维持其国家竞争优势的重要支撑，其威力之大，堪比"核武器"。

美国是世界第二大粮食生产国。2020年美国的粮食总产量为5.98亿吨，占全球粮食产量的16%左右，仅次于中国。同时，美国也是世界上最大的农产品出口国，主要农产品出口量居世界首位。美国的优势作物玉米、大豆产量全球占比均超过1/3，牢牢垄断着市场。美国农业部经济研究局发布的报告显示：美国2019财年农产品的出口总额约为1445亿美元。其中，中国是美国农产品的最大进口国，2020年美国向中国出口了287.5亿美元的农产品及相关产品，同比增长了66.9%。

美国早在20世纪40年代就基本实现了农业机械化。同时，美国也是第一个实现农业专家系统⊖的国家。1995年，世界上最大的种子、农药研发公司孟山都的子公司精密种植（Precision Planting），通过收集土壤数据，并对土壤数据进行分析，实现了"非均匀播种密度"。美国利用物联网、人工智能等新技术改变农业"看天吃饭"的现状，实现了农业领域的全面变革。

在农业机械方面，约翰迪尔（John Deere）是目前世界上最大的农业机械制造商和世界第二大工程机械制造商，位居世界500强之列。

在农业贸易方面，美国的实力更是独步全球。控制世界80%粮食交易量的全球四大粮商——ADM、邦吉、嘉吉和路易达孚，美国企业占据三席

⊖ 把专家的系统知识应用于农业领域的一项计算机技术。

（ADM、邦吉和嘉吉），它们是世界粮食加工、储运和粮油贸易的超大型跨国公司。

在农业产业链下游，全球十大食品加工企业中，美国企业占据六席（见图1-2），我们所熟悉的卡夫和泰森是其中的佼佼者；全球十大食物零售商中，有五家来自美国，沃尔玛一直独占鳌头；美国还有全球水果巨头新奇士和都乐，有大名鼎鼎的烟草巨头奥驰亚（万宝路香烟的母公司），还有番茄酱品类一家独大的亨氏、世界500强企业通用磨坊、被称为世界马铃薯产业双雄的辛普劳和蓝威斯顿、发明玉米片的全球知名企业家乐氏，以及全球区域公用品牌典范华盛顿苹果、爱达荷土豆、加州巴旦木……更不用说已经在全球畅销一个多世纪的可口可乐和百事可乐了。麦当劳、肯德基这样的全球连锁餐厅更是下沉到了中国三四线城市，你走到哪里几乎都能看得到。

图1-2 美国农业食品企业巨头

凭借成本优势，美国农业牢牢掌握了定价权，美国粮食价格的波动往往会在世界范围内引发"蝴蝶效应"。美国兵不血刃，攻克了一个又一个市场，一些国家在美国咄咄逼人的攻势下，沦为粮食净进口国，被美国扼住了咽喉。

美苏对抗时，美国利用粮食低价这个武器，成功影响了苏联的粮食政策，拖垮了苏联农业，直到近些年，俄罗斯农业才逐渐恢复元气。

《粮食战争》[⊖]讲述了美国以粮食为武器最终造成的"海地悲剧"：1995年前，海地年产大米17万吨，可满足95%的内需，当年向美国敞开大米贸易后，比海地米便宜一半的美国米迅速占领市场，如今海地3/4的大米来自美国，完全失去了粮食自给能力。

正因如此，除经济、金融、军事之外，强大的农业是美国雄冠全球的另一个重要支撑。从这个意义上说，基辛格的论断不是危言耸听，而是醒世恒言。

⊖ 中央电视台《中国财经报道》栏目组. 粮食战争[M]. 北京：机械工业出版社，2008.

世界上"最风光"的农业部

美国农业的成功有其得天独厚的自然资源因素,更与其历经百年的强大农业组织结构和管理机制密切相关。

美国农业部是联邦政府内阁 15 个部之一,是重要的经济管理机构。其前身是 1862 年由林肯总统批准成立的联邦政府农业司,直到 1889 年才更名为美国农业部。这个部曾被称为"人民部",因为当时美国人口中的 90% 是农民。

美国农业部从建立初期就坚持"农业是制造业和商业的基础"这一理念,后提出"将美国服务成为一个人与土地资源相互和谐的,食品充足、安全且饮食健康的国家"的宗旨,不断调整其机构设置,完善和明确其职能:服务于美国的农民和农场主,负责促进耕种效率和食物与纤维质量的改进,帮助提高农产品的销售量,提升农民收入。

伴随美国工业的迅速发展,农业比重不断下降,但依靠美国政府对农业的支持和保护,美国农业成为最具竞争力的产业之一。

为了更好地体现为每一个公民服务的宗旨,美国农业部各局如森林局(The Forest Service)都是以"Service"(服务)命名的。如为了解决农民的资金问题,美国农业部专门设立了促进农业生产的农产品信贷公司。

再如,美国农业部农业市场服务局(AMS)负责研究和制定农产品质量等级标准,监管市场营销管理方案、市场营销协议和市场营销订单,在确保贸易规范公平且市场的竞争性和效率不断提升的同时,促进农产品在国内和国际市场上的战略营销,不断开发新的营销服务,提高客户满意度。

2020 年美国人口为 3.31 亿,其中农业人口为 350 万人。美国用不到 2% 的农业人口不仅养活了 3 亿多美国人,还有大量农产品出口到世界各地。作为管理农业的核心机构,美国农业部拥有 10 万多职员,是仅次于国防部的第二大部门,可以说是世界上"最风光"的农业部了(见图 1-3)。

图 1-3　美国农业部的 Logo(标识)和徽标

美国农业部由各类国家股份公司（如农产品信贷公司）、联邦机构和其他机构组成。它最大的特点是具有综合性，职能广泛，集农业生产、农业生态、食物安全、生活管理、检验检疫、加工和农产品国内外贸易于一体，对农业产前、产中、产后实行全链条管理。

用一句话来概括，那就是"从田间到餐桌"。实现"农林牧副渔"一体化，打破地区封锁、行政垄断和部门分割，有利于明确责任和提高效率，从组织上促进美国农业的快速发展。

顶天立地：美国的农业科技创新体系

美国农业科技的发达可以用"顶天立地"四个字来概括。"顶天"，指的是美国拥有世界上最强、最前沿的农业科研技术，强调基础研究，比如常青藤名校康奈尔大学，就是全球农业与生命科学的学术高地，也是转基因技术的诞生地。而位于加州东海岸的斯坦福大学则在计算机科学、人工智能、环境工程等领域享誉全球。

"立地"是指美国的农业科研转化率高，科技应用非常普遍，科技服务接地气儿。既有高大上的基础研究，又有强大的农技推广体系，其组织架构设置有联邦、州立和私人研究机构。其中州立大学在农技推广方面独具特色，极大提高了农民的素质。

目前，美国共有四大农业研究中心（内设美国农业部农业研究局）、130多所农学院、56个州农业试验站、57个联邦与州合作建立的地区性推广站、3300多个农业合作推广机构、63所林学院、27所兽医学院，以及9600名农业科学家和1.7万左右的农技推广人员。另外，美国还有1200家主要服务于农业领域不同性质的科研机构，其服务项目主要有承接委托开发、转让科技成果等。除此之外，各类农业协会也会组织农民进行科技培训。

2011年，斯坦福大学的两名研究生成立了蓝河科技（Blue River Technologies，BRT）。BRT是成功将AI（人工智能）技术应用到农业领域的典型代表。最初，BRT 专注于将机器人用于减小莴苣密度，这个工作此前主要通过手工完成。现在，他们将 See & Spray 技术系统用于分析高分辨率图像，并检测出杂草的存在和位置，来消除棉花田中的杂草。通过高度精确和有针对性的喷雾应用，可以减少 90% 的除草剂用量。

必须一提的是，如今闻名世界的斯坦福大学是由利兰·斯坦福——一个当过加州州长的富裕农场主和他的夫人于 1884 年捐出 2000 万美元的积蓄和 3561 公顷[⊖]的土地而创建的。

在谷歌总部我们得知，早在 2014 年谷歌就已参与农业科技领域的投资，以资本、技术及品牌给予创新型农业科技公司大力支持。谷歌设立有专门的"X 实验室"，主要基于人工智能、机器人、大数据等方面，关注从种植、生长、储存到流通的农业全产业链，运用专业技术塑造农业食品的未来，并致力于解决影响人类的重大全球性问题（见图 1-4）。

图 1-4　笔者参访斯坦福大学和谷歌总部

人工智能技术促进农业自动化，比如，用黄瓜分拣机改进黄瓜农场。谷歌推出的 TensorFlow 机器学习技术，搭载带有摄像头的树莓派 3（Raspberry Pi 3），先为蔬菜拍快照并将照片传到小型的辨认黄瓜的神经网络上，然后再将照片传到更大的服务器网络上，将黄瓜按照颜色、形状、大小等标准分类。当电脑训练神经网络识别图片时，开发板会利用这些信息来控制分拣过程。

目前，美国拥有世界上规模最大的机械化、智能化、生物化、化学化的

⊖　1 公顷＝10 000 平方米。

高效农业,就连种植业、畜牧业都采用机械化;播种、施肥、收割等,都早已实现高科技、智能化管理。

美国农业机械企业约翰迪尔,是目前世界上最大的农业机械制造商。其智能农业控制系统,可以设置作业顺序,实时监控多个地块、多台机器作业,并提供天气变化、作业状况、设备故障预警,驾驶员不用手扶方向盘,轻松触控即可完成作业设置……

约翰迪尔的"施肥控制系统"是有史以来第一个可以帮助农民进行精确施肥与记录的系统,它不仅能够测量出土壤中氮、磷等元素的含量,还能测量出土壤中需要补充施加的化肥含量。

另外,约翰迪尔和巴斯夫共同研发出一款将作物保护与化学联系起来的应用软件,该软件提供了一个直观的系统,可帮助用户有针对性地精确使用农药。该系统还能在喷洒肥料方面帮助操作者做出分析,提出指导意见,并自动做记录(见图1-5)。

在看不见的世界粮食战争中,依靠发达的科技,美国牢牢把握着话语权,世界上一些国家的"饭碗"被美国牢牢掌控。

这绝非危言耸听!

在控制农作物种子方面,"孟山都攻陷阿根廷"就是一个著名的例子。孟山都公司(2018年被拜耳收购)可谓是美国农业霸权的科技"急先锋",它控制了全球谷物与蔬菜种子23%~41%的份额。在转基因种子市场上,孟山都垄断了全球90%以上的专利技术。

图1-5 装载了"施肥控制系统"的约翰迪尔

最初,孟山都通过走私进入阿根廷,当阿根廷的转基因大豆和玉米播种面积达到99%时,美国提出收取种子专利费,阿根廷农业部不得不成立补偿基金,举全国之力偿还。

更狠的是,孟山都不仅卖种子,还卖农药,其逻辑有些"霸道"——买我的种子就得买我的农药,被掐住"七寸"的阿根廷只能听凭摆布,彻底丧失了谈判筹码。

在触目惊心的事实面前,中国农业专家朱信凯教授曾告诫:"农业不仅仅是种地和养猪的问题,更不是一个以短期视野就可以把握的问题,它实际上是一个比核武器还重要的战略产业。"

制度的力量:政府怎样当好"裁判员"

美国政府的作用是创造一个好的竞争环境,当好"裁判员",而市场竞争则是打造品牌最好的"催化剂"。

农业立法,品牌打造的基石

经过半个多世纪的演化,美国已形成以农业法为基础和中心、100多个重要法律为配套的比较完善的农业法律体系,走上了依法治农的轨道。

1933年,为了实施政府对农业的有效干预,美国正式颁布《农业调整法》,其基本目标是:解决生产过剩危机,提高农产品价格,增加农场主收入。《1996年联邦农业完善和改革法》是围绕保护土壤、增加农产品产量和降低农产品生产成本三个目标而起草的,旨在通过加强和完善农业生产的市场导向,减轻政府农业支持政策的财政预算压力,促进农产品出口贸易。

美国农业立法以快速反应著称,堪比救火队员救火。美国肉类食品的消费和出口曾经因产品质量问题而急剧下降,美国国会第一时间(1906年)通过了《纯净食品和药品法》和《肉类制品监督法》,成立了著名的美国食品药品监督管理局(FDA)(见图1-6)。自此,美国食品和药品安全进入一个崭新

图1-6 美国食品药品监督管理局(FDA)

资料来源:https://www.jsonline.com/story/news/2017/09/01/university-wisconsin-picked-site-provide-promising-and-expensive-cancer-drug/621686001/.

的法治化时代。美国政府通过划定"红线",体现国家意志,确保产品质量。

得益于这两项法案,美国肉类产品一改质量不佳的形象,反而成为可靠和品质的象征。政策"红线"杜绝了短期行为,为打造农业品牌和产品质量形成共识,为美国农业品牌享誉世界奠定了根基。

高额补贴:为品牌农业"输血"

美国农业有种类繁多的政府补贴,数据显示:美国农民收入的40%来自农业补贴,中国的这一数据在5%左右。美国虽然有了强大的第二产业和第三产业,但仍然不遗余力地维持其在全球农业领域的优势地位,不惜血本对农业进行补贴,年补贴金额高达2000亿~3000亿美元。

巨额补贴为美国农业输入了活力,激发了农场主积极投资打造农产品品牌的意愿,为农产品品牌的建设提供了必要支撑。

农业金融:让风险降到最低

除了直接补贴,农业保险是另外一根托举支柱。众所周知,农业有风险,自然灾害在所难免,有时候严重的灾害会让农民颗粒无收,在美国政府的保险支持下,美国农民有底气向"黑天鹅"说不。

美国通过健全的农业保险体系抵御风险,截至2013年,美国农业保险项目涵盖的农作物品种超过100种,参与各种农业保险的农业用地面积占全部农业用地面积的比率从1994年的33%提升到89%。

农业和金融的结合,有利于实现规模经营和品牌孵化。美国政府支持产融结合主要通过两类机构:一是美国政府农业信贷机构;二是互助合作性质的农业信贷机构,包括联邦土地银行、联邦中期信贷银行和合作社银行。上述两类金融机构的结合,扫除了农业产融结合的障碍,为全产业链品牌化提供了支撑。

美国农业集约化、规模化和现代化的生产方式,加上发达的农业金融体系,使得以华尔街为代表的美国金融资本有了进入农业产业的渠道和动力。农业产业投资周期长、供应链长、风险高,大规模生产需要大机械设备,而大资本的进入恰恰能降低农业风险并助推农业专业化发展。

高效率背后的极致分工

"劳动生产力的最大提高,以及在任何引导或应用劳动的地方的更高技能、熟练程度和判断力,似乎都是劳动分工的结果。"

这是亚当·斯密在《国富论》开篇讲的第一句话,充分说明了劳动分工对提高劳动生产率和增进国民财富的巨大作用。

美国农业的高效率正得益于分工,其分工主要基于两个维度:第一个维度是按照区域经济地理进行分工,即按照区域实现专业化、规模化布局,以及农业生产的机械化、集约化、企业化和服务的社会化。区域专业化分工的结果是形成了九大农业产业带(见图1-7)。

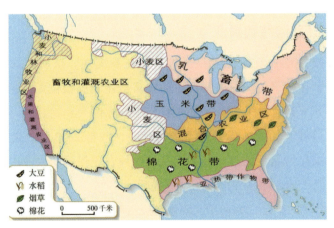

图 1-7 美国农业九大产业带

资料来源:http://cn.agropages.com/News/NewsDetail---10474-e.htm.

所谓"产业带",就是某一类农产品在地理空间上非常集中的区域。如"美国农业重镇"伊利诺伊州是玉米、大豆产业带,中部东北区是小麦产业带,太平洋沿岸南部是水果和蔬菜产业带,濒临大西洋区的南部是烟草产业带,这些产业带常常绵延上百公里,蔚为壮观。

不仅粮食作物，美国不少经济作物也形成了产业带，像全球最大的巴旦木产地加州种植区域从北至南延伸800多公里，生产全球超过83%的巴旦木；爱达荷州的土豆产量居美国首位，年销售额达30亿美元。

第二个维度是按照从田间到餐桌整个产业链上的不同职能进行分工。耕地、种植、打药、施肥、收割、储运、加工、销售、金融等环节的产业分工都已经高度发达，每一个环节都实现了专业化，大大提升了效率。

分工还有其他好处：一是实现了规模经济，便于在周边实现一二三产业结合；二是便于社会化分工服务的深化。分工还解放了美国的"农民"，他们不再是面朝黄土背朝天、自食其力、出力流汗的体力劳动者，而是企业经营者。他们虽然仍旧从事农副业生产，但已不同于传统的农民，因为所有种养环节的生产劳动均实现了机械化。美国用不到2%的农业人口养活3亿多人口，这和中国农民事必躬亲的情况形成了鲜明的对比。

美国的农业分工服务体系是当今世界分工最科学、专业化水平最高、对农业可持续发展提供基础性支撑功能最有效率的服务体系，为农产品的品质化、规模化和稳定性提供了坚实基础。

美国农业生产环节的专业化服务分工就让人叹为观止。美国有大批农机租赁公司和直接向农场主提供各种生产性服务的专业公司，比如耕翻土地公司、播种公司、中耕公司、施肥公司、植保公司、收获公司、仓储公司、运输公司等。这些专业服务公司在备耕、播种、施肥、打药、收获、储运等全部生产环节都能为农场主提供优质的专业化服务。这种专业化分工服务的生产方式，可以大大减少农场的资本和劳务投入，降低各项成本，使农场的生产效益递增。

美国派拉蒙农场是全球最大的开心果原料供应商，在加州拥有近60万亩⊖的种植基地，全球70%的优质开心果都出自这里，它采用纵向一体化战略，集种植、收购、加工、销售为一体。派拉蒙农场充分发挥规模优势和效率

⊖ 1亩≈666.7平方米。

优势，在开心果市场中掌握了世界话语权和定价权。因此，当派拉蒙推出自有品牌"万多福"纯天然开心果，并打出"不漂白，自然开"的健康开心果加州原产地标识的时候，其市场影响力和开拓力，几乎无出其右者（见图1-8）。

这充分展现了美国农业在高效分工下的"大农场模式"。

图1-8 派拉蒙农场及加州原产地标识

上下通吃的品牌全产业链布局

作为现代品牌理论开创者和引领者，美国深知打造品牌对于提升农产品溢价能力的重要性。美国政府为农业品牌化的实现规划了一幅战略蓝图，其核心是"以农立国，品牌强农"的国家农业总体战略。品牌化所覆盖的产业链范围之大、程度之深，在全球范围内都无出其右者。

上游品牌：垄断技术优势

农业产业链上游包括农药、化肥、育种等环节。凭借强大的研发实力和深厚的技术底蕴，美国在农用机械、种子、化肥、农药等上游细分行业拥有大量的全球知名品牌。约翰迪尔公司、凯斯纽荷兰公司是世界农用机械制造业巨头，前者还是世界上最大的农业机械制造商，均为世界500强企业；孟山都在被收购之前是全球首屈一指的种子公司；世界农化巨头杜邦，其玉米种子约占全球杂交玉米种子市场的43%，它的除草、杀菌、杀虫产品享誉世界；美盛公司是世界上最大的磷肥生产商和销售商、第三大钾肥生产商和主要的氮肥供应商之一；Delta & Pine Land公司是世界上最大的棉花种子公司。

如此众多的农业产业链上游品牌，使得美国牢牢控制着世界农业产业链的"咽喉"。

中游品牌：世界四大粮商囊括前三

实际上，中游的种养和加工环节正是农业的"洼地"，也是整个产业链风险最高的环节，被称为农业的"阿喀琉斯之踵"。但就是在这样一个不可控因素较多的环节，美国同样实现了品牌化，包揽了"四大粮商"中的三席，即 ADM、邦吉和嘉吉。

ADM 是全球油籽、玉米、小麦和可可的最大加工企业之一，产品线从田间地头一直延伸到老百姓的餐桌；邦吉是历史最悠久的世界粮商，在全球 32 个国家拥有 450 多个工厂，已发展成为世界第四大粮食出口公司；嘉吉公司成立于 1865 年，是一家集食品、农业、金融以及工业产品和服务为一体的多元化跨国企业集团，是美国第一大私有资本公司（见图 1-9）。

图 1-9　嘉吉公司

资料来源：http://cacaovoice.com。

三大粮商善于在全球整合产业，从种子、饲料、化肥到产、供、销一条龙经营，每一个环节几乎都占据绝对优势。由于它们在农产品领域有完整的产业链，所以一旦它们在目标国站稳脚跟，就会利用资本优势迅速控制该国原有的经营链条，使之变为依附于自己的一个"细胞"：种子要用它们的，否则种出来的东西卖不出去；化肥、农药要用它们的，否则伺候不好作物。在一些国家，它们还会向农民发放小额贷款，使农民对其产生更强的依赖性，种植它们指定的作物。它们不仅提供资金，还负责收购，这样一来，本土企业自然很难应付。

邦吉等四大粮商不但自己不断研发专利，还热衷于搜集各国农产品基因和专利，现在，它们在世界农产品市场上已取得品牌垄断地位，掌控着世界粮油的"定价权"。

世界农业已经进入资本密集、技术密集和组织密集型时代，世界粮食市场建立在金融、科技、生产、销售和服务的全产业链影响之下。一旦粮油价格出现大幅度波动，它们就可以通过期货交易平衡盈亏，甚至反过来顺势打击竞争对手，让大批中小粮油企业破产。中国大豆和植物油市场就是这样被跨国粮商攻陷的。

下游品牌：驰骋全球，体量巨大

如果将上游比作根，中游比作叶子，下游则是盛开的花朵。

美国农业下游品牌阵营更加星光熠熠，很多是我们在终端货架上常常见到的：麦斯威尔、奥利奥、吉百利、王子、趣多多、鬼脸嘟嘟、太平梳打、乐之、绅士……这些品牌全部来自同一个"家庭"，你知道它是谁吗？

卡夫食品！这家全球第二大食品公司，产品畅销145个国家，旗下拥有咖啡、糖果、乳制品及饮料四大核心产品系列，品类丰富，品牌广为人知。

2015年，巴菲特与3G资本联手收购了卡夫，卡夫与亨氏合并，成为巨无霸，市值曾超过1000亿美元。

我们再列出一份清单：德芙、M&M'S、士力架、宝路、皇家、伟嘉和特趣，每一个品牌的价值都在10亿美元以上，你知道这些虎兄虎弟也都是来自同一个"家庭"吗？

这些享誉全球的品牌均出自玛氏公司，它是全球最大的食品生产商之一，其中糖果、巧克力类产品和宠物类产品销量均居全球首位。公司年收入高达350亿美元。

除此之外，强大的美国农业下游品牌还有家乐氏和星巴克。

家乐氏（Kellogg's）是全球第一大谷物早餐制造商，于1894年发明了第一盒玉米片，如今在18个国家建有加工厂，生产各种谷物和方便食品，产品销往180多个国家和地区。2012年，家乐氏以26.95亿美元收购了宝洁公司旗下的品客薯片。2020年家乐氏营业收入为137.70亿美元，净利润为12.51亿美元。

星巴克于1971年成立，是全球最大的咖啡连锁店，其总部坐落在美国华盛顿州西雅图市。星巴克旗下零售产品包括30多款全球顶级的咖啡豆、手工制作的浓缩咖啡、多款咖啡冷热饮料、新鲜美味的各式糕点食品，以及丰富多样的咖啡机、咖啡杯等。星巴克在全球范围内有 2 万多家店铺，遍布北美洲、南美洲、欧洲、中东及太平洋地区（见图 1-10）。

图 1-10　笔者在西雅图体验星巴克精品烘焙工厂

星巴克全球第一个精品烘焙工厂，围绕星巴克这一超级 IP，实现了集咖啡生产、教育、旅游、展示、烘焙、纪念、体验、传播于一体，同时供应全球 2000 家高端店，周边产品丰富（大部分是中国制造）。2019 年，星巴克第一家海外烘焙工厂体验店落户上海。

咖啡馆里的工厂，工厂里的咖啡馆。这可能是全球品牌旗舰店的升级版和新未来。

流通及渠道品牌：从田间到餐桌的高速公路

农业的最大痛点之一便是供求分离。例如，一边是蔬菜烂在地里，一边是城市新鲜蔬菜供给不足。

问题的根本原因在于：农产品具有区域性强、易损耗、保鲜难度大等特点。流通环节通常是农业从田间到餐桌的一道天堑。在美国，延长农产品"保鲜"时间这一需求推动了发达的流通渠道和遍布全国的冷链物流体系建设，把生鲜损耗率控制在 10% 以下（中国在 30% 以上），并进一步在流通环节也实现了品牌化发展。

西斯科（Sysco）是B2B物流商的优秀代表，而全食超市则是全美最大的B2C有机食品销售终端。

西斯科的经营范围包括鲜（冻）肉、海鲜、家禽、蔬菜、水果、零食等，可以满足各类餐饮企业对食材的一站式需求。这家公司是世界500强中的一员，年营业收入高达503亿美元，占美国供应链市场份额的18%。相比之下，中国餐饮供应服务集中度仍非常低，市场领先者的年营业收入也只有几十亿元人民币，市场占有率不足0.1%。

西斯科这样的冷链物流巨头，可以将优质农产品快速而"鲜活"地配送到遍布各地的大大小小的超市门店，大幅降低供应商的沉没成本和超市的采购成本，成就了沃尔玛这样的以低价起家并做成世界500强的公司（见图1-11）。

图1-11　西斯科冷链物流

专门销售有机食品的终端品牌全食超市同样不可小觑，它是全美最大的天然食品和有机食品零售商，2017年营业收入为160.30亿美元，门店数量达456家。2017年6月，亚马逊宣布以137亿美元高价收购全食超市。

全食超市拥有丰富的产品线，坚持主打有机、天然食品，倡导健康、自然的生活方式，所售有机食品及其制品涵盖食品杂货（干品、乳制品、冷冻食品、副食等）、营养品（以天然动植物中提取的物质进行生产）、特色产品（芝士、啤酒、红酒等）和加工食品（肉类、海鲜以及即食食品）。门店平均SKU数达3.5万（大店可达5.5万），生鲜和食品销售占比70%以上，是当之无愧的有机产品品类"杀手"。

在产品品控方面，全食超市采取自有生产基地和门店本地采购相结合，对供应商进行严格把关,专门成立质量监督委员会对门店进行评估监督并建立食品安全档案,一旦发现问题立即启动产品召回机制。针对所有产品均建立全食超市自有品质评价体系,依据产品生产过程按照1~5分详细分类,给予消费者充分自主的选择权。

全食超市不仅仅是一个卖场超市,还是一个典型的农业全产业链企业,它一头连着美国各地的农场,一头连着终端的每个家庭,缩短了从田间到餐桌的距离。其倡导的绿色食品消费和健康生活方式,以及全品类、全场景、餐饮化和智能化特征,代表着美国式新零售的未来(见图1-12)。

图1-12　全食超市

西斯科、全食超市这类流通和渠道品牌对于美国农业具有重大意义——通过提升配送效率打通了农业的"出口",解决了供求分离的难题,为整个农业的效率提升奠定了坚实的基础。流通环节的专业化和品牌化,反过来又强化了专业分工和它带来的高效率,让美国农产品从田间到餐桌畅通无阻。

这就是美国农业全产业链品牌化的恢宏画卷。

品牌赋能:创造完美价值曲线

美国农产品品牌打造的三部曲

通常,美国农产品品牌打造遵循三部曲:国家品牌——区域公用品牌——联合体企业（产品）品牌。

第一步，打造国家品牌。二战后，美国凭借在经济、军事、科技、文化上的综合优势成为世界超级大国，并通过全球化扩张战略和强势世界话语权，成功打造了"美国"这个国家品牌，以及"华尔街""好莱坞""硅谷"等国家子品牌。

相应地，美国的商业品牌大鳄，基本上都有一个共性，那就是通过与美国国家文化和民族自豪感的结合，让国家为品牌背书，参与国家级的大事件，大量制造新闻和口碑，并借助世界级优势媒体，掌握话语权，不断扩大自己的声音，最终形成强大的品牌，进而占领全球市场，影响世界消费。反过来，它们又成为美国国家品牌的基础和支撑，形成正循环效应。

曾有美国士兵在家书中如此写道："二战对可口可乐来说是个至关重要的转折点，它使得可口可乐在战时成为一种'全球公认的好饮料'。令可口可乐人崇敬的嘶嘶作响的饮料，也对美国战士有一种近乎神圣的意义。"二战期间可口可乐的宣传海报如图1-13所示。

具有百年以上历史的可口可乐文化已经深深融入美国人的血液里，成为其所倡导的快乐、简单、平等精神的载体。放眼当下，还鲜有其他品牌具有如此神奇的文化魔力。

第二步，打造区域公用品牌。政府在区域公用品牌打造上起到关键作用，它通过协会、联合体等形式将分散的种植者整合到一起，实现专业化分工、标准化管理和产销一体化，提高了区域农业产业的生产效率和产业价值，并完美地践行了整合营销传播理论——用一个标准对内管理，用一

图1-13 二战期间可口可乐的宣传海报
资料来源：http://www.fishing-sh.com/thread-44297-1-1.html。

个形象对外展示,用一个声音对外说话。

加州巴旦木、华盛顿苹果、爱达荷土豆等就是美国区域公用品牌中的杰出代表。

第三步,打造联合体企业(产品)品牌。我们反复强调,一个区域至少要打造一个有实力的联合体企业,进而打造一个代表品类的联合体企业品牌。联合体企业是品牌农业建设的载体和主体,承担着主导产业、代表品类、解决消费者不知道选择谁的问题的使命。

美国在这一方面可谓佼佼者,我们熟知的新奇士与加州阳光橙,万多福与加州开心果,蓝维斯顿、辛普劳与爱达荷土豆,家乐氏与密歇根玉米等,都是典型的联合体企业(产品)品牌与区域公用品牌的完美组合。

托起"凹陷的中游",实现品牌化

美国农业最大的特点是全产业链品牌化。宏碁集团创始人施振荣提出的电子业"微笑曲线"同样适用于农业,曲线两端是上游和下游,中间凹陷下去的是中游(见图1-14)。

上游是化肥、农药、兽药、饲料、种业等细分产业,利润水平较高,需要极高的科技水平和极强的创新能力,核心技术掌握在以美国为首的发达国家手中。

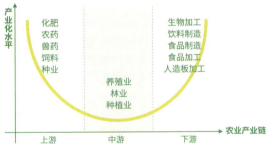

图 1-14 世界农业产业链"微笑曲线"

中游是养殖、种植等环节,附加值较低,是农业"洼地"。由于谷贱伤农、看天吃饭、产品附加值低下,很多人主张放弃这一块,只做两端高附加值环节。农业之所以难做,给人不赚钱的刻板印象,就是难在中游。

下游是加工环节,离消费者最近,通俗来讲就是"出口",解决以什么样的产品或服务形态面向消费者的问题。只有找到有效的"出口",才能实现农业一二三产业结合，产值跃升。日常看到的食品、饮料、保健品、生物制品就是农业的主要"出口"。下游有远高于"中游"的附加值，利润空间也较大。

一般人谈农业，多指中游，中游种植环节风险大、投资回收期长，精明的商人往往绕过这一环节，只做"农商"，做出品牌后，再控制上游或中游。

美国农业颠覆了我们的这一固有认识，上中下游都是品牌的沃土，哪怕被认为不赚钱的中游，也有星光熠熠的品牌：华盛顿苹果、新奇士橙、加州巴旦木等在全球攻城略地，更不用说大豆、牛肉、玉米等产品价格低廉，横扫全球了。

美国农业通过"高效组织＋科技赋能＋品牌思维＋规模经济＋政府补贴"五种力量支撑，托举起中间的"洼地"，实现了中游的品牌化溢价，也实现了整个产业链的"共同富裕"，形成了新的"微笑曲线"（见图1-15）。其背后的核心密码是组织方式。

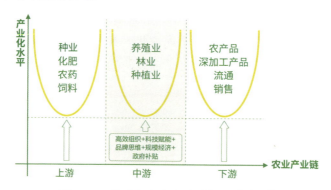

图 1-15 美国农业产业链"新微笑曲线"

两大组织方式，托起农业品牌大厦

组织方式之一：品牌联盟

这个模式最为成功的案例非新奇士莫属。品牌联盟具有以下特点：

（1）通常是一个民间的非营利组织。新奇士的工作重心并非种植水果，而是负责向旗下众多农户和包装企业提供技术改良、种植推广、全球营销和市场销售等服务，它的大部分资金来自美国政府对于农业的大额补贴，少部分来自内部成员缴费。

（2）品牌共有。所有品牌联盟成员公司、农场主都是新奇士品牌的共同所有者，也是共同受益者。

（3）能够实现"农"和"商"的分工，提升效率。所谓"农"，就是农民只负责种植，并按照品牌联盟的品质要求提供合格的产品；所谓"商"，就是品牌管理、品牌运营、营销组合策略，都由品牌联盟专业化运营。对外只有一个主体，那就是新奇士品牌，形成"对外一个形象、一个声音"，实现了整合营销传播，避免了"大家都拥有品牌，却都不珍惜"的公地悲剧，从而有效积累起品牌资产。

（4）在利润分配上，品牌联盟只保留部分杂项收入，大多数都分配给农场主。订单分配尽量平均，品牌联盟不是大锅饭，每个农场主都是独立个体，结算时按照产品质量和产量，利润向绩优者倾斜。

组织方式之二：协会

协会是另一种区域公用品牌自组织模式。除了新奇士外，大多数品牌采用的都是这种模式。整体而言，协会和品牌联盟非常相似，区别在于两者的性质和职能不同：协会主要负责对外推广农产品公用品牌，相对于品牌联盟更为松散，比如协会不负责定价。这种组织的典型代表有加州巴旦木协会、美国开心果种植者协会等。

如果把美国农业比作一座宏伟瑰丽的品牌大厦，美国农业部门最重要的使命就是搭建顶层架构，通过国家层面的种种举措，体现以农立国的国家意志。品牌化是美国农业顶层设计的核心要素，也是贯穿整个产业链的价值主线。

通用磨坊：从面粉起家的世界 500 强企业

通用磨坊（General Mills），全球知名食品公司，世界 500 强企业。旗下囊括了哈根达斯、贝蒂妙厨、绿巨人、果然多、湾仔码头、优诺等大众耳熟能详的食品品牌，产品超过 500 种并广销全球。

从密西西比河面粉到哈根达斯冰激凌

1866年,在美国明尼苏达州密西西比河的左岸,通用磨坊沿河修建了巨大的磨坊,利用充沛的小麦资源生产面粉,公司就此诞生。三年后,对岸一个叫品食乐的面粉厂挂牌营业。自此,两家百年老店在密西西比河的两岸隔河相望。

从最初的面粉生产,到后来的休闲食品、早餐、方便食品,再到餐饮业等各领域的升级、创新,它们的竞争无处不在,甚至从国内延伸到了国外。两家同来自密西西比河的公司就这样在全球各地如影相随,你争我夺。

通用磨坊在1936年创造了贝蒂妙厨,在1966年推出了妙脆角。品食乐则在1979年收购了"绿巨人",成为最大的罐装蔬菜供应商。随后,又将"哈根达斯"和"湾仔码头"收入囊中。此外,金牌面粉、果然多、维邦、优诺等品牌,也都出自这两家竞争白热化的公司。

2001年,通用磨坊和品食乐合并,建立了新的通用磨坊公司,至此,这场历时130多年的"密西西比河战争"终于结束了。随着两岸"硝烟"的退散,合并后的通用磨坊也成为全球最大的食品公司之一,2020年营业收入为176.27亿美元,净利润为21.81亿美元。由于加入了高档冰激凌哈根达斯以及具有中国特色的湾仔码头水饺,通用磨坊也一跃成为中国最大的食品供应商之一(见图1-16)。

图1-16 通用磨坊产品组合

拥抱健康食品,百年品牌大转身

随着人们消费水平的提高,以及对食品健康问题愈加关注,全球食品市场消费动向日趋一致,大家开始放弃加工烦琐、人工添加剂过多的食品,转而投向更简单、更健康的品类。

总是与钠和添加剂联系在一起的冷冻食品行业，逐渐受到大众消费者的"冷冻"。据欧睿国际统计，除了 2009 年销售额上涨了 1.5% 之外，美国冷冻食品行业的业绩已经下滑了 10 年。

拥有数个冷冻食品品牌的通用磨坊自然也遭受了不小的打击。为了寻找新的增长点，并在最短时间内占有更多市场份额，通用磨坊开始通过收购健康食品来丰富自己的产品。2015 年 9 月，该公司以 8.2 亿美元收购有机通心粉和奶酪制造商安妮公司（Annie's）；2016 年起，先后两次对乳制品替代品公司 Kite Hill 进行投资，这些都足以说明通用磨坊向健康食品转变的决心。

2016 年，在经历了数年的衰退后，通用磨坊开始出现增长，而其中很大一部分原因在于推出的 5 种无麸质的保健麦圈产品，并且在一些谷物食品中去除了人工风味剂和人工色素。

目前，通用磨坊旗下共包含 9 个纯天然有机产品品牌，并且还计划将 90%的谷物食品都剔除人工色素和风味剂的使用，如今这个比例已经完成了 75%。

2020 年 5 月 14 日，湾仔码头率先在中国香港地区推出了植物肉系列的"未来水饺"（见图 1-17）。"未来水饺"采取纯素混合植物蛋白配方，在营养方面已经与动物肉接近，更重要的是不含抗生素、激素和胆固醇，吃起来更加健康。

图 1-17　湾仔码头"未来水饺"

在无糖、低脂、零添加的消费趋势下，通用磨坊的另一个明星品牌哈根达斯也正向健康冰激凌转变。其新款 Divine 系列要比普通系列的脂肪含量低 50%、含糖量低 25%，并且每种口味每 125 毫升含热量不到 200 卡路里。另外，Divine 系列的每个品种都是由 100% 加拿大乳制品制成的，不添加人工色素、香料或甜味剂。

上天入地：数字化与渠道下沉

除了产品的健康转型，数字化与渠道的优化也将是通用磨坊未来的重点和新的全球增长策略。

加码数字化

在最新公布的增长策略中，通用磨坊提出了要通过投资数据和分析来推动企业的差异增长和效率，加强对利润、战略收益管理和电商等核心能力的管理，数字化转型被提上日程。

为了更好地挖掘消费趋势和市场变化，湾仔码头通过线上社交媒体平台的大数据分析，挖掘出咸蛋黄这一火爆网红口味，打造了"爆浆咸蛋黄金沙汤圆"等新品。该款产品一度占据了小红书水饺和汤圆品类热搜榜。

随着推特、微信等移动互联网应用的快速发展，通用磨坊未来还要借助数字化策略加快转型，高度重视引进及培养数字化人才，提高数字化团队能力。从供应链到财务再到商务环节，甚至到门店都要引入数字化，来贴近消费者的生态圈，将公司发展成为一家更符合互联网时代趋势的企业。

加码居家场景

事实上，2020 年的疫情也大大催热了居家消费，通用磨坊认为其中的"单身经济"和"居家早餐"都有巨大潜力。公司在现有消费群体中观察到了显著的两极分化的消费现象，将继续专注于中高端市场。

此外，通用磨坊还将餐饮渠道和电商等新兴渠道作为发力重点之一，希望能推动业务实现全渠道增长。公司将对生鲜电商加强投入及配套，并利用大数据及电商平台来扩大 B2B 分销至中下线城市。

如今，中国国内的 400 多家哈根达斯店铺正通过线上和线下相结合提供定制款产品，满足居家场景和活动场景等不同需求，以更灵活多样的合作及运营形式，助力其在中国三四线城市拓展品牌。

产品哲学：消费者永远是第一位的

通用磨坊旗下的哈根达斯、湾仔码头、贝蒂妙厨、果然多等众多优质食品品牌深入人心，其每一款产品的打造、创新是如何将消费者的潜在需求与产品技术优势完美统一起来的呢？我们不妨从湾仔码头一款新品儿童水饺的诞生来一探通用磨坊的新品研发哲学。

通用磨坊的新品研发哲学

对于新产品开发，通用磨坊有一套全球统一的标准流程，在这个流程中，消费者居于最核心的位置，即消费者永远是第一位的，消费者的诉求就是产品开发的方向。

聚焦于儿童食品，首先来自商机探寻：庞大的目标消费群体、政策的开放、城市化进程的加快以及居民消费能力的快速提升，都使得对于儿童食品尤其是婴儿食品的需求持续快速增加，而全面放开二胎、三胎的政策又将这个市场的商机再次扩大。

其次，产品定位高端，解决最根本的需求。无论是孩子还是父母，对于儿童食品的要求都在随着社会大环境而改变，而当今食品行业面临的最大问题就是安全问题。反映到儿童食品上，消费者首先会关心产品的食材或原料来自哪里，是否为有机。接下来的关注点便是营养，食材的多样性与合理搭配才是一个有营养的配方的标配。

用高品质的原料打造产品高端、安全的形象；用营养丰富、安全无添加来强调产品营养的特点；然后定位于儿童的早餐、午餐以及午餐与晚餐之间的"点心"。

此外，易用性、便携性以及外包装设计，也都是通用磨坊打造优秀儿童食品需要斟酌的细节。

最后，也是最为重要的一点——专为儿童设计，充分满足儿童的需求，迷你外形、皮儿薄、馅料细腻，一口即食。

在开放式创新的策略下，经过研发各方的努力，一款健康、营养的儿童水饺就此诞生（见图1-18）。作为拥有百年历史的通用磨坊，正是利用这种消费者至上的战略，在如今快速发展、消费升级的时代，岿然屹立。

图1-18　湾仔码头儿童水饺

年轻化与现代化

食品行业的未来，要么更健康，要么更年轻化。目前，通用磨坊旗下的湾仔码头正在推动品牌高端化，重点研发营养丰富、口感鲜美的高端系列产品，未来的策略方向是"更年轻化、更客制化、更互联网化和更在地化"。

比如在2019年，湾仔码头通过赞助电竞俱乐部、签约人气偶像出任品牌代言以及和二次元文化跨界合作等一系列营销，加强和年轻消费者之间的沟通。

此外，为了满足年轻人对辣味的喜好，湾仔码头推出了"秘制香辣味"和"藤椒川辣味"两款"绝代双椒"口味水饺。

通用磨坊另一个核心品牌哈根达斯，也在加强"现代化"和"年轻化"的形象建设，比如联手泡泡玛特推出了联名星座款冰激凌（见图1-19）。

哈根达斯在2020年还进行了店铺升级和菜品创新，同时发力渠道变革，到家配送的占比已达整体销售额的30%，哈根达斯的业绩也创"近年来最佳"。

中国市场，巨人的未来

近年来，通用磨坊在欧美市场的销售额

图1-19　哈根达斯×泡泡玛特联名星座款冰激凌

和利润都有所停滞或下滑。但与此同时,其在亚太区量利齐升,尤其是中国成为其成长最快的市场之一。

中国市场正越来越成为通用磨坊全球战略的重中之重,为此,通用磨坊投资近 1 亿元人民币,在上海建成了一座海外最大、技术最全面的研发中心。这座位于浦东三林镇的研发中心占地 7551 平方米,主要针对食品口感、营养、食品安全和冷冻技术等进行研究。

在最新出炉的增长"图谱"中,通用磨坊不仅将中国列入其优先投资的全球战略八大核心市场,还将湾仔码头列为极具增长潜力的本地明星品牌。

正如通用磨坊中国区 CEO 邱肇祥所说的,通用磨坊将通过地理和产品优先级以及调整产品组合来增强公司盈利增长的能力,中国无疑是通用磨坊的战略重点之一。

新奇士橙:百年农业品牌的"活化石"

谈起橙子,就不得不提百年品牌"新奇士"(见图 1-20)。新奇士公司是典型的合作社性质企业,其雏形是 1893 年成立的加州水果合作社,发展至今成为拥有 6000 多会员、800 多员工的企业,每年销售水果约 8000 万箱,是美国十大供销合作社之一,也是世界上最大的水果蔬菜类合作社。该品牌历经百年积淀,在消费者心智中的印记从未模糊,反而格外清晰,堪称农产品品牌打造的教科书。

图 1-20 新奇士橙

新奇士是如何做到的呢?

最关键的因素在于,新奇士采用"品牌联盟"(联合体)的组织方式,坚持用户思维,摒弃短期行为,保护长远利益,在区域公用品牌的基础上成功打造出企业品牌。

联合体企业,品牌农业建设的载体和主体

世界上比较常用的打造区域公用品牌运营模式有三种:以美国为代表的

"品牌联盟＋协会"模式，以法国为代表的"原产地保护制度"模式，以日本为代表的"农业协同组合"（简称农协）模式。

在生产组织方式上，新奇士采用了"品牌联盟＋协会"模式，也就是我们说的联合体模式。

100多年前，果农们各自为政，反复上演"果贱伤农"的故事。小农经济的无序竞争不利于做大水果产业，在认识到这个问题之后，果农们于1893年自发联合成立"水果合作社"。

目前，新奇士协会是世界上历史最久、规模最大的非营利柑橘营销机构，"新奇士"品牌由加州与亚利桑那州6500多名柑橘种植者共同拥有，其中大部分都是小型个体果农。

同时，新奇士协会也彰显了利用区域公用品牌创建企业品牌的战略决策的价值。新奇士协会的作用和价值如图1-21所示。

图1-21 新奇士协会的作用和价值

新奇士的这种协会联盟运作方式和新西兰佳沛奇异果的运作方式有异曲同工之妙。新奇士采用的联合体模式具有以下三个意义。

其一，分工提升了效率。在联合体模式之下，种植户和联合体企业的分工十分明确，种植户专注于生产，其职责是按照联合体企业的要求，打造标准化，具有辨识度、差异化特点的产品。而联合体企业则负责品牌保护，对外执行整合营销传播、渠道开发、品牌资产保护等职能，专业化水平和品牌运行效率大大提升。

其二，联合体模式破解了单个果农独自承担市场风险的困局，实现了多方共赢。

其三，联合体模式避免了公用品牌的弊病——谁都拥有，却都不珍惜，最大程度保护了品牌资产，同时有效执行了绩效考核和利益分配机制，实现了"利出一孔"和"力出一孔"。

阳光之吻：健康的品牌灵魂

品牌灵魂是基于消费集体意识的洞察，是促使消费者产生强大心智共鸣和消费的动因。

新奇士橙产于"加州地区"，这里阳光充足、雨水充沛，是生产高品质柑橘的好地方。其英文名字"Sunkist"的含义是"阳光之吻"，水果经过充足的光照，表面会有一层诱人的光泽，呈现橙黄色。新奇士橙子外形独特，呈长圆形，通常油胞凸起，果皮不易剥离。甜度、化渣率、维生素C含量等指标都非常优秀，口味极佳，令人垂涎。

基于此，1916年，新奇士聘请广告文案大师霍普金斯策划了"喝一个橙子"的广告语，强调"味佳且有利健康"的消费价值，并给出"自然的无菌包装"等支撑点。通过不断的广告引导，在日常饮食中添加新奇士橙汁有利于健康的消费观念逐步形成，甚至改变了美国人的早餐习惯。新奇士橙"健康"的品牌灵魂也渐渐确立。

为了让自己的品牌形象更加具象化，新奇士制定了一项Smile（微笑）传播策略。新奇士柑橘切片之后，形状极似咧开嘴大笑的样子，借助"微笑"这一纽带，新奇士实现了柑橘品牌符号化，形成了品牌图腾，拉近了和消费者的情感距离。

新奇士还制定了靶向营销策略，围绕特定人群制订针对性的营销方案，在做好小众传播的基础上去引爆大众。比如，新奇士针对儿童推出了"Sunkist Kid"计划——专门为儿童提供各种与柑橘相关的营养食谱。在锁定儿童的同时，新奇士还将自身嵌入消费者的生活方式中，围绕营养价值做文章，以家庭用户为中心，把柑橘设计到日常食谱中，让柑橘不仅是水果甜点，还是一道主食，成为必需品。

当然，最关键的还是新奇士的品质管理规范。它明确建立了涵盖各个环节的责任管理制度，企业内部巡查监督也是常态。新奇士还运用多种高科技手段对产品加强管理，如建立产品数据库，精确统计不同品种柑橘的成熟期，将产品划分为不同品质和档次来进行分类销售；对果农进行农业技术科普并加强技术推广，在包装阶段更是多层次挑拣，以确保柑橘品质。

可以说，新奇士本身的优秀质量管控是其市场营销得以成功的最关键因素，也是品牌历久弥新的重要原因。

出色的品牌传播和管理

新奇士始终围绕"健康"的品牌灵魂，凭借持续不断的广告投放来进行品牌传播，并对消费者进行潜移默化的影响，使人们一想起健康橙子，脑海里第一个跃出的就是新奇士。

同时，结合"健康"的品牌灵魂，还入乡随俗策划了符合本地文化消费习惯的各种社会活动，提升当地消费者对品牌的亲近度。

在美国，橄榄球冠军锦标赛的影响力巨大，每年的"超级碗"比赛更吸引了全球的目光。新奇士通过赞助该项比赛，提高了品牌曝光率，并且每年举办"柑橘小姐"评选活动，其中的优胜者就成为产品代言人。在新奇士的网站上还有"柠檬小姐"专栏，介绍各种用柑橘、柠檬做的好吃的食品。

为加强对中国市场的品牌推广，新奇士研究了中国人的口味习惯，有针对性地供应甜度较高的柑橘品种。为迎合中国农历新年的年货文化，新奇士每年都会推出当年的生肖礼盒版。比如，在2018年，新奇士推出狗年礼盒（见图1-22），取得了不错的销售成绩。

与此同时，考虑到产能和劳动力成本，新奇士与世界其他区域的生产基地进行合作，通过授权使各生产基地执行和美国本土一样的质量管理标准，既降低了劳动力成本，又实现了从做"加法"到做"乘法"，迅速扩大了产能规模。

图 1-22　新奇士狗年礼盒
资料来源：https://guojiguoshu.com/article/3796.

经过多年的品牌资产积累之后，在输出模式和标准、不断扩大产能的同时，新奇士也实现了"品牌输出"。通过跨界与零售商合作，比如沃尔玛跨界与食品企业吉百利、森永乳业、通用磨坊等合作，共同研发推出了多种附加值较高的产品，新奇士与零售商联合推出的新奇士饮料在市场上也颇受欢迎，进一步提升了品牌的市场盈利能力。

在中国，新奇士也加速了市场布局，比如和电商巨头京东合作。2018年3月16日，新奇士和京东生鲜签订合作协议上线全部产品，京东生鲜也成了国内首家上架新奇士全线水果产品的生鲜电商平台。

华盛顿苹果：最懂营销的苹果

美国华盛顿州是著名的"水果之乡"，苹果产量居全美之首。在美国，每消费10个苹果就有6个出自华盛顿州苹果种植户之手。

根据美国商务部的统计，"华盛顿"是全世界苹果外销市场的领导品牌。华盛顿苹果远销全球60多个国家，占美国苹果出口量的95%以上。

在西雅图超市，贴上华盛顿苹果公用品牌Logo（标识）的苹果比紧邻的其他苹果价格高出30%以上（见图1-23）。

图1-23 笔者在西雅图超市考察华盛顿苹果

双剑合璧：地理标志 + 行业协会

苹果是华盛顿州规模最大的农产品。华盛顿州大约有1450位苹果种植户、175 000亩果园，平均每年可收获约1.5亿箱苹果。2015年，该州的苹果产业价值20.4亿美元。根据美国农业部的数据，这占该州农业总产值的22%。

随着产业规模的发展壮大，华盛顿当地果农逐渐意识到了分散经营的弊端。为了发挥地方优势，增强区域凝聚力，1937年，根据华盛顿州的一项立法，华盛顿州苹果协会（Washington Apple Commission）成立。

华盛顿州苹果协会是美国成立最早的商业委员会，是进行华盛顿苹果推广、教育和促进市场发展的重要行业协会。具体来说，在上游，协会负责指导果农生产，保证苹果品质；在下游，负责管理果业，促进农业发展。

图1-24　华盛顿苹果Logo
资料来源：https://www.sohu.com/a/211933655_391502.

"华盛顿苹果"在美国的注册就是由该协会负责的，它不仅将"华盛顿"注册为证明商标、服务商标，还注册了很多防御商标，为华盛顿苹果这一地理标志的保护提供了有力的法律保障。例如限定使用范围，只有在该州七个划定的区域内生产的苹果才叫华盛顿苹果（见图1-24）。

华盛顿州苹果协会在美国主要市场都派驻了宣传人员，在国际市场的宣传活动也非常活跃。协会已在30多个国家进行了大规模的推广活动，包括中国。

在中国市场，协会自2013年联手天猫后，在天猫上的销量以年均超过100%的速度增长。2015年天猫"双十一"促销期间，24小时就卖出了100万颗产自华盛顿州的嘎啦苹果。

事实上，早在2003年、2009年和2011年，出生于华盛顿州的华裔骆家辉，就分别以华盛顿州州长、美国商务部长的身份在上海、广州等地推销华盛顿苹果。

2017年12月18日，美国驻沪总领事谭森先生化身圣诞老人骑着小电驴出现在上海市中心，携手夫人和孩子，提前给上海白领派送前一天在天猫超市下单的华盛顿苹果。㊀

目前，华盛顿苹果在天猫、京东等各大电商平台，沃尔玛、家乐福、盒

㊀ 资料来源：http://www.sohu.com/a/211933655_391502.

马鲜生、山姆会员店等线上线下大型超市，以及鲜丰、百果园、果叔等水果连锁店，均有销售。

2020年12月底，华盛顿苹果与知名健身品牌"乐刻运动"强强合作，在广州、深圳、上海和北京四大城市的32家连锁健身房举办为期一个月的品牌推广、试吃、活力舞蹈派对等分享活动。

品牌建设，从儿童抓起

对于有孩子的家庭而言，孩子是家庭生活的中心。华盛顿苹果意识到，孩子是华盛顿苹果的核心目标消费群，但其消费行为是由其家长决定的。因此，华盛顿苹果必须锁定儿童这条营销主线，通过赢得儿童的青睐，影响家长们的决策，进而赢得他们的选择。

为了打动孩子，华盛顿苹果打出娱乐营销牌，打造了一个名叫"Crispy"的卡通形象，其中文寓意为口感清脆的红苹果。Crispy有两身装扮：一是"高顶毡帽+长筒马靴"，俨然就是美国西部牛仔风格；二是戴着绘制有华盛顿Logo的鸭舌帽，脚穿红色帆布鞋，透着浓浓的校园味道。

Crispy的卡通形象很对孩子们的胃口。校园通常是孩子们聚集的场所，因此，Crispy还为学校奉献课堂教学资源，内容极具互动性、趣味性，并与健康建立关联性，从而顺理成章地将品牌植入了课堂。

为了进入中国市场，华盛顿州苹果协会曾在广州和北京选择了10家大型幼儿园开展华盛顿苹果的推广活动。他们既向幼儿园赠送华盛顿苹果、派发宣传小册子，又举行"华盛顿苹果"儿童填色比赛，还在上海以三年级以上的小学生为对象，举办"美丽的果园——美国华盛顿州苹果儿童绘画大赛"。

一日一苹果，医生远离我

伴随着消费升级以及人们对自身健康的日渐重视，大农业与大健康的融合成为品牌农业发展的重要趋势，并衍生出大量的战略机遇。

华盛顿苹果就是充分利用大健康与大农业重叠的"黄金地带"，在顾客心智中建立了差异化价值点。

协会将"苹果"和"健康"对应起来。借助世人耳熟能详的英国谚语"An apple a day keeps the doctor away"（一日一苹果，医生远离我）发起健康教育运动，以协会官方网站上的"Healthy Living"（健康生活）专栏作为宣传窗口，网罗了各类证实苹果有益于健康的资讯，充分运用了"大众认可的口碑效应"和"权威机构的科研结论"这两大法宝。

值得一提的是，专栏上的内容，在"华盛顿"品牌的自我推广中仅仅是一带而过，因而使这部分的商业宣传性质隐蔽，更接近于一场关于"苹果养生"的公益性知识普及。

同时，进行互动推广。协会协助美国知名营养和健身专家进行"3-Apple-a-Day Plan"（一日三苹果计划）的推广，在身体各项指标都健康的基础上，346名挑战者在12周内人均减去了大约18磅（约8公斤）的重量。这一互动推广活动受到了众多美国减肥者的关注，华盛顿苹果也走入了他们的生活。

在上海，协会开展了"一日一苹果，医生远离我"的大型健康义诊活动，邀请营养学、健康保健学专家坐堂咨询。在普及苹果对健康有益的知识的同时，也在人们心中树立起了华盛顿苹果的良好形象。

在协会的大力推动下，华盛顿苹果与健康在消费者的心智中紧密关联了起来，为农产品增加了附加值，提升了品牌价值。

餐饮是主赛道，让品牌深入人心

在华盛顿苹果与健康建立起强关联之后，人们自然会想知道如何吃更健康。

苹果作为常见的水果，吃法较为简单，一般直接食用，或作为甜点的配料。协会研发出以苹果为主要加工材料的食谱体系，该食谱体系一经推出，便受到全美民众的欢迎，强力刺激了市场销售量。

该食谱覆盖了美国人的日常饮食。协会根据华盛顿苹果的种类，研发出了八大类近200份食谱。在协会的网站上展示了这八个类别，分别是儿童至爱、开胃菜、快餐、沙拉（见图 1-25）、烘焙食品、甜点、配料和饮料，几乎涵盖了美国人日常饮食的方方面面。除了官方的食谱外，网络上还流传着许多"民间"的食谱，华盛顿苹果在调和荤腥、促进食欲等方面发挥了更大的作用。

该食谱兼具实用性和科学性。它不仅包含菜名、配料、图片和制作方法这些基本内容，强调实用性，还特别标注了经过精确计算得出的营养成分，包括热量、脂肪、蛋白质等含量，增加了其科学性。

华盛顿苹果通过健康食谱，触发了消费者对健康的隐性需求，将自身融入日常健康食谱或者日常健康管理之中，走进顾客的需求链，最大化消费场景，从根本上实现了品牌溢价和消费渗透。

图 1-25　华盛顿苹果沙拉

资料来源：https://cn1.bestapples.com/eat-more-apples/salads/.

第 2 章

法国

征服世界的原产地保护制度

征服世界的"三瓶水"

我常说一句话:法国靠"三瓶水"征服世界!

这"三瓶水"是:葡萄酒、香水和矿泉水。

这种说法或许有些夸张,但不可否认,无论是享誉全球的法国葡萄酒,还是让爱香人士都魂牵梦绕的格拉斯香水,抑或是稳居世界高端水市场霸主地位的依云矿泉水,都从不同侧面反映出法国特色产业在世界的影响力。

事实上,总面积只有中国四川省大的法国是世界农业大国、欧盟第二大农业出口国。总体来看,法国农业现代化程度很高,主产小麦、大麦、玉米、水果和蔬菜,葡萄酒产量居世界首位。法国生产的农产品不仅能够满足本国的需求,而且还能大量出口,其农业产值占欧盟农业总产值的22%,出口量长期位居欧盟前列。

如今,法国农业已经成为高端和品质的代表,除了举世闻名的区域公用品牌波尔多、勃艮第葡萄酒,法国还有如达能(见图2-1)、路易达孚、保乐力加等众多世界级食品企业。

品牌创建是农业发展到一定阶段的必然要求，是农业现代化和区域经济发展的战略抓手，是全球区域经济发展的共同路径选择。从原产地名称保护制度到共同农业政策，再到多姿多彩的文旅融合等，法国走出了农业大国的特色之路。

原产地名称保护制度：全球农业品牌建设的"拿破仑法典"

图 2-1　笔者在巴黎会见达能集团国际中心主任戴维

"几本书，一瓶法国葡萄酒，一点水果，一个好天气加上一曲音乐，这就是我理想的生活状态。"

这是英国杰出作家、浪漫主义诗人约翰·济慈（John Keats）的公开表白。

虽然法国葡萄酒如此受世界人民的欢迎，但很少有人知道，法国葡萄酒的成功其实离不开原产地名称保护制度，它堪称全球农业品牌建设的"拿破仑法典"。

原产地名称保护制度让法国葡萄酒走向世界

100多年前，波尔多葡萄酒市场上勾兑、假冒年份的现象层出不穷，严重影响了正规葡萄酒庄的声誉。为了解决这一问题，法国建立了"原产地名称保护制度"（见图2-2）。该制度被证明是全世界首创的甄别假酒最有效的办法，也是法国葡萄酒走向世界的盾牌和助推器。

到底什么是"原产地名称保护制度"？

根据法国《消费法典》的定义，原产地名称是"一个国家、地区或地方的名称，该名称被用来表示来源于该地方的产品，产品的质量和特征归因于其

图 2-2　法国原产地名称保护标识

地理环境,包括自然因素和人文因素"。符合这种条件的国家、地区或地方的名称构成了商品的原产地名称。

原产地名称保护基于以下四点:第一,地域决定产品特性,即产品差异化=地域差异化;第二,不同地域的产品有不同的声誉;第三,尊重原产地名称的使用,包括其合法性、地方性和稳定性;第四,国家对标注原产地名称的产品进行认证。

法国农业部下设国家原产地名称局(INAO),全面负责所有农产品和食品原产地名称的认定和管理工作。任何产品要使用原产地名称必须通过INAO 的认证。

法国原产地保护制度的重要支撑——葡萄酒分级制度

当前法国已形成一套完整的原产地名称保护体系,其最重要且最具代表性的就是葡萄酒分级制度。

法国优质的葡萄酒是与葡萄酒文化相伴相生的,葡萄酒分级也是历史悠久的。早在 1855 年万国博览会上,法国国王拿破仑三世就命令波尔多商会对波尔多产区的葡萄酒进行等级评定,对葡萄园的种植密度、葡萄的最高产量、葡萄酒的最低酒精含量、橡木桶的储藏时间等都做了明文规定。

1935 年法国通过了一系列关于葡萄酒质量控制的法律。此后,法国便拥有了世界上最早的葡萄酒命名系统,以及最严格的关于葡萄酒制作和生产的法律。法国法律将葡萄酒分成四个级别,由低到高分别为日常餐酒(VDT,占 11.7%)、地区餐酒(VDP,占 33.9%)、优良地区餐酒(VDQS,占 0.9%)和法定产区酒(AOC,占 53.4%)(见图 2-3)。

中国消费者最熟悉的葡萄酒品牌——拉菲,就属于法定产区酒 AOC。该等级产品的葡萄品种、种植数量、酿造过程、酒精含量等都要通过专家认证,只

图 2-3 法国葡萄酒等级划分

能用原产地种植的葡萄酿制，绝对不可和别的产地的葡萄汁勾兑。

不过，葡萄酒的等级分类并不仅限于上述四个。如在原产地上，还有1~6级分类。以最高级别AOC举例，一共有波尔多AOC、超级波尔多AOC、产区AOC、村庄级AOC、中级酒庄和列级酒庄六个子类。拉菲所在地就属于产区AOC（Medoc AOC）的一级酒庄。

法国原产地名称保护制度的诞生意义重大，它不仅成功实现了对葡萄酒知识产权的保护和管理，提高了葡萄酒的质量，巩固了法国葡萄酒的高端地位，更为世界农业产业的可持续发展、竞争环境的有序构建提供了范本。

具体来说，主要有以下几点。

其一，建立了一个为消费者、厂家、供应链三方都认同的价值判断准则，倡导良性竞争，避免恶性竞争，有益于整个行业长期发展。

其二，建立了世人所共知的产品标准，消费者可以区分不同类型和档次的产品。产品分级不仅使市场竞争变得有序，还可以使品牌企业获得品牌溢价。

其三，通过产品输出实现标准输出，借此法国不仅保护了本国的原产地资源，发展了本国品牌，也掌握了世界葡萄酒产业链的话语权。

其四，从输出标准到输出文化，传播了法国葡萄酒文化，构建了文化竞争力，为品牌建设赋能。

欧盟地理标志体系建立与《中欧地理标志协定》

法国原产地名称保护制度是世界上最早、最成功的知识产权保护制度，它成功地将法国葡萄酒推向世界，也对后来欧盟地理标志和中国地理标志体系的建立产生了深远的影响。

根据世界知识产权组织（WIPO）的定义，地理标志（Geographical Indication，GI）是指在具有特定地理来源并因该来源而拥有某些品质或声誉的产品上使用的一种标志，有时也被称为"地理标识"。换句话说，"地理标志"强调的是产品的"原产地"，即认为产品的质量、特性或声誉与其生产的地理位置有关，因此对地方特色产品以产地命名的方式进行保护和控制。

欧洲是全球范围内地理标志体系的最积极的倡导者。早在1958年缔结的《保护原产地名称及其国际注册里斯本协定》中，就对地理标志相关内容有所涉及。1992年，欧盟通过了关于保护农产品和食品地理标志和原产地名称条例，首次建立了对欧盟所有成员国具有约束力的地理标志单一监管制度，这也是欧盟首次对农产品进行专门立法保护。2013年，欧盟实施了《关于农产品和食品的质量规划条例》，将地理标志保护作为欧盟的质量政策，缩短了审查程序，提升了保护水平，明确了监管体系建设和要求（见图2-4）。

不断完善的地理标志保护制度让欧盟的农产品地理标志保护水平一直处于世界领先地位，也让中国意识到地理标志产品在地域经济中的重要作用。

图2-4 欧盟地理标志

20世纪90年代，借鉴法国和欧盟的经验，中国也开始了地理标志的建设之路。1995年，原国家技术监督局同法国农业部、法国国家干邑行业管理局（BNIC）、财政部等部门开始地理标志产品保护方面的交流与合作。双方达成合作协议，每年互派人员考察、培训和研讨，以掌握地理标志保护制度的法律、法规和标准；同时对实验室人员进行培训，以掌握产品分析和鉴定技术，着手建立中国的地理标志产品保护制度。

随着中国地理标志保护制度的逐步发展和成熟，现在由国家知识产权局统一负责地理标志的审批、注册和相关管理工作。同时，农业农村部开展"农产品地理标志"的认证工作。

如今，地理标志产品的品牌建设已成为乡村振兴、产业兴旺和区域社会经济高质量发展的战略抓手，正发挥越来越重要的作用。

值得一提的是，2020年9月14日，中国与欧盟正式签署《中华人民共和国政府与欧洲联盟地理标志保护与合作协定》（简称《中欧地理标志协定》），这是中国对外商签的第一个全面的、高水平的地理标志协定。协定共纳入双方各275个地理标志产品，涉及酒类、茶叶、农产品、食品等，创下欧盟对外商签的地理标志协定数量和种类之最。

2021年3月1日，《中华人民共和国政府与欧洲联盟地理标志保护与合作协定》正式生效。截至2021年7月，已有134个欧盟地理标志、110个中国地理标志分别实现在华和在欧保护。毫无疑问，未来中欧相互投资有望获得更大的市场准入、更高水平的营商环境、更有力的制度保障、更光明的合作前景。

区域公用品牌与企业品牌相互加持

提起葡萄酒，即使是不喝酒的人也不免会想起闻名遐迩的法国波尔多酒庄。多年前电影《赌神》中周润发的一句"来瓶82年的拉菲"，也让拉菲成为顶级品质葡萄酒的代名词。

拉菲和波尔多葡萄酒的成功并非偶然，而是法国农业区域公用品牌与企业品牌双轮驱动的结果。

区域公用品牌指特定区域内相关机构、企业、农户等所共有的，在生产地域范围、品种品质管理、品牌授权使用、产品营销与传播等方面具有共同标准和行为规范，共同创建和经过授权方可使用的品牌，其基本构成是"产地名+品类名"；企业品牌则指由一个企业注册、打造和权益独享的代表企业的品牌。

以法国葡萄酒为例，波尔多葡萄酒是区域公用品牌，拉菲是企业品牌。

一方面，法国利用其得天独厚的葡萄种植优势，建立了原产地保护制度，成功创建代表品质的"波尔多葡萄酒"这一区域公用品牌；另一方面，有波尔多产区做背书的拉菲出产即自带"贵族"光环，但随着评酒家罗伯特·帕克对1982年拉菲的满分评级、影视产业对拉菲奢华形象的塑造等一系列营销传播，"拉菲"这一企业品牌也逐渐发展壮大，开始反哺区域公用品牌，助力波尔多葡萄酒的价值提升与可持续发展（见图2-5）。

图2-5 拉菲与波尔多葡萄酒品牌关系图

可以说，拉菲依托波尔多优越的自然条件而品质出众，波尔多也因拉菲而自豪和骄傲。

同样的道理，香奈儿五号（CHANEL N°5）凭借"香水之都"格拉斯迷人的风光、优质的花草、精湛的技艺和悠久的香水文化声名鹊起，交相辉映，香飘世界。

依云则依托阿尔卑斯山脚下依云小镇甘冽的雪山矿泉水资源，成为全世界最有品位和价值的矿泉水品牌，真正做到"一处水源润全球"，还成功提升了依云小镇的品牌影响力和吸引力，使之成为闻名世界的特色小镇。

没有强有力的企业品牌和产品品牌，区域公用品牌就是空中楼阁和一盘散沙；没有强有力的区域公用品牌，企业品牌就是无源之水、无本之木。

依托于政府、农业合作组织以及私人企业"三位一体"的模式，法国农业在品牌战略的部署上，用区域公用品牌为企业品牌做基础与背书，以企业品牌作为区域公用品牌的载体与主体，二者相互依托，相辅相成，协同并进，并由此延伸区域经济战略和国家产业战略，成为当之无愧的欧盟第一农业强国。

城乡一体化与多姿多彩的文旅融合

十几年前，一部大热电视剧《又见一帘幽梦》将普罗旺斯这个遍地薰衣草的城市带入了中国观众的眼帘，使之成为无数人心驰神往的地方。

普罗旺斯地处地中海沿岸，其充足灿烂的阳光最适合薰衣草的生长，不仅吸引了来自世界各地的人欣赏花海，还带动了一系列薰衣草产品的销售。除了游览，其特色美食——橄榄油、葡萄酒和松露也享誉世界。持续不断的旅游节庆活动也为普罗旺斯营造出浓厚的节日氛围和艺术氛围，比如著名的蒙特利马薰衣草节。每年节日期间，小镇居民都会穿上20世纪的服装，载歌载舞，乘坐着100年前的脚踏车、马车，把各种薰衣草产品（花茶、精油、香皂、蜡烛、化妆品、干花等）和其他特色农产品拿到集市上去卖。

除了举世闻名的薰衣草，普罗旺斯还是法国著名的历史文化古城（见图2-6）。

图 2-6　普罗旺斯薰衣草庄园

资料来源：https://www.oliverstravels.com/france/south-of-france/.

这里是中世纪骑士抒情诗的发源地，因此被称为"骑士之城"，有因《马赛曲》而闻名的马赛，有因《基督山伯爵》而为众人皆知的伊夫岛，还有儒雅的大学城艾克斯和阿维尼翁，而塞尚、梵·高、莫奈、毕加索、夏卡尔等名人的足迹也让这座城市熠熠生辉。

如今，普罗旺斯已经成为法国最美丽的乡村度假胜地，每年都会有数以万计世界各地的游人不远万里前来一睹它的风采。

普罗旺斯的蓬勃发展，是法国城乡一体化和文旅融合的重要缩影。

综合发展型模式，高效统筹城乡一体化

城乡发展差距大是世界性难题，高速发展的中国也面临这个难题，但法国却只用了 20 多年的时间就实现了城乡一体化，这与法国政府采取综合发展型模式有关。

综合发展型模式是在国家整体规划和科学指导的精神下，通过有效协同的方式，加强各部门之间的联系，整合社会各个部门的优势资源，使其共同

致力于推动乡村社会的发展。

一方面，法国开展领土整治，通过国家相关法律法规帮助和支持经济欠发达地区的乡村，实现农村社会资源的优化配置，以此加快乡村社会的现代化建设；另一方面，政府积极实施"一体化农业"。在生产专业化和协调基础上，由工商业资本家与农场主通过控股或缔结合同等形式，利用现代科学技术和现代企业方式，把农业与和农业相关的工业、商业、运输、信贷等部门联合起来，组成利益共同体。

无论是农业一体化改革还是开展领土整治工作，法国政府都非常强调应用财政扶持、技术保障以及教育培训等综合的方式来支持乡村建设，助推乡村社会的善治。这些措施最终能够加快乡村地区的发展，使得城市和乡村地区的发展速度、经济水平和预期目标趋于平衡，达到城乡一体化的目标。

立足乡村特色，多姿多彩的文旅融合

根据当地的特色资源和社会需求，法国不同城乡发挥自身优势，通过挖掘特色资源、发展特色产业、融合特色文化，逐步形成诸多像普罗旺斯、依云、格拉斯的文旅融合的特色小镇。

例如，法国的葡萄酒享誉全球，生产历史悠久，但真正为这些种植酿酒葡萄的乡村注入经济活力的，却是由葡萄酒延伸而来的文旅产业。如今，全法国有近 5000 个葡萄园、酿造厂和酒庄对外向游客开放，这种以葡萄种植为基础、乡村旅游为核心，融合农业生产、观光休闲、科学教育、娱乐餐饮、商务会谈等多功能为一体的复合型庄园综合体，是依托三产融合实现多元价值的新型产业模式，是乡村旅游产业文旅融合的发展典范。

现在，全球每年都会有无数喜爱葡萄酒的人前往法国的葡萄酒产地体验法国的葡萄酒文化。

喜欢葡萄酒的朋友都知道，勃艮第是法国葡萄酒的另一个核心产区，与波尔多构成顶级品质"双子座"。2019 年 11 月，笔者带领神农研习社夜访勃艮第葡萄酒核心产区的宝尚酒庄（Chateau Beauchene）。宝尚酒庄建于

1731年，是著名的老字号酒庄，像一颗夜明珠嵌在世界葡萄酒的高地（见图2-7）。穿越酒窖，一瓶瓶，一杯杯，尽情在舌尖上品法国葡萄酒的丰富味道和历史传奇。逾200年的老酒，保存如此完好，生命依然鲜活。这就是葡萄酒的灵魂。

图2-7　笔者夜访宝尚酒庄

共同农业政策，构建受保护的利益共同体

二战后，欧洲开启重建之路，为了挽救遭到极大破坏的农业，当时的欧洲经济共同体提出了农业一体化的要求，经过多年演变和发展，最终建立了共同农业政策（Common Agricultural Policy，CAP）。

共同农业政策以对内实行价格支持、对外实行贸易保护为主要特点，内容包括：①共同体内部实行农产品统一价格，自由流通，免征关税，并优先购买成员国的产品；②对共同体以外的国家实行保护关税，进口的农产品按照国际市场价格和内部统一价格之间的差额征收差价税；③建立共同农业基金，即"农业保证和指导基金"，用于补贴向共同体外出口，提高在国际市场上的竞争力，稳定及调节各成员国农产品价格，资助各成员国进行农业结构改革（即兼并中小农场以扩大农场经营规模）。

作为欧盟的创始成员国之一，法国既是共同农业政策的主要倡导者和支持者，也是重要受益者。

二战后，法国农业恢复得很快，共同体成立之时，法国的谷物和肉类生产已经逐渐有余，寻求农产品外销市场成为当务之急。因此，法国希望在欧共体内建立农产品自由交换的共同市场，同时还主张共同体优先，即欧共体成员国首先进口其他成员国的农产品。此外，法国一直就有农业补贴和贸易保护主义的传统，主张用价格控制来指导农业生产。最终，法国主张的共同体优先、农产品的自由流通等都在共同农业政策的基本原则中得到了体现。

共同农业政策的成功制定在某种意义上也是法国偏爱的农业模式的胜利，很大程度上打消了法国农民的后顾之忧，提高了农产品的价格，相应地增加了农民的收入，扩大了法国农产品的出口，也促进了法国农业的现代化。

总之，共同农业政策的实施，稳定了法国政局，维持了小农收入，增强了法国在欧共体中的影响力，对法国有着重要的政治意义。

面对现存的农业结构弊端，法国也在积极做调整。譬如，法国还提倡建立农作物收成保险机制，以减轻异常气候对收成带来的影响，同时还主张建立危机管理机制，这些在欧盟2018年6月公布的共同农业政策改革的立法提案（CAP 2021—2027）中也有所体现。

显然，无论未来共同农业政策的改革走向何方，对世界农业经济的发展都有着至关重要的影响。

依云：一瓶滋润世界的水

一瓶神奇的水

有这样一瓶水，它来自欧洲最高的山脉阿尔卑斯山脚下，却滋润了整个世界。它是凯悦、香格里拉等五星级酒店，以及各大高级西餐厅、高档会所、度假村等的座上宾，在热播电视剧《欢乐颂》中常被刘涛饰演的精英女士安迪"一言不合就开喝"。

这瓶神奇的水就是依云矿泉水。依云矿泉水是来自依云镇背后雄伟的阿尔卑斯山脉的天然矿泉水，高山融雪和依云小镇山地雨水在阿尔卑斯山脉腹地经过长达15年的天然过滤和冰川砂层的矿化，形成了依云矿泉水。

依云（evian）创立于1991年，是国际著名的高端饮用水品牌，现隶属于法国著名的食品巨头达能集团。目前，依云在中国占据超过25%的高端水市场，在全球市场占有率超过10%，成为名副其实的高端水霸主。某种意义上，依云已不仅仅是一瓶矿泉水，而代表了一种精英理念和生活方式。

2019年11月5日下午，我带领神农研习社来到神往已久的依云小镇，深入依云公司总部，聆听和体验依云矿泉水的传奇故事，感受依云品牌的独特魅力（见图2-8）。

图2-8　笔者带队探访依云公司总部

传奇故事"一喝成名"

品牌的本质是"塑魂"，魂立则心动。依云正是凭借动人的品牌故事占领了目标人群心智。

传说1789年的夏天，正值法国大革命期间，有一位法国贵族逃亡到依云小镇，当时流行矿泉水疗法，他患有肾结石，决定试一试。他来到卡查特绅士花园，取了一些花园里的泉水，饮用了一段时间后，惊奇地发现自己的肾结石奇迹般地排出来了。

消息迅速传开，专家们对此专门做了研究，证明依云矿泉水确实有效。此后，大量的人涌入依云小镇，争相体验依云矿泉水的神奇；医生们更是将它列入药方，依云矿泉水就此"一喝成名"。

戏剧性的传说让依云矿泉水充满了神秘感，对消费者而言，他们购买的是水，但引起共鸣的却是200多年传奇的品牌故事。

用"青春与美丽"为品牌塑魂

企业发展到一定程度，要想往上走必须实现从产品价值到品牌价值的升级。法国依云矿泉水能在激烈的高端水竞争中脱颖而出，是因为它并不仅仅满足于卖水，而是结合产品特性，提炼出品牌价值层面的"概念"，不断给受众提供新的消费理由——购买依云矿泉水，可以留住"青春与美丽"（见图2-9）。

图2-9　依云矿泉水系列产品

1998年，依云首次提出"婴儿"概念，随后就接连诞生了非常多的"依云宝宝"营销系列，从单人说唱下班的"欢快宝宝"，到结伴出游的"骑行侠宝宝"，又或者散布在各个角落斗舞的"街头宝宝"，甚至于拿下2016年法网（法国网球公开赛）、2017年温网（温布尔登网球锦标赛）两个大满贯冠军的穆古拉扎baby（宝宝），都在向消费者传递一个理念"每一个喝了依云矿泉水的人，似乎皆是个baby，都可以像婴儿一样，留住青春与美丽，变得年轻有活力"。

其实，早在1935年，依云矿泉水便首次作为婴儿饮用水，推荐给广大的母亲们。2001年，依云还推出了同品牌的纯天然化妆品，主要有矿泉水喷雾，包含天然系列和婴儿系列。由"婴儿"这个概念衍生出的"返老还童"创意，正是依云从矿泉水、喷雾本身产品价值到品牌价值"Live Young"（活出年轻）的完美升级。

从古至今，人类一直梦想着能够永葆青春、长生不老。当人们在消费依云水时，脑海中浮现出来的是：喝下去的是"年轻活力"，留下来的是"青春常驻"。

把水当化妆品卖，卖出价值，卖出时尚，依云的品牌营销实在是高明。

一处水源供全球，阿尔卑斯山下的生态守护

依云矿泉水的水源地法国依云小镇背靠阿尔卑斯山，面临莱芒湖，远离污染。多年来，依云一直以"一处水源供全球"的理念来展示其世界级的品质，这也让依云自身的发展与当地水源生态保护融为一体（见图2-10）。为

此，依云一直积极采取各种措施守护阿尔卑斯山下的生态环境。

图 2-10　阿尔卑斯山下的依云总部

一方面，依云建立了阿尔卑斯山水源地的自然保护区。法国政府规定，依云水源地周边 500 公里内，不允许存在任何形式的人为污染。依云矿泉水的母公司达能集团将水源地周围的村庄组织起来，成立了一个名为 APM 的协会。该协会出资保护水源地的自然资源，鼓励当地居民植树，尽量不使用化肥。这个举措既保障了依云水的品质，更为当地优美的生态环境做出了贡献。

另一方面，依云还积极倡导可持续发展的理念，致力于把自身打造为可循环品牌。其母公司达能先后与循环经济倡导者艾伦·麦克阿瑟基金会（Ellen MacArthur Foundation）、回收技术公司 Loop Industries、回收服务公司威立雅（Veolia）三家公司合作，以期建立一条完整的循环回收路线。

从矿泉水到特色小镇

依云矿泉水走入消费者内心的好故事，为依云小镇带来了可观的收入。依云矿泉水年产量为 15 亿升，每 10 瓶中有 4 瓶在法国销售，6 瓶出口到世界各国。依云矿泉水拥有高达 10.8% 的全球市场占有率，工厂平均每月生产量为 4000 万瓶，全镇 70% 的财政收入来自和依云矿泉水公司相关的产业，3/4 的居民为水厂员工。

2019年11月5日晚上，我带领神农研习社夜探依云矿泉水水源地（见图2-11），该水源地现已被建设成古香古色的文物保护地，是最好的品牌故事体验地。230年前的一泓清泉，仍日夜奔涌不息，当地人日夜排队灌水，享用这免费的依云矿泉水。

依云矿泉水是依云小镇的第一产业，在依靠矿泉水出名的同时，小镇也根据当地的特色资源，因地制宜地发展了其他产业，将优势产业贯穿于各个行业中，形成产业之都，反哺依云品牌。

首先，小镇根据依云矿泉水绝佳的治疗效果成立了"依云水治疗中心"，主要提供依云天然矿泉水SPA、专业按摩治疗服务、母婴游泳和产后体型恢复等服务。

图2-11 笔者夜探依云矿泉水水源地

其次，借助神秘的传说故事、舒适温泉疗养、复古法式建筑、浪漫的小镇鲜花，小镇居民将浪漫与风情贯穿于小镇的建筑中，将小镇打造成了一个安宁祥和、闲散安逸的文化旅游小镇。

同时，小镇还积极发展体育产业。依云大师赛是国际女子职业高尔夫巡回赛最高赛事之一，其举办地正是这座以依云矿泉水而享誉全球的法国小镇。1994年，世界女子高尔夫球第一届依云大师赛在这里举办，而这便成了小镇的地标。依云还是温网、美网（美国网球公开赛）、澳网（澳大利亚网球公开赛）的官方赞助商，世界四项网球大满贯赛事中，依云赞助了三项。

从初期疗养胜地到水主题养生度假胜地，从高端体育赛事到商务会议，依云小镇逐渐形成了一个产业链闭环，成为以矿泉水为核心、融多种功能为一体的产业之都和世界级文化旅游目的地。这些又反哺依云矿泉水品牌，形成产业融合优势叠加效应。

特色小镇，产业是根，价值是魂。

依云小镇的发展路径，是特色小镇的成功案例，也是中国乡村振兴、产业兴旺、一二三产业融合值得借鉴的经典范本。

保乐力加：名酒品牌帝国的超级玩家

当夜色笼罩城市，人们走向霓虹深处，流连在氤氲的酒吧，在光与影的变幻中，在觥筹交错之间，品味着中产、小资们的生活格调。他们可能未曾留意，杯中的马爹利、芝华士、皇家礼炮、百龄坛等享誉世界的名酒都系出同门——法国的保乐力加集团（Pernod Ricard Group）。

保乐力加集团成立于1975年，由法国两家酒类公司保乐公司（成立于1805年）和力加公司（成立于1932年）合并而成。发展至今，保乐力加拥有众多知名葡萄酒和烈酒品牌，并由此确立了在全球市场的领先地位。

2008年3月31日，保乐力加集团宣布以56.26亿欧元的高价收购瑞典葡萄酒和酒精公司，将世界顶级伏特加品牌"绝对伏特加"纳入囊中，这一举动轰动一时。

三分品牌，因地制宜布局新市场

为了管理好众多的品牌，保乐力加将旗下近30个品牌划分为核心战略品牌、其他战略品牌和主要本土品牌三类。其中，力加、百龄坛、芝华士、马爹利、绝对伏特加、巴黎之花香槟等12个品牌被列为核心战略品牌，在公司总体战略中处于优先地位。对于其他战略品牌和主要本土品牌，保乐力加则根据市场的不同特点和竞争环境进行整合（见图2-12）。换言之，同一个品牌在不同的市场可能有不同的定位，这主要看它们在当地市场的表现。

比如在中国，保乐力加洞察到白兰地市场已经相对成熟，葡萄酒市场向高端化发展，威士忌市场快速成长，力娇酒和香槟酒未来发展潜力巨大，于是便将品牌分为两类：全球战略品牌（如芝华士、百龄坛、马

图2-12　保乐力加核心产品矩阵

爹利、绝对伏特加等）和中国市场补充品牌（杰卡斯、甘露和玛姆等葡萄酒，力娇酒、香槟酒等）。

另外，皇家礼炮虽然不是全球战略品牌，但在中国市场上却是关键品牌。经过30多年的发展，在中国，芝华士、皇家礼炮和马爹利被称为保乐力加的"三驾马车"。

分权管理，运筹帷幄开创新模式

保乐力加的分支机构遍布全球，如何对其进行有效管理成为公司面临的最大难题。

保乐力加建立并完善了适应多品牌管理的组织结构。最上层是总公司，负责公司总体战略规划、监督策略实施，不具体参与下面机构的实际运作。总公司下面分别是品牌运营公司和在各国的分销公司，二者是平行结构，互不统属，互相配合。品牌公司负责品牌的发展战略和营销策划，分销公司负责品牌营销活动的具体落地实施和产品分销渠道的建立。

"品牌公司＋分销公司"的创新管理架构较传统的"总公司＋分公司"模式有很大的优势。其一，由于根植于当地市场，分销公司能准确掌握当地消费者的消费偏好和生活习惯，确保市场推广计划的针对性；其二，品牌公司统一管理，不同品牌在同一市场的营销推广工作就可以并行不悖，这就解决了各个品牌之间相互打架的问题；其三，总公司对品牌公司和分销公司的统一管理和协调，保证了两个子公司责权划分的明确性，大大提升了快速决策的能力。

保乐力加在中国市场的快速发展，印证了分权管理模式的有效性。

分众传播，精准营销引领新境界

保乐力加一直钟情于精准有效的分众传播。在传播手段上，保乐力加主要采取赞助高层次艺术和顶级商业活动的方式，比如保乐力加在中国中央音乐学院和中央美术学院分别设立"芝华士爱乐基金"和"马爹利艺术基金"。

赞助这些活动不仅为保乐力加赢得了各基层意见领袖的口碑，还实现了品牌与时尚流行文化、高雅艺术元素的深度结合与互相映衬，从而凸显品牌雍容、典雅的独特气质。

体验营销，守正出奇诠释品牌精神

保乐力加在应用体验营销来诠释品牌精神和内涵方面可以说是得心应手。芝华士品牌的成功，正是保乐力加体验营销策略的成功体现。

在确立"享受人生，享受芝华士人生"的全球品牌定位后，保乐力加（中国）公司推出了一系列不同主题的音乐派对活动，为25岁以上的年轻目标消费人群带来了精彩的"芝华士人生"体验。

芝华士还注重线下的体验营销活动，围绕卖场来让消费者体验"享受人生，分享美好时光"的品牌内涵，将"生活"与"分享"的人生理念与自己的品牌定位完美地结合在一起（见图2-13）。

图 2-13　芝华士人生海报

资料来源：https://www.adforum.com/talent/68678-howard-southern/work/52010.

通过线上和线下立体式的体验营销，芝华士已经在中国市场上树立起了追求丰富人生体验的鲜明品牌形象。

保乐力加在全球市场教科书般的品牌营销表现，值得中国企业细细品味。

国际大粮商路易达孚的两张王牌

170岁的国际大粮商

1851年是世界格局激荡变革的一年：第一届国际博览会在英国伦敦开幕，太平天国运动如火如荼地开展，《纽约时报》正式创刊。在这一年,一个欧洲家族企业也登上了世界的舞台,它就是路易达孚集团(Louis Dreyfus Company,LDC)。

历经岁月的洗礼,如今170岁的路易达孚已经是全球领先的农产品贸易与加工企业,业务涵盖谷物油籽、大米、海运、金融、咖啡、棉花、糖、果汁等领域。每年,路易达孚在全球范围内种植、加工和运输约8000万吨农产品,为全球约5亿人提供食品和衣物,成为当之无愧的国际大粮商(见图2-14)。

纵观路易达孚的发展战略和商业模式,"全产业链+大金融"是其核心密码。

图2-14 路易达孚公司

全产业链一体化平台,铸造竞争护城河

处于农产品行业核心地位的路易达孚集团拥有多样化的产品线:以农产品贸易为基点,延伸覆盖了从原料到分销的整个产业价值链,实现产业上游种植、中游研发、下游销售发展的模式,所涉及的农产品种类齐全,囊括地域范围极为广泛。

这样的全产业链模式带来了很多优势,打造出一条产业和品牌的护城河,给后来进入者制造了一个巨大的壁垒。这些优势具体包括以下四个。

其一,上游"农资供应者+农产品生产者"稳定的原料供应,既成就了农产品全球贸易商的地位,又保证了中游农产品的加工。

其二,中游农产品加工者、加工厂的建立既能消化部分贸易农产品,又能提供更符合市场需求的产品。

其三,下游农产品经销商使路易达孚控制着商品流通和销售渠道,直接接触消费者,掌握第一手的市场信息,更好地指导和安排生产。

其四,突破生物乙醇技术,打通粮食和石油的关联,实行粮油联动。路易达孚在巴西拥有两处巨大的发酵式乙醇制造厂,而用以制造发酵式乙醇的主要原料就是蔗糖、谷类等农作物，通过粮油联动，成功打通了全球性活化燃油的生产和经营路径。

通过全球化和全产业链，路易达孚推动粮食产业整合，包括区域整合和价值链整合，成为价值链的整合者，而不单单是工厂，打造独特的核心竞争力。

大金融助力，撑起风险防范保护伞

2018年，一艘满载美国大豆的远洋运输船在浩瀚的太平洋上狂奔的故事想必很多人都看到了，人们在微博和各个平台上为它加油，称它为"大豆君"。

国际大宗农业商品贸易总是面临着各种风险，长期风险有农作物特有的周期性产量风险，短期风险包括国际贸易政策、国际汇率、国家间政治关系的影响等，这些风险必然会造成商品价格的巨大波动。

路易达孚积极运用金融工具，凭借期货交易机制和自身雄厚的资金实力，参与国际大宗商品期货交易，进行套期保值，预防大宗商品价格波动，平衡风险，为企业在国际市场上撑起一把保护伞。

路易达孚运用期货交易来锁定利润，降低风险。在期货操作上，路易达孚完全按照"头寸相同、方向相反"的原则严格进行100%套期保值，不考虑行情趋势的影响，这样做固然可能损失一些利润，但也将风险控制在了最低水平。

以采购大豆为例：采购前，交易员会考虑国内大豆压榨是否盈利，如果能实现利润，油厂就可以进行采购，反之则不采购。如果能够盈利，那么路易达孚会在现货市场买入100吨的大豆，同时在期货市场做一个卖出100吨大豆的开仓动作，这就是"头寸相同、方向相反"的简单做法。

除此之外，路易达孚也特别重视自身风控部门的管理，建立了一整套行之有效的风控管理制度和流程。通过这一流程能够管理从田间到最终客户这一复杂供应链中蕴含的风险，包括物流风险、运营风险、国家风险、财务风险以及商品价格风险。

同时,路易达孚还对农场、加工厂以及物流基础设施进行投资,与世界各地的生产厂商密切合作,强化风险管理。

产业和金融结合,以产业作基础,以金融为杠杆,既降低金融风险,也谋求乘数效应。

区块链技术的先行者,探索新未来

近年来,区块链技术取得突破性进展,路易达孚也在很早就将其运用到国际大宗贸易的合作板块中。2018 年 1 月,路易达孚宣布已于 2017 年 12 月同荷兰国际集团(ING)、荷兰银行(ABN AMRO)以及法国兴业银行合作,利用区块链技术完成了向山东渤海实业出售一批美国大豆的交易,这是农业大宗商品行业首笔利用区块链技术进行的交易。

2019 年,英国广播公司(BBC)报道了路易达孚与饮料瓶装公司 Refresco 和荷兰连锁超市 Albert Heijn 的橙汁可追溯项目合作,该项目正是利用了区块链技术。

2019 年,路易达孚与 ADM、邦吉、嘉吉、中粮等国际大粮商作为创始成员发起了一项旨在推进农商行业全球贸易运营现代化的区块链倡议项目"Covantis"。2020 年,"Covantis"倡议已获得所有必要的监管批准,在瑞士日内瓦成立了一家法人实体,名为 Covantis S. A.。

这是国际大粮商面向未来的共同探索。

路易达孚的中国之路

回顾集团在全球市场的商业布局发现,路易达孚非常重视建设全产业链一体化平台建设,并且积极推动同本土化企业之间的合作,中国是其最重要的市场之一。

20 世纪 70 年代,路易达孚首次进入中国,成为第一家获准与中国进行棉花贸易的外资公司,并从此开启了在中国的业务篇章。

1994年，路易达孚在上海自由贸易区建立了在中国的第一家公司。

进入21世纪，路易达孚在中国的业务从最初的谷物和油籽逐渐扩展到棉花和糖以及其他农产品，进一步拓宽了在中国市场的舞台。

随着中国加入世界贸易组织（WTO），2005年，路易达孚北京贸易有限责任公司成立，这是有农业贸易权的第一家外商独资公司（WFOE）。

2019年，路易达孚继续进军包装油领域，推出"鸿孚乐"（见图2-15）、"孚大厨""孚百香"等品牌，并在第二届中国国际进口博览会上推出"金掌门"品牌食用油。

2021年7月15日，江苏省江海粮油集团有限公司和路易达孚集团合作共建的年产96万吨饲料蛋白及副产品和植物油加工项目，在江海粮油所属张家港产业园正式破土动工，标志着江海

图2-15　路易达孚终端产品

粮油和路易达孚深度合作进入新阶段，推动实现公司粮油加工能力和物流中转量再上新台阶。

2021年7月16日，路易达孚（中国）还同京粮控股、青岛西海岸新区管理委员会签订《合作备忘录》，拟联合在青岛西海岸新区合作建设饲料蛋白及副产品、饲料、养殖及食品科技产业中心项目，项目预计总投资超过10亿美元，涵盖饲料蛋白加工、食用油加工、高端饲料、水产养殖、粮食集散贸易、冷链物流、创新食品产业、生物柴油等产业。

总之，路易达孚在中国的经营范围几乎涉及整个农产品产业链，真正做到了将自身的国际网络与在中国的业务布局紧密结合。

第 3 章

新西兰

生态是第一发展力

生态立国的全球样板

在遥远的南半球,有一片"遗世独立"的岛屿——新西兰。它地处大洋洲,距离北京 1 万多公里,即便距近邻澳大利亚也超过 1500 公里,可谓远离尘世喧嚣。

新西兰这个国家很神奇,它是发达国家里存在感最低的,也是工业国家里农牧业最强的,还是高度发展国家里景色最美的。

漫步在新西兰,你会无时不惊叹这里的美丽和整洁。新西兰历来以纯净闻名遐迩,"100% 纯净新西兰"是新西兰旅游局向全世界推广了 20 年的主题。当时还聘请了姚晨作为新西兰品牌形象大使。

新西兰国土面积 26.8 万平方公里,51% 为牧场或农场,29% 为林地。领海面积高达 695 万平方公里,是领土的 24.9 倍。在这里,草地、树木、阳光、海浪,不仅仅是对生态环境的美化和装饰,更成为新西兰的经济命脉。

新西兰羊肉、奶制品和粗羊毛出口量居世界第一,农林牧产值占 GDP 的 17%,旅游业对经济发展的贡献率达 10%(见图 3-1)。新西兰,称得上是一个"国富民富"的国家,人均GDP早已突破4万美元。

绿水青山就是金山银山。让我们一起踏上这片绿色之岛,探寻新西兰生态立国的金钥匙。

不仅仅是骑在牛羊背上的国家

提起新西兰,脑海中不由自主地浮现出被牛羊点缀的绿色山丘。

图 3-1　新西兰自由的牛群
资料来源:https://zhuanlan.zhihu.com/p/67827642.

新西兰被称为"蓝天下的牧场",畜牧业是新西兰的支柱产业,其发展有三个80%:一是畜牧业产值占农业总产值的80%,二是从事畜牧业的人口约占农业人口的80%,三是农民收入中80%来自畜牧业生产。它是世界上按人口平均养羊、养牛最多的国家。

经过长期的发展,新西兰围绕畜牧业形成了庞大的产业经济,奶制品、羊毛产品世界闻名,每年创造巨额的利润,这是新西兰成为发达国家的重要基础。

但是,新西兰绝不仅仅是一个"骑在牛羊背上"的国家。新西兰种植业和渔业同样发达,主要有小麦、大麦、燕麦、水果等,是世界第二大猕猴桃生产国,黄金奇异果成为其国宝。苹果先生(Mr Apple)是新西兰最大的苹果种植、包装和出口商,出口全球50多个国家和地区。

此外,新西兰拥有绵长海岸线,洁净海域孕育出丰富的海产品。每年商业性捕捞和养殖鱼、贝类约60万~65万吨,其中超过半数供出口。

新西兰拥有大量的农业技术人才,农业机械化程度和生产效率均很高,是世界上少数几个农业立国并进入发达国家行列的。

新西兰还是人类最晚定居的土地之一,自然环境保留原始风貌,至纯至净。电影《指环王》三部曲,所有镜头均是在新西兰皇后镇拍摄的(见图3-2)。其中霍比特人居住的环境让人印象深刻,每天都会迎来大批来自世界各地的游客。旅游业是新西兰创收和经济增长的新引擎。2018年，新西兰接待国际游客382万人次，旅游消费达到111亿新西兰元，其中中国游客占11%。

图3-2 《指环王》三部曲拍摄地

资料来源：https://www.newzealand.com/cn/plan/business/hobbiton-movie-set-tours/.

新西兰金融业发达，有强大的银行业、绝佳的股市表现和利好的营商环境。世界银行将新西兰列为世界上最方便营商的国家之一。

新西兰虽属于区区小国，人口不到500万，但它是一个公认的教育大国，在全球名列前茅。据著名的经济学人智库发布的"全球教育未来指数"，新西兰在综合排名榜单上位列第一。

因此新西兰不仅仅是骑在牛羊背上的国家，多元化的农业、金融业、出口贸易、旅游业、服务业等构成了其产业的重要支柱。当然，新西兰农牧业仍是其国民经济最重要的"根基"。

发达国家中不靠国家补贴农业的国家

俗话说，无农不稳。农业从古代到现在，一直是国家基础中的基础，重中之重，被列为第一产业。同时，农业本身投入大、周期长、见效慢、风险大，需要国家和地方政府各种强农惠农补贴进行支撑。

但是，新西兰是目前唯一没有对农业提供任何补贴的发达国家。这一点，就连品牌农业头号强国美国也做不到。新西兰在农业发展上是一个"狠角色"，不仅没有对农业提供任何补贴，反而对农业征收商品税、收入税。没有补贴，如何修炼成发达农业？除了不可替代的人口及天然资源优势，它还有两大举措非常给力。

一是强教育，农业专业化

新西兰政府向来重视农业教育，坚持农业专业化发展方向，培养、吸引和留住农业人才。根据有关法规，任何农民都必须进行农业教育，持证上岗，成为真正意义上的职业农民和知识农民。

新西兰的农业教育形式主要有两种：一种是通过大学培养专门人才，另一种是通过职业培训和进修达到国家对农业从业人员的资格要求。

新西兰国家电视台曾进行过一项"大学生就业"的调查，结果令人意外：农业学科不仅成为学生最愿意报考的几个热门专业之一，而且还入了选就业率最高的三大专业。

为什么在不少国家成为老大难的农业大学生，在新西兰会非常抢手呢？这与新西兰农业专业化有直接关系。

二是做配套支持，系统化赋能

1984年新西兰政府进行了大刀阔斧的改革，取消了农业补贴，并显著降低了农产品进出口关税，这对当时以家庭农场为主的农业造成了较大的冲击，1%的农民离开了土地。

透过现象看本质，政府取消对农业的直接支持并没有改变新西兰农场的所有权结构，相反，推动家庭农场发展成为极具创新性的中小型企业。农民通过接受农场管理的专业培训，了解消费者和市场的需求，不断提升专业化服务水平，提高农场的生产效率，释放土地资源价值。

同时，政府还进行了配套改革：将食品安全局、农林部和渔业部等部门合并成第一产业部，统一监管；组建了与农业有关的六个皇家研究所，从科研技术端进行强力支撑；出台一系列法律法规保证营商环境等。

现在新西兰农业已经成为一个高度专业化、市场化和科技化的产业，这是新西兰发达农业的底层逻辑。

向海而生的农业品牌国际化道路

新西兰四面环海，地广人稀，资源丰富，置身其中，天生就有一种"走出去"的冲动，这在一定程度上造就了新西兰农业发展的先天性全球化基因。

全球化是确保新西兰经济繁荣非常重要的发展路径。新西兰立足于自身国情，选择了以农立国、以农强国的外向型农业经济发展道路，其农业品牌国际化取得了巨大的成功，如佳沛、恒天然、苹果先生（见图3-3）等在世界上享有盛誉。大约90%的农产品都出口国外，农业创造的出口价值占新西兰总商品出口的一半以上。

新西兰作为世界上重要的农业大国，首先就要同身边的强邻澳大利亚进行激烈竞争。因此，需要不断采用新技术、新工具、新品种，更重要的是打造国际化的高效供应链。严格执行生产技术规程、环境质量标准、产品标准、贮藏和运输标准及其他相关标准，确保农牧产品的高品质，不断提升新西兰农业的国际竞争力。

另外，为了加强农产品的品牌建设，1953年，新西兰政府颁布了《农产品销售法》，从选育、加工到进出口运输等环节进行严格的法律法规保护。优良产品品质加上良

图3-3　笔者参访新西兰苹果先生

好的营商环境，新西兰形成了以奶牛、绵羊、鹿等养殖为主的畜牧业，以猕猴桃、苹果、葡萄种植为主的果品业的出口型现代农业格局。奶制品、猕猴桃、木材、白葡萄酒成为新西兰出口的标志性产品。

新西兰凭着强烈的向海而生的危机感和超前的品牌意识，成为农业立国的典范。

新西兰贸易发展局：全球引路，品牌赋能

为了争取到更大的国际市场，以及更快的出口增长，2003年7月1日，新西兰专门成立了新西兰贸易发展局（见图3-4）。它既是新西兰政府的官方贸易及投资促进机构，又是促进国家经济发展的管理部门，还是处理外交事务和国际贸易的政府机构。目前其在全世界有48个代表处，其中在中国有香港、广州、北京、上海、台北五个代表处。

图3-4　笔者访问新西兰贸易发展局

值得一提的是，新西兰贸易发展局有明确的定位、使命和核心价值观，具有鲜明的公司化经营理念和服务意识。

定位：成就客户——致力于每位客户的满意和成功。

使命：创业创新——为客户利益而努力创新并快速而高效地推动其实现。

核心价值观：诚信正直——信任、诚实和富有责任感。

新西兰贸易发展局的客户是拥有国际业务的新西兰企业，同时服务的大

约2000家，重点支持其中最有生命力，规模和发展前景最大的500家。同时，它还可以帮助世界各地的企业寻找合适的新西兰合作伙伴、贸易商及投资商，促进两国相互的贸易、投资及其他经济活动。

值得一提的是，新西兰贸易发展局布置得清新典雅，像一个咖啡馆，营造一种很轻松的商务洽谈气氛。

亚洲办事机构——新西兰全接触

"新西兰全接触"（New Zealand Focus）由新西兰贸易发展局于2005年5月在中国香港创立，现在香港与上海都设有办事机构。作为新西兰政府海外贸易拓展的重要组成部分，"新西兰全接触"为中国市场引进各种新西兰优质产品，让消费者不出国门，也能轻松选购新西兰进口食品，同时推广新西兰食品和品牌形象，搭建中新两国商贸桥梁，促进新西兰、中国与北亚地区间的交流。

"新西兰全接触"提供的食品范围广，如酸奶粉、麦卢卡蜂蜜、奇异果、葡萄酒、巧克力、曲奇、果酱等，所有产品100%由新西兰进口，而且都是由新西兰贸易发展局精选推荐，强调的是"优质"和"安全"。可以说，新西兰贸易发展局为新西兰农产品的全球贸易道路打下了坚实的基础。

新西兰国家品牌标志——国宝银蕨

在新西兰，经常能看到这样一个图案：一片形似羽毛剪影的叶子，淡雅、飘逸。这是新西兰国家品牌独特的标志——国宝银蕨。

银蕨是新西兰的国花，有着坚韧的生命力，叶子正面是普通的绿色，但是，将叶子翻过来，背面的银色便会反射星月的光辉和火把的光亮，照亮并指引穿越森林的路径。从前的毛利猎人和战士在漆黑的夜晚，都是靠银蕨来认路回到自己的部落。

新西兰人认为银蕨能够体现新西兰的民族精神，故将此种植物作为新西兰国家的独特标志，代表新西兰原产的信任和认证。银蕨标志是新西兰政府正式认可的商标，代表最高品质的国家形象（见图3-5）。

图3-5 新西兰"国宝银蕨"标志

银蕨标志不是随随便便能取得的,新西兰政府会从原料、研发、加工等方面对企业进行非常严苛的审核,符合要求才能授权使用(见图3-6)。

图3-6 一家获得银蕨标志的橙子品牌

● 延伸阅读

澳大利亚制造:国家层面的品牌整合营销传播

澳大利亚为了在全球建立统一的品牌认知,于1982年开始使用"澳大利亚制造"(Australian Made)标志(简称AM)(见图3-7),以同一个形象整合传播。其标志由绿色三角和国宝金色袋鼠构成。

目前,该标志已经出现在超过10 000种在澳大利亚本土生产并销售到世界各地的产品上。消费者可通过在所要购买的商品上寻找绿

图3-7 "澳大利亚制造"标志

色三角形和金色袋鼠来确认此商品是否是"澳大利亚制造"。

"澳大利亚制造"在全球消费者心智中建立了澳大利亚产品品牌和其他国家产品品牌的差异化定位和有效区隔，形成了国家层面的品牌"护照"。同时，通过"澳大利亚制造"，不断强化产品质量，从而倒逼产业和企业升级。

农业立国的引擎：新西兰皇家植物与食品研究院

新西兰皇家植物与食品研究院（以下简称研究院），是新西兰最大的植物与食品研究机构，成立于1926年。致力于水果、蔬菜、作物和食品等领域的科学研究和技术创新，为特色产业提供技术和工具，减少生产系统对环境的影响、优化产量、提高产品质量和经济效益，满足全球最严格的市场准入标准和植物检疫规定，保障新西兰农业实现繁荣、健康、可持续的发展。

研究院主要有五个板块，分别是育种与基因组学、生物保护与防治、可持续发展农业、食品创新和海鲜科技。拥有超过600位专业科学研究人员，在新西兰有15个研究院分部，并在澳大利亚和美国等地建立了联络站或分公司，同时和全球领先的研发公司或学术机构建立了长期合作关系。

研究院属于国家机构，其运营资金主要来源于政府支持，但是按公司模式来独立运营和管理，同时为商业机构提供服务，以改善自身的资金状况。1992年研究院开始商业化。现在拥有两大股东：一个是科技部长，另一个是财政部长。这种结构模式，在世界上都是很独特的。

因此，研究院必须兼顾好两个方面：一是能赚钱，其主要收入来源是服务费、知识产权、推广科技。2018年实现销售收入1.56亿新西兰元（约8亿元人民币），其中25%来自知识产权。二是创造社会效益，保持政府、科技与市场的紧密结合。研究院坚持以客户为中心，拥有30多年的数据库，成为新西兰农业健康可持续发展的强大科技保障，目前最大的客户是佳沛奇异果。

研究院与佳沛长期合作培育品种，现在仍有许多正在培育阶段的奇异果新品。比如全部果肉都是红色的奇异果、果肉偏绿的红心奇异果、白皮绿肉带红点的迷你奇异果、橙色辣味奇异果。据研发中心负责人介绍，对于金果、红果以及绿果，每一代育种时都会通过杂交品种来自然调试它的果肉色泽，从而使产品更加丰富。在这里每天探索的是消费者未来需要什么样的产品。

最新的消息是，为了深化合作，新西兰皇家植物与食品研究院和佳沛各出资 50%，于 2021 年共同成立了股份制合资企业新西兰奇异果育种中心（Kiwifruit Breeding Centre），该中心将专注于奇异果育种领域的创新，开发更健康、口感更好、更具可持续性的品种。

"这对我们行业来说是一个激动人心的发展，将使我们能够扩大新西兰作为奇异果行业全球领先创新者的地位"，佳沛首席执行官 Dan Mathieson 表示。

品种是果业的"芯片"，这也正是新西兰奇异果产业能够纵横全球的动力之源。

研究院与中国有 40 多年的合作历史，现在云南、陕西、河南、浙江和四川都有合作项目。2018 年研究院在四川绵竹成立猕猴桃试验站，这也是佳沛与研究院合作在中国设立的首个实体研究基地，迈出了佳沛在中国市场实现本土化种植、本土化销售的重要一步。

佳沛奇异果：纵横全球的品牌统治力

佳沛奇异果是全球最知名、最强大的水果品牌，也是新西兰的"国果"和国家名片（见图 3-8）。佳沛奇异果每年出产量 7000 万箱，99% 出口，市场遍及全球 70 多个国家和地区，占全球奇异果市场总销量的 33%，高居世界之首。

图 3-8　新西兰奇异果大地标

一个国土不大，人口不多，原本不产奇异果的南太平洋岛国，怎样造就了一个全球水果品牌的传奇？

寻根溯源：从猕猴桃到奇异果

尽管新西兰"奇异果"今天已经享誉世界，但其却是不折不扣的"舶来品"。它的祖先是来自中国的猕猴桃。这里有一个真实的故事。

1904年，一位新西兰女教师伊莎贝尔来到中国，探望她在湖北宜昌传教的妹妹，在这里她吃到了一种从来没有见过的绿色的酸酸甜甜的奇怪水果，离开的时候她带了一包种子回到新西兰。

这种"酸酸甜甜的奇怪水果"就是猕猴桃。这包种子之后辗转送到当地知名的园艺专家亚历山大手中，由他培植出新西兰第一株猕猴桃果树，之后经过几代人的悉心栽培，加之新西兰北岛的自然环境优越，猕猴桃就在新西兰遍地开花了。到1920年，已经有果农开始把多余的猕猴桃在当地销售。

1952年，地广人稀的新西兰已经无法消化掉全部猕猴桃，于是开始出口英国。给这个外来的水果起一个什么名字呢？起初，新西兰人称它为"宜昌醋栗"，但是这个名字绕口费解，没有被市场接受。后来，有人提议叫"美龙瓜"（Mellonette），但是新西兰瓜类税收较高，以致这个名字也没有叫开。

图3-9 新西兰国鸟与奇异果

一直到1959年，新西兰人发现这种果实与新西兰国鸟kiwi bird有些相似，都有着毛茸茸的身体，何不命名为"kiwi fruit"，听着倒像是新西兰土生土长的水果（见图3-9）。这个名字得到了新西兰人的积极响应，音译过来即为"奇异果"，"奇异果"的名称就此诞生。

佳沛：打造联合体企业品牌的"航空母舰"

无序的竞争导致灾难性打击

奇异果在新西兰开始快速发展，果农纷纷自发种植并销售奇异果。到了1960～1980年，新西兰以种植奇异果为业的果农数量已十分庞大，共有近2700多户，种植面积达10 580公顷。

但产业仍处于原始自然竞争状态，生产者众多却很分散，产出的奇异果品质不稳定，产量波动大，出口商家众多，竞争激烈，相互杀价严重，新西兰奇异果遭遇了严峻的考验。

1988年，新西兰奇异果产量奇高，果农们正希望有一个好的收成时，其最大海外市场美国实行反倾销政策，大幅缩减奇异果进口数量，新西兰果农损失惨重。同时，国际市场巨大的推广费用支出和营销失利，让果农们的利益大大受损，特别是日本市场，由于进口配额问题，导致日本经销商倒戈，投向了竞争者的怀抱，使得新西兰奇异果在瞬间几乎丧失了日本市场。

抱团取暖，成立新西兰奇异果营销局

在这种情况下，小果农根本没有力量去组建强大的海外销售团队，也无力聘请律师团队进行反倾销诉讼。庞大的库存无法变现，很多种植了几十年的老果农离开了这个行业，余下来的果农也在苦苦地从银行借款支撑。

深思熟虑后，果农们决定抱团取暖，并最终在政府的扶持和帮助下，成立了新西兰奇异果营销局，将分散的出口渠道整合为一个出口，对整个产业的品种选育、种植、采收、包装、储藏、物流、配售、广告推广，进行统一设计和规划。2700多名果农纷纷注销了自己的品牌，悉数加入新西兰奇异果营销局。

新西兰奇异果营销局的设立，大大促进了新西兰奇异果行业的规范化和全球销售。但在持续实践中也发现，其相对松散的组织结构并没有太大的约束力，部分果农仍各自为政，老问题依然存在。

聚焦佳沛，组建新西兰奇异果国际行销公司

问题必须从根源上解决。

1997 年新西兰奇异果营销局决定推出"ZESPRI"（佳沛）作为统一品牌，同时将营销局更名为"ZESPRI 佳沛新西兰奇异果国际行销公司"，全面统一负责新西兰奇异果在全球的销售。新西兰政府通过相关法律规定，果农不可擅自向除澳大利亚以外的国际市场销售新西兰奇异果，任何果农以个人的名义出口销售被视为违法。这样便形成了佳沛全球化垄断经营的联合体企业。

公司由 2700 多名果农拥有，所有果农按照种植面积与产量的大小共同出资入股，并根据股份多少决定其资金投入和年终分红，这样与果农形成紧密的利益共同体。

果农收入主要来源于四个部分：一是基础收入，根据不同规格制定收入标准；二是奖金收入；三是额外激励；四是上面所说的所有果农作为佳沛的股东，按产量享分红权。果农收入增加，积极性自然大大提高。

另外，对于合作的果农，除了品牌形象统一用佳沛外，还进行生产许可的授权。公司授予果农品种和生产面积许可，产品必须符合佳沛的质量标准（A 级果）。经过"佳沛"严格的检测后，合格的产品才能贴上佳沛商标销售到世界各地。这里很关键的一点是设定种植面积和数量，这一举措保证了每一个品种上市的整体数量，避免造成种植泛滥而导致价格下降。

佳沛公司的成立，彻底改变了新西兰奇异果产业的命运，使其品牌建设步入规范化、一体化、国际化发展的高速公路，快速占领欧美和亚太市场，成为全球老大。

2019 年 6 月，我们慕名来到佳沛公司总部参访，公司位于奇异果之都——陶朗加，丰盛湾的一个小城。佳沛刚刚启用全新的总部大楼，建筑风格简约、时尚，充满个性，且处处体现环保理念，连主体颜色也是绿色的，与奇异果很匹配（见图 3-10）。

图 3-10　佳沛奇异果总部大楼

新西兰佳沛奇异果的成功，很好地体现了在现代农业发展过程中，联合体企业经营模式的重要性。

可以说，联合体企业是现代农业的"航空母舰"，也是农业品牌打造的必由之路。

顶层设计：再次升级，打造全球高端品牌

进入 21 世纪后，由于其他国家猕猴桃产业的高速发展，尤其是中国、意大利、智利等国的猕猴桃产量剧增，以及欧盟等地食品安全标准的变化，加上新西兰奇异果较高的生产成本，导致其全球份额开始不断下降。

面对挑战，佳沛奇异果决定走高端路线，以"优质高价"的全新形象面向世界，并将核心消费人群定位于高级白领，尤其是年轻的女性群体。

在我们的考察座谈中，佳沛对外关系总监 Michael Fox（见图 3-11）讲，新西兰的人工很贵、土地很贵，在激烈的市场竞争中，新西兰奇异果坚决不能走低价路线，必须不断升级、扬长避短，在提高品质上下功夫，成为高端市场领导者。

聚焦奇异果，聚焦高端，这是佳沛的战略根基，也是安身立命的事业地盘。

品种打天下：绑定皇家植物与食品研究院

现代农业，品种第一，品质第二，品牌第三。

佳沛公司高度重视品种培育，为此设立了专门的技术研发部门，每年都要投入数百万美元的研究经费，用以培育新品种、调研健康价

图 3-11　笔者与佳沛对外关系总监 Michael Fox 深入探讨，并赠书

值和探索新方法，从而帮助种植者生产更高品质的奇异果。

佳沛在全球范围内取得的商业成功，新西兰皇家植物与食品研究院可以说是功不可没。佳沛与新西兰皇家植物与食品研究院签订长期独家品种培育协议，提前10年就开始品种培育和研发，保证品种一直领先于行业。

对于每一个新品的研发，佳沛有四个最重要的指标考量：口味、果肉颜色、抗病虫能力以及货架期。其最早开发出的绿奇异果，就是解决了世界上猕猴桃酸度过大、酸甜比不合理，以及外表毛毛过多，吃起来不方便两大行业痛点。再加上科学运用15天储运周期，保证上架后成熟度刚刚好，买了就能吃，吃了都说好，创造了良好的消费体验和顾客忠诚度。

高端品牌，必须有高端品种支撑。历经14年培育，2015年，佳沛正式推出的"阳光金果"（见图3-12），薄透的果皮、外形浑圆、汁液丰沛，具有多层次的清爽口感，符合亚洲人偏甜的口味，在亚洲市场受到广大消费者的青睐。按照佳沛的说法，"在绿果遭受了病虫害和市场的双重打击后，阳光金果拯救了佳沛奇异果产业"。在2019年的

图 3-12　佳沛奇异果金果

产季,阳光金果的销售额超过了绿果,从而"改变了游戏规则"。

新西兰奇异果的产季只在 4 月份,为了保证在货架上 12 个月都有供应,佳沛除了与新西兰几乎所有果农都签署了供应协议外,还进行全球化种植。每亩专利费 10 万元人民币(不含苗木),2018 年授权 3000 亩,专利费 3 亿元人民币。目前,佳沛在法国、意大利、日本、韩国、澳大利亚等多个国家建有种植基地。专利品种的垄断使佳沛在市场上拥有更强的定价权,成了佳沛可感知的核心竞争力和灵魂产品。

最新进展是,佳沛和新西兰皇家植物与食品研究院 10 年潜心研究培育的红心奇异果已经上市。鲜艳饱满的红色果肉,口感细腻,有莓果的香甜,富含花青素等多种对人体有益的成分。2021 年 4 月 26 日,佳沛联合百果园公司在上海举办新品发布会,首次推向中国市场,并在百果园上海地区线下门店及由百果园独家运营的佳沛天猫旗舰店进行限量发售。

红心奇异果的价值不仅在于它的颜色和味道的出众,而且它成熟得早,可以在每年 2 月下旬收获。目前,佳沛红心奇异果已经开始在新西兰地区广泛种植。这将成为佳沛持续霸占全球高端市场的坚实根基和新的"撒手锏"。

严格品控:奇异果高端定位的基石

新西兰奇异果的经营者们深谙品质的重要性,从品种、选址、种植、采摘到分选、储运等各个生产链条,实施全方位的可量化的品质控制(见图 3-13)。

图 3-13　笔者在佳沛奇异果种植基地参访

选址:每一个果园周围都必须有超过 10 米高的树群挡风,以保证果子不受大风吹刮,以免影响外观。

种植:以直径为 20~30 厘米的圆木为桩,以镀锌方管为骨架,均匀布拉防锈铁丝，大棚架高 1.7 米左右。一般行距株距为 5 米×4 米或 5 米×5 米，每亩栽植在 30~35 株，雌雄比例为 6∶1 或 7∶1。

剪枝：每株奇异果树在长到架高时只留两条母枝，并修剪成一条直线分别向不同方向伸展，保证每条小枝、每颗果实都能均衡地接受养分和阳光。

授粉：封锁果园，让蜂群集中授粉，既提高了果实的产量，又以天然方式保护了生态环境。

采摘：不由果农做主，佳沛公司说了算。每年采摘前，公司都要派人检测奇异果的熟度和甜度，在 97% 的果子达标后才能采摘。

检测：由专业人士负责奇异果的尺寸、甜度和病虫害检查。比如，用血糖仪一样的仪器检测含糖度，用高倍放大镜检查果实上是否有虫子。

分选：根据奇异果的大小、成熟度和重量自动筛选，包装进统一规格的环保纸盒内，并贴上独一无二的条形码。一条流水线 1 秒钟能为 1 个水果拍照 500 张用于筛选。

运输：分装好的奇异果必须根据其低温气调贮藏技术和冷链储运系统要求，在 36 小时内及时预冷至 0℃，放入温度在 0.3~0.5℃ 的高二氧化碳、低氧气的冷冻库中。

佳沛会为每一级经销商建立标准，在仓储时控制合理的温度、湿度等，以保证奇异果在历经各个渠道到达最终消费者手中时，还能够有良好的口感和形状。

严格的品控是佳沛高品质的基石。其中的关键点是新西兰先进的分选技术和设备。康备科公司是其中的佼佼者。

康备科公司（Compac）成立于 1984 年，是全球领先的蔬果分选系统开发者和制造者（见图 3-14）。特别是在猕猴桃、柑橘、牛油果、樱桃和苹果等高端水果领域，远超其他竞争对手而处于市场的统治地位，市场占有率超过 50%。

专业、专注，从硬件到软件及解决方案，这是康备科的经营之道。康备科在中国昆山设有全球化生产基地。

图 3-14　康备科公司全球领先的水果分选流水线

水果营养之王，为品牌塑魂

奇异果，外表虽然并不美好，滋味却极为美妙，天然带着绿色、健康、营养的标签。

佳沛公司不是简单卖水果，而是挖掘奇异果"水果中营养指数最高的产品"这一优越品类特性，将其品牌灵魂锁定为"水果营养之王"。奇异果营养高，尤其是维生素 C 的含量是橘子的 4～12 倍，是苹果的 30 倍、葡萄的 60 倍。这是其占领高端水果市场的价值理由，并以此为灵魂进行全方位的市场推广（见图 3-15）。

除了与消费者分享产品的营养功效，面对现代人特别是白领人群忙于工作忽视健康的问题，佳沛还倡导一种时尚健康、清新活力的生活方式与生活态度，通过传播佳沛奇异果的美味食谱和健康吃法，让营养健康的品牌理念深入人心，一步步占据消费者的心智，从而不断提升品牌号召力和溢价力。

为此，其品牌名称"ZESPRI"被巧妙地翻译成中文"佳沛"，寓意"佳境天成，活力充沛"，传递健康、

图 3-15　佳沛奇异果海报

营养、乐趣及能量，与品牌灵魂高度匹配。

市场建设：全球招商，借船出海

在全球市场开发上，佳沛采取派遣区域经理在全球各地寻找代理商的模式，已开发了欧洲、日本、中国、韩国、东南亚、美国等全球70多个国家和地区。

目前佳沛在全球最大的销售额来源于中国和日本。佳沛在亚洲市场兴起，竟然是因为一个叫陈郁然的中国台湾人。1994年，作为ZESPRI佳沛新西兰奇异果国际行销公司的日本分公司总经理，他竟然让奇异果一跃成为新西兰最大的出口农产品，打下全球半壁江山。1998年陈郁然将佳沛阳光金果引入中国台湾。1999年，佳沛来到了中国大陆市场。2016年之前，日本是佳沛最大的海外市场，2018年后被中国取而代之。

美国市场开发比较晚，2017年才设立了全美办事处，2019年美国销售额近1亿新西兰元。就奇异果而言，美国是一个相对不发达的市场，奇异果消费量在所有水果中仅排名第21位，而在欧洲、亚洲，奇异果消费量则稳居前十之列。

在中国，佳沛选择同佳农和佳沃鑫荣懋建立战略合作关系，形成中国北方市场和南方市场两大阵地。2017年，佳沃鑫荣懋联合盒马鲜生，启动佳沛新西兰阳光金果上市，这也被视作完善新西兰奇异果分销网络的举措之一。[一]

佳沛与百果园、本来生活、盒马鲜生、山姆超市、开市客（Costco）等电商和零售商也建立了合作关系，希望借助它们的平台和影响力，进一步扩大渗透率和销售范围。

传播推广：品牌国际化，实施本土化

在传播推广上，佳沛采取"全球策略，本土实施"的方式，在各国的促

[一] 资料来源：https://www.sohu.com/a/142610204_617283.

销活动、广告等方面，可以结合本土特点进行演绎，但是在品牌调性、产品品质等方面，均采用全球统一策略。

佳沛在日本市场刚开始依靠名人代言来推广产品，后来推出"猕猴桃兄弟"吉祥物，很受年轻消费者青睐，提高了佳沛在日本的品牌知名度。后来通过在店内展示吉祥物、投放动画电视广告、利用数字媒体宣传等手段，2015年至2017年间佳沛在日本的销售额增长了30%。

在北美市场，佳沛主要采取在产品区域内外制作醒目的大型显示器和展示箱的营销方式，效果非常好。佳沛在中国市场采取更加不同的营销和推广方式。

价值营销，首创按个卖。新西兰奇异果进入中国面临的最大挑战就是与本土猕猴桃有近10倍的价差。当时猕猴桃在中国属于一个"边缘性产品"，消费者购买频率不高。佳沛特立独行，区别于中国论斤卖的售卖形式，如通过"10元一个"这种论个卖的形式引起了消费者的注意，并且以"水果营养之王"这个价值点进行市场推广，打破了中国猕猴桃市场的常规认知，成功塑造了高端的品牌形象，从而在中国市场一炮打响。

因地制宜，个性化落地。通过市场调研和专业分析，佳沛打破"中国是一个市场"的思维，针对北京、上海和广州市场的差异，制订了不同的品牌推广策略及执行方案。

在北京，为了贴近消费者，佳沛借由中国传统戏剧的表演方式传达，并邀请形象健康的女星袁泉一起参与活动。

在上海，佳沛定位于宣传时尚和生活品位，举办"创意食尚，奇异无限"的主题活动，联合自然美SPA共同举办"奇异SPA自然美肤新时尚"活动，强化其高档水果的品牌形象（见图3-16）。

在广州，佳沛重点宣传其营养价值和高端品牌形象，使其区别于国产

图3-16 佳沛奇异果市场推广活动

猕猴桃，借助"水果捞"的合作渠道，通过规模化试吃加深消费者对黄金奇异果营养和口感的认知度，刺激消费。

体验营销，软性渗透。在热播电视剧《爱情公寓》中植入广告：将佳沛奇异果作为饭后甜点是一种营养健康、高端优雅的生活方式。此广告植入使得佳沛奇异果销量大增，吸引了很多年轻女性的关注和购买。

同时，在国内许多城市的大型超市里，佳沛经常举办形形色色的终端体验活动，通过与消费者的"亲密接触"，触发感官体验和记忆，潜移默化地影响消费。

新媒体营销，拥抱互联网。在互联网时代，渠道即媒体，媒体即渠道。佳沛积极与国内的一些线上和线下渠道进行合作。2013年，本来生活开始上线佳沛奇异果，其销量每年呈几何级数增长。

2019年11月1日，京东生鲜迎来了京东11.11开门红，佳沛奇异果成为京东生鲜自营果蔬当年首个年销售额突破2亿元的单品，而京东生鲜也成为佳沛在华最大电商销售平台。

侧记：我们的疑问与佳沛的定力

在佳沛刚刚投入使用的环保、简约而又充满奇异果元素的新总部大楼参观访问，我们一直有一个疑问：佳沛品牌推出20多年，已经成为奇异果领域的世界冠军，他们为什么没有进行品类延伸，甚至连奇异果果汁都没有推出？这关系到佳沛的战略选择与战略定力。

为此，笔者对佳沛对外关系总监Michael Fox进行了现场采访（见图3-17）。

问：现在，佳沛在全球已经有很强的影响力了，有没有计划

图3-17 现场采访佳沛对外关系总监Michael Fox

利用现有渠道推出其他水果品种？佳沛有没有想进行产品链的延伸，比如搞果汁？

答：未来产业链会考虑围绕奇异果进行延伸，比如果干、果汁，但是佳沛不会涉足除了奇异果之外的水果，只做奇异果。

问：追问一下，产品延伸已经开始了吗？还是只是计划？为什么不涉足其他水果？背后的逻辑是什么？

答：现在只是计划，还没有任何产品。未来3～5年奇异果的鲜果都不够卖，做果干或果汁要看新西兰的产量以及市场容量。另外，看能不能赚钱，如果不赚钱，肯定不会做。为什么只做猕猴桃，因为它是最顶端的水果，是营养最丰富、最赚钱的水果。佳沛不做大众货，只做营养最丰富、品质最高的水果。

问：现在，有一些水果附加值很高，比如牛油果，贴上佳沛的标签也能卖呀？

答：佳沛只做奇异果，因为从育种到种植到加工都完备，这几十年的准备都是为奇异果。佳沛是除了澳大利亚之外唯一向全球销售奇异果的企业，同时佳沛与政府有协议，只做猕猴桃。

恒天然乳业：世界乳品"标兵"是如何养成的

如果说佳沛奇异果是全球国家级公用品牌与企业联合体品牌的成功典范，那么，恒天然则是新西兰品牌农业的另外一个"标兵"（见图3-18）。

新西兰恒天然合作社集团（Fonterra Co-operative Group）成立于2001年10月，年销售额达80亿美元，是新西兰最大的公司，也是世界上最大的乳品生产商之一，其创造的贸易产值占全球乳品贸易的1/3。

1814年，当英国移民第一次带

图3-18 笔者参观恒天然体验中心

着两头奶牛来到这片陌生土地的时候，肯定想不到200年后这里会成为世界第一乳制品出口大国。

这个世界第一是如何养成的呢？

苦练内功：构建全球领先的高效产业链

恒久强支撑，高效产业链。恒天然有江湖地位，其中很重要的一点是，其幕后有强大的支撑，那就是全球领先的产业链、强大的奶源基地和供应链。

恒天然在新西兰的奶源来自约400万头奶牛，全部第一手纯天然的奶源，保证了乳制品的品质，避免了因奶源来源复杂而产生品质隐患。

恒天然还拥有由400多辆奶罐车组成的庞大运输队，以满足牧场出产的液态奶的运输，其每年的行程为7000万公里。恒天然在全球有84个加工厂，其中新西兰24个，澳大利亚10个，其余的分布在世界各地。恒天然上游产业链和奶源建设的优势，成为恒天然品牌的强支撑。

研发创新，技术赋能。作为乳品领域的"专家"，恒天然注重品质、创新以及研发。新西兰皇家乳品研究所，是世界上最为先进的乳品研究机构之一。随着恒天然的国际化发展，为了开发出适应目标市场本地需求的产品，恒天然在全球包括新西兰、德国、墨西哥及澳大利亚设立了七个区域科研中心，进行相关产品的研发。

联合体模式，利益保障。恒天然由全国近90%的牧场联合组建而成，1万多个牧场主共同拥有集团股份。在乳制品加工合作企业中，牧场主不仅向企业提供牛奶，也拥有企业的股份，可定期分红。在这种合作模式下，奶农和企业的利益息息相关，切实保障了奶牛养殖场场主在产业链中的地位和利益，奶农也更加注重牛奶的质量安全。这一点，恒天然的企业名称——新西兰恒天然合作社集团已充分体现。

完整的供应链是恒天然核心优势的基础，依托严苛的标准、国际化的网络、高品质的产品、紧密的客户关系，恒天然乳品将牧场、奶牛、加工、出口的各个环节有效地整合在了一起，从牛奶离开牧场那一刻起，到乳制品交到客户手中，"从牧场到餐桌"整个流程环环相扣，紧密衔接。

市场矩阵：四大棋子定赛道

恒天然对中国市场富有远见，在中国开展业务至今已经有30余年的历史。伴随着中国经济的起飞，中国乳业市场需求迎来了爆发式增长。在这一过程中，恒天然抓住了机会，致力于为中国市场消费者提供各类营养的乳制品，并成为中国乳制品企业优质原料的主要供应商之一。

在新鲜乳业这一个基础棋子之外，恒天然又布下了三个棋子，分别锁定高速发展且利润空间丰厚的两个行业——烘焙和餐饮（见图3-19）。

第一个棋子是恒天然在餐饮行业致力打造"中央厨房"。目前，恒天然已经在超过70个国家拥有出色的餐饮服务团队，为餐饮服务专业人员提供包括市场营销、产品创新及新产品开发等全方位支持。

图 3-19 恒天然烘焙产品

资料来源：https://tech.china.com/article/20210624/062021_811331.html。

第二个棋子是恒天然努力控制烘焙行业的上游供应链。近年来，随着中国经济的发展，烘焙行业获得了长足的发展。在中国，一半以上的比萨使用的是恒天然马苏里拉奶酪，约70%的面包产品使用的黄油来自恒天然。而几乎所有大型面包连锁店使用的都是恒天然的黄油、奶油和奶酪。中国国际航班使用的黄油70%也都是来自恒天然的安佳迷你黄油。

第三个棋子是加强本地化生产和本地化销售。恒天然中国牧场是恒天然在新西兰本土之外唯一的海外自建牧场。这充分体现了恒天然对中国市场的重视，也是恒天然在中国布局"从牧场到餐桌"全产业链的重要一环。

品牌矩阵：专业编队铸航母

作为全球知名的乳制品出口和牛奶加工企业之一，恒天然深受众多世界领先食品企业的青睐，业务范围十分广泛，融汇了牧场运营、乳品原料、餐饮服务、消费品牌等。针对多元化业务和不同细分市场的需求，恒天然建立了自身的品牌矩阵，主要品牌包括恒天然、安佳、安满、安怡和NZMP，类似航母编队，各个不同品牌各司其职，又相互配合、相得益彰。

恒天然（Fonterra）：大宗乳制品原料品牌，包括蛋白、奶粉、黄油、奶酪、牛初乳等。亚太餐饮渠道品牌。

安佳（Anchor）：恒天然日常营养的旗舰品牌，产品均为新西兰进口，品类丰富。在消费品牌方面，安佳有直接向消费者销售的鲜奶、儿童牛奶、奶粉，以及黄油、淡奶油、芝士等。在餐饮服务方面，安佳品牌为烘焙店、餐厅、酒店和快餐店提供黄油、淡奶油、芝士等高品质乳制品和餐饮解决方案。可以说，恒天然的核心业务和高性价比产品都在安佳旗下。

安满（Anmum）：恒天然领先的母婴营养品牌，专为备孕期和孕期女性以及婴幼儿提供品质卓越、营养丰富的产品。主要瞄准婴童奶粉市场。中国区品牌交给贝因美代理。

安怡（Anlene）：恒天然的核心品牌之一，在亚洲成人奶粉品牌品类中占据主导地位，致力于向消费者提供优质的骨骼营养产品，如成年人奶粉、营养物质。

NZMP：新西兰乳制品的缩写，也是恒天然合作集团的原料与解决方案品牌。品牌原料销往全球130多个国家或地区，众多世界知名食品与营养品品牌都在使用。

五大品牌，分别有着不同的定位和业务范围，避免了品牌过度延伸和认知混乱的问题。

市场建设：借船出海，全球织网

新西兰的国内乳制品需求量很小，95%的乳制品都是出口的。为开拓全球市场，恒天然成立四大业务部门：恒天然全球贸易部、恒天然原料乳粉业务部、恒天然消费乳品部和恒天然餐饮服务部。

恒天然全球贸易部主要向亚洲、中东、非洲、美洲和大洋洲销售大宗乳制品，包括乳蛋白、奶粉、黄油、奶酪。原料乳粉业务部主要向美国、西欧、日本和韩国销售乳品原料，包括特制专业原料，如浓缩乳蛋白（MPC）、牛初乳，以及其他用于食品生产的产品。消费乳品部主要生产并在40个国家向消费者出售品牌乳制品。餐饮服务部主要集中在亚太地区，向餐饮业客户提供乳品原料和品牌消费品，这些餐饮业客户包括快餐连锁店、航空公司配餐中心、酒店和餐馆。

中国是恒天然的重要战略市场。与全球市场"借船出海"一样，在中国恒天然也选择了与中国企业合作，借力打力开拓渠道。

和国内乳企合作。在恒天然的四大模块中，原料乳粉的制作和销售是其最核心的业务，全球数百个奶粉品牌都是恒天然的原粉客户。在中国，恒天然拥有100多个客户和经销商。除了给乳企提供奶源外，恒天然还直接入股乳企，如贝因美。通过和有4个工厂的贝因美合作，可以利用其8万个零售终端在中国销售。

在餐饮业布局。恒天然将华南地区视为中国第二大乳品原料消费市场，已在广州市开设两家餐饮服务应用中心。这里可以举办食品展示活动和食品培训及营销课堂等，有助于餐饮服务团队与中国客户更好地进行沟通交流。同时，应用中心还配备专业厨师，他们将和食品研发团队一起研发新食谱，研发最新口味的乳制食品。此外，恒天然还计划在北京和成都设立更多食品加工厂及研发中心。

近年来，随着中国电子商务的发展，恒天然和中国电子商务巨头深度合作，利用中国发达的电子商务市场拓展了它的品牌纵向深度。

与京东商城合作。恒天然旗下的安佳液态奶、安佳奶粉和安怡成人奶粉上架"京东掌柜宝"。京东新通路与恒天然建立了战略合作关系，恒天然将借助京东提供的仓储配送、地勤服务、门店营销、数据分享等"一站式"服务，降低通路覆盖成本，帮助恒天然进一步下沉，让更多消费者了解并接触到恒天然的产品。

与阿里巴巴合作。恒天然与阿里巴巴集团旗下新零售代表盒马鲜生合作，联合推出了一款安佳"日日鲜"鲜奶，此款产品奶源来自恒天然中国牧场。产品一经推出，一周内便成为浙江省品类单品冠军。如今，恒天然旗下的三大核心消费品牌：安佳、安怡和安满均已入驻天猫电商平台。

安全第一：抢占消费者心智

可持续发展赢得人心

恒天然之所以能保持快速发展，与其生态环境和乳品发展并重的可持续发展策略密不可分。公司的英文名 Fonterra 由两个单词合成，Fon 意思是"喷泉"或"泉水"，表示来自水；Terra 意思是"土"或"地"，含义为源自土壤。

可持续发展的理念已经在新西兰奶农中根深蒂固，他们了解乳品行业的历史和价值，并充分认识到为保护后代持续发展的重要性。他们把自己当作这块土地的管理人，并承担起保护新西兰乳业声誉与可持续发展的角色。

安全第一

"三聚氰胺"事件后，其"疤痕效应"长期存在，安全成为中国消费者的最大隐忧。鉴于此，恒天然制定了严苛的标准，并将新西兰的牧场管理和供应链管理两方面先进经验带入中国，以便为消费者提供更好、更安全的产品。

2017 年 12 月，恒天然中国牧场通过年度复审，成为国内首个获得全球食品安全倡议（GFSI）认可的 SQF（安全质量食品）最高级别的三级认证的牧场，一举成为中国乳业生产运营的典范。

基于市场需求、新西兰国家品牌赋能及自身优势，恒天然将"安全"作为品牌灵魂不断传播和强化，并借此与消费者产生心智共鸣，赢得信任与支持。从中文意思看，恒天然的企业名称和母品牌，到安佳、安怡、安满等子品牌，无不体现着自然、安全的核心价值理念。

数字营销，走近新时代中国消费者

恒天然作为最早进入中国的国际品牌，其在中国市场耕耘已有 40 多年。自 2013 年起更是在 B2C 领域积极探索，正值中国电商蓬勃崛起的时代，伴随数字经济发展的浪潮，恒天然不断进行颠覆的种种打法，让自己也越发具有青春活力。

头条新闻瓶不是谁都敢上的。消费者对乳品的营养和新鲜要求高。如何证明产品的新鲜，于是安佳头条新闻瓶诞生了。安佳联合盒马鲜生、今日头条等合作伙伴，产品以 24 小时为生产销售周期，满足鲜奶品质+当天新闻+速时配送的多重新鲜（见图 3-20）。与头条新闻瓶一同上线的，还有充满趣味的 H5 界面，可邀请消费者对自身新鲜度进行测试并转发，契合当下朋友圈的共享氛围。

图 3-20　恒天然与盒马鲜生和今日头条联合推广
资料来源：安佳中国微博。

用 AR 全景体验新西兰。安佳推出以"新西兰走丢了"为主题的限量包装。这一创意将体验、互动和转化都囊括其中。利用 AR 技术，消费者扫描产品瓶身，即可身临其境感受新西兰的纯净风光。消费者还可以实现全景拍照的梦想，并可转发到朋友圈，实现二次传播。

莫忘初心致敬百年。安佳携手同年诞生的可口可乐，在微博上联名发布"致敬 1886"品牌海报，并号召更多的百年品牌一同加入。短短时间内，亿滋、百威啤酒、拜耳中国、3M 中国、青岛啤酒、博世中国、上海家化等诸多品牌前呼后拥，共同致敬百年品牌精神。短短几小时微博话题阅读量就突破了千万。

开乳业区块链先河。2018年初,恒天然与阿里巴巴在跨境乳品领域达成区块链战略合作,为乳品全链路提供溯源支撑的正是区块链技术。同年9月,恒天然成为全球广告界区块链应用之开先河者。这是首次运用区块链技术实现链上数据交换,以及对广告投放和广告数据进行链上追踪,打造科技赋能营销的范例。

第 4 章

荷兰

创造世界农业的"温室效应"

世界农业"老二",面积比宁夏还小

荷兰的郁金香享誉世界,荷兰的农产品出口居世界第二(仅次于美国),这也许并不会令人惊讶,但如果你知道荷兰主要靠填海来扩充土地面积,其总面积还不如我国宁夏大,还会如此平静吗?

荷兰位于欧洲西北部,从东到西 130 公里,从南到北 400 公里,国土面积只有 41 864 平方公里。荷兰还是著名的低洼之国,1/4 国土面积低于平均海平面,约一半面积海拔不足 1 米。对于靠近大洋的国家来说,一个大幅度的涨潮就能把全国给淹了,而且因为纬度偏高,自然光照不充足,加之低洼潮湿、河网遍布,并不具备发展农业的优势。

然而,荷兰人却创造了举世瞩目的"农业奇迹":2019 年,荷兰农产品出口额达到 945 亿欧元,农产品出口全球第二,更有欧洲"菜园子"的美誉。闻名世界的荷兰花卉产业,年产量居世界首位,年出口额约 50 亿欧元,占世界市场的 43%,成为全球驰名的世界花卉交易中心和花卉原材料生产基地,并且以其强大的玻璃温室技术和整体解决方案,创造和引领全球农业科

技的"温室效应"(见图4-1)。

从一个资源贫瘠的欧洲小国，一跃成为世界农业强国，荷兰是如何做到的呢？

掌握核心技术，变资源劣势为产业优势

图4-1　笔者在荷兰考察农业

在面积狭小、地势低洼、光照不足的荷兰发展农业让大多数人觉得不可思议。但正是荷兰的农业技术，硬生生把荷兰的资源劣势改造成产业优势。

追溯到70年前，政府的大力支持使荷兰的农业技术升级踏上了"康庄大道"。历经半个多世纪的沉淀，荷兰已然形成了以高科技为支撑的现代农业发展格局，在设施农业、作物育种、病虫害防治等方面遥遥领先。

用设施农业破局

荷兰能够发展起世界一流的温室农业，起因于它的"先天不足"。从20世纪50年代开始，为了克服自然条件的劣势，荷兰温室农业开始起步，他们依托玻璃温室技术，投入大量资金，建立起世界一流的设施农业体系。

据统计，荷兰的玻璃温室面积达到1.1万公顷，约占世界温室总面积的1/4。荷兰玻璃温室在采光、稳定性等方面采用了全球最为先进的技术，能显著提高透光率，减轻建筑材料的重量，增强抗风耐压性能，进而大幅降低能耗。

荷兰的设施农业早已实现全部自动化控制，包括光照系统、加温系统、液体肥料灌溉施肥系统、二氧化碳补充系统、机械化采摘系统及监测系统等。如荷兰花卉从种植开始就采用自动化的智能分苗系统，从小钵变成大钵，再到苗盘移到田间都不需要人工处理，还能够识别并剔除劣质苗和病苗，保证植株的品质，刚毕业的大学生也很乐意从事设施农业工作(见图4-2)。

在设施农业的带动下，荷兰推进育种、肥料、生物防治等系统创新，为荷兰农业发展提供一系列解决方案，突破了气候、地形等瓶颈制约因素，使这个面积只有 4 万平方公里的小国，一跃成为全球农业强国之一，创造出世界现代农业的"荷兰温室效应"。

劣势有时也能够转化为优势，荷兰的设施农业则是变资源劣势为产业优势的典范。

从源头下手，成就全球种业巨头

荷兰是世界上种业产业化程度较高的国家之一，其种业产业化的主要经验是依靠市场机制，将种子科研、生产、营销集于一体，集成应用现代科研成果、

图 4-2 刚毕业的荷兰大学生也很乐意从事设施农业工作

先进生产设施和加工设备，实现种子生产经营的规模化、机械化、标准化、系统化和高效化，推动种业产业化发展，并由此培育发展了一批具有研发推广能力和市场竞争力的大型种子企业。全球十大种子公司中，荷兰占了四席，对世界种业的发展发挥着举足轻重的影响。因此，我们说荷兰引领世界农业的发展潮流，一点都不为过。

以瑞克斯旺（见图 4-3）为例，其以雄厚的科研实力和高质量的产品服务在世界蔬菜种子行业中享有很高的声誉。该公司集科学研究、种子生产、市场开

图 4-3 瑞克斯旺的办公楼，很像一个 IT 公司

发、种植服务于一体，在世界种子公司中排名第五，种子业务遍布全球，被誉为"世界上最牛的番茄种子公司"。

为了保证种子产品的质量，瑞克斯旺要求公司在全球的加工厂将加工完成的种子统一运送到荷兰总部的质检中心进行检测。在中国生产的种子也要运回荷兰总部的质检中心进行检测，再运回中国销售。在检测过程中，荷兰质检中心要求种子萌发率必须达到95%。该公司的研发能力在业界也是首屈一指的，员工中有一半左右从事科研工作，每年把30%～35%的收入投入到科研中，远高于种子行业平均15%的水平。瑞克斯旺1998年进入中国市场，2011年在中国设立分公司，其蔬菜种子在中国深受欢迎。

此外，荷兰在病虫害生物防治方面也有非常领先的公司——科伯特生物系统有限公司（KOPPERT B. V.）（见图4-4）。该公司是世界农作物病虫害生物防治和生物授粉行业的领航者，每年投入高额的研发费用。在国际市场上，科伯特病虫害生物防治产品占有率约为60%，生物（熊蜂）授粉市场占有率约为70%。科伯特也是全球生物防治组织的倡导者和创始机构之一，致力于为整个生物防治行业明确生产标准与规范，提高行业发展水平。

从以上例子可以看到，荷兰农业各个细分领域的专业分工很明确，一个公司只专注于某一方面，尊重自然规律，真正关注消费者的核心利益和需求，保持战略耐心和定力，量变会引起质变，致力于细分领域的技术攻关，持续的专注让荷兰的农业公司发展成为有专业地位的世界级公司。

图4-4 笔者考察科伯特总部，并与全球营销总监Peter Maes合影

制度创新：世界农业拍卖模式开创者

毫无疑问，制度创新对荷兰农业资源要素配置具有重要影响，对荷兰农业竞争力的提升也功不可没。

荷兰制度创新最有代表性的便是拍卖制度。拍卖模式是荷兰农产品分销的主要模式之一，也是荷兰农产品流通体系中最具特色的创新点。以荷兰花卉产业为例，约有80%的出口额是通过拍卖市场实现的。

荷兰举世闻名的花卉拍卖制度由来已久。19世纪末，由于荷兰商业的大规模发展，传统的零散交易方式已经不再适应大批量交易的需求，尤其在鲜花、果蔬等农产品交易市场体现得更为明显。鉴于新鲜花卉和果蔬具有易腐烂的特性，运输和储存难度较高，为了降低花卉和果蔬在运输过程中的损失，荷兰商人发明了区别于传统拍卖方式的新型拍卖模式，也就是现在所说的荷兰式拍卖（见图4-5）。

图4-5 荷兰花卉拍卖交易市场

资料来源：https://www.sohu.com/a/281813777_267106。

荷兰式拍卖与传统拍卖方式截然相反，开创性地采用降价形式进行拍卖。具体来讲，在拍卖师第一轮提出的价格上逐步下降，一直等到竞拍者满意拍下为止。不得不说人类的潜能是无限的，这在当时挽救了许多花卉和果蔬的市场，开创了花卉果蔬市场的新格局，堪称以制度推动发展的典范。

荷兰拍卖制度是一种公开、透明的交易机制，为荷兰花卉产业的流通体系注入了新鲜的"血液"。其四大价值体现在：第一，倒逼上游保证产品质量。但凡参与交易的花卉，全部进入质量监控范围，拍卖市场制定了严格的质量标准，不合格产品不能进入市场销售；第二，拍卖机制围绕市场交易提供一揽子服务，拍卖市场相比传统农产品批发市场流通体系更加完善；第三，拍卖制度制定了权威的价格调节机制，确保花卉产业良性发展；第四，花卉拍卖制度推动了花卉产业的专业化。花卉拍卖制度运转高效，周转较快，降低了种植者和销售者的资产投入，有效避免了市场和生产风险，推动了花卉产业专业化的进程。

二战之后，荷兰形成了以拍卖市场为主体的花卉流通体系。目前，荷兰全国已经形成七大拍卖市场，数以千计的批发企业、数万家零售商在拍卖市场中实现交易。

荷兰拍卖制度不仅深刻影响了荷兰的农业，为全世界农产品流通体系建设也提供了"指南针"，各国纷纷效仿荷兰设立农产品拍卖制度，尤其针对易腐烂的农产品，如花卉、蔬菜等。

荷兰拍卖制度在中国也有本土化的成功实践。滇池东岸的云南昆明斗南国际花卉拍卖交易中心是亚洲最大花卉交易市场，鲜切花交易量占全国70%，还出口到泰国、日本、新加坡、俄罗斯、澳大利亚等40多个国家和地区。交易量全球排名第三。目前，该中心已形成基于互联网的花卉交易与服务平台，是亚洲鲜切花交易量最大的产地型花卉拍卖市场。

● 延伸阅读

股份制和证券交易市场的开山鼻祖

除了拍卖制度，荷兰还是全球股份制和证券交易市场的开山鼻祖。

荷兰于 1602 年成立了东印度公司，这是世界上第一家股份有限公司，并且被议会批准拥有组建佣兵、发行货币的权力。荷兰人既是公司的员工，也是公司的股东。东印度公司于 1606 年发行历史上第一只股票，股票成了荷兰人手中的硬通货。部分股东等不及分红就想把股票出售，也有部分股东想要加持股票，这就是最早的股票交易。

到 1609 年，阿姆斯特丹证券交易所正式成立，这是世界历史上第一家股票交易所，第一家上市公司是东印度公司。通过向全社会融资的方式，东印度公司成功地将社会分散的财富，变成了自己对外扩张的资本。

买到东印度公司股票的人所获得的利润既可以以黄金、货币或者货款的形式支付，也可以直接用香料支付。

就这样，世界上第一家证券交易所和第一只股票开始了它们的历史使命，在大航海时代为荷兰的发展做出了重要贡献。

瓦赫宁根大学：为荷兰农业注入强大科技动能

作为农业大国的荷兰，因农业技术发达向来是不少国家膜拜和学习的榜样。依托于这片土壤，位于荷兰小城瓦赫宁根的瓦赫宁根大学在荷兰政府的大力扶持下，逐步成长为全球农业与生命科学领域最强的大学之一，其农业科学、生命科学、食品科学等专业在全球享有极高的声誉，连续数年稳居世界榜首，力压众多世界知名的学府（见图 4-6）。

瓦赫宁根大学为什么能够在农业科学研究领域取得如此高的造诣？

这与荷兰农业"产学研"紧密的利益联结机制、国际化视野、基

图 4-6　小而美的瓦赫宁根大学校园

础研究与尖端科技同步推进是分不开的。

荷兰农业自然和食品质量部每年都会定期到企业调研学习，了解农业企业在实际生产过程中遇到的技术难题，再通过财政补贴的形式为瓦赫宁根大学提供经费，由瓦赫宁根大学提供技术支撑。

瓦赫宁根大学一直致力于创新，不断推动荷兰设施农业、育种技术、生物防治、智慧农业迈向新的巅峰。

如瓦赫宁根大学研制出的独特的生物防控技术，即应用生物防治法——通过天敌来对付植物病虫害，为食品安全和环境保护的协同发展开拓了新的研究方向。

另外，瓦赫宁根大学不仅注重农业应用技术的开发与研究，而且非常重视基础研究，强调从源头提升创新能力和国际科技竞争力。

如今，瓦赫宁根大学不仅是世界顶尖的农业研究型大学，而且已经发展成一个国际性的农业科研机构，向全球提供最为先进的农业技术，引领世界农业科研的发展。

总之，瓦赫宁根大学立足现代农业，其小而美、小而精、小而强、高度聚焦的办学思想成就了其独树一帜的全球地位。

在我们到瓦赫宁根大学访问期间，该校的 Hilfred Huiting 教授亲自为来自中国的客人介绍农业前沿技术（见图 4-7）。

尤其值得一提的是，中国农业农村部副部长屈冬玉于 2019 年 6 月 23 日正式当选联合国粮农组织（FAO）新一任总干事。屈冬玉正是毕业于瓦赫宁根大学，获遗传育种博士学位。他从事马铃薯遗传育种和生物技术研究工作多年，曾荣获"世界马铃薯产业杰出贡献奖"。

图 4-7　笔者访问瓦赫宁根大学并和教授合影

精细化专业分工，让荷兰农业"大而强"

组织分工是专业化的前提，荷兰农业之所以在资源如此匮乏的条件下创造出高效率，将大农业（大田种植，适度规模经营）与小农业（花卉、果蔬等高附加值作物，精细化管理）结合得如此好，离不开其精细化的科学分工。

"一花情深"的专业化发展战略

荷兰的花卉产业闻名世界，被誉为"欧洲花园"和"花卉王国"。虽然世界各国都有花卉产业，并且有的国家还具有得天独厚的适宜花卉生长气候条件，但都没有像荷兰一样使花卉业成为真正的大产业，还能吸引无数世界各地的游客。主要原因在于荷兰将花卉产业视为国家核心产业，采取专业化、集中化的产业发展战略。

花卉产业在荷兰农业中举足轻重。据估计，在25万左右的农业就业人口中，有近9万人从事花卉生产和销售。每年，花卉产业可为荷兰创造50亿欧元的出口额，约占荷兰园艺总产值的一半。目前，荷兰生产的花卉至少有70%用于出口，其花卉插条和种苗遍及世界所有花卉生产国家。

荷兰政府还非常注重打造花卉全产业链。目前，荷兰花卉相关产业的就业人口占全部农业就业人口总数的1/3以上；荷兰花卉园艺农场占农场总数的1/3以上。花卉育种、育苗、生产、交易和流通等环节已经全部实现专业化分工和本土化运营，一条龙服务，一站式解决（见图4-8）。

图4-8 笔者参观花卉一条龙加工车间

"精而细"的专业化经营

由于耕地资源不足，荷兰比任何国家都更注重提高生产率，因此荷兰大多农业企业都采用专业化的生产方式。

以易普润（Van Iperen）公司为例，该公司在荷兰园艺市场中占有率超过60%，在农业市场中占有率超过30%，已经成为荷兰农业和园艺肥料市场的领导者，并将农业水肥产品和服务延伸到了全球100多个国家。易普润专注于液体肥料和固体肥料的生产，为客户提供专业化的水肥一体化服务，保证客户在种植的全流程中都能享受到全面的服务。该公司现已成为欧洲最大的肥料生产商之一，也是当前世界上最先进的水溶肥工厂。

韦斯特兰（Westland Seeds）是一家以辣椒育种为主的全球化经营的公司，在荷兰乃至全球辣椒种子市场占有一席之地（见图4-9）。C. G. van Winden 公司则专业生产西红柿，该公司与荷兰其他5家专营企业垄断了荷兰90%的西红柿市场。此外，位于布莱斯维克市的安祖公司（Anthura）专门研究和种植红掌花卉，从育种研究、种苗生产到种苗出售，实现全产业链自营化，公司自主研发并经营的红掌花卉就达40多个品种。这种专业化经营方式有利于降低生产成本，提高产品质量并形成规模效益。

图 4-9　韦斯特兰的彩椒基地

高度发达的专业合作社

荷兰是一个合作社高度发达的国家，在许多领域农业合作社占比高达80%。在国际合作社联盟（ICA）全球最大合作社300强名单中，荷兰占20家。

荷兰的合作社主要有种植、采购、信用、销售和生产资料供应合作社，每种合作社都有自己的经营范围和目标，专业化特色鲜明。除此之外，合作社还有一个功能就是金融信贷。为了解决农业一体化经营中的资金问题，合作社发展出了农民合作金融组织——农民合作银行。

随着合作社规模的扩大，一些农产品的市场已完全为合作社所占有，如花卉市场占有率达95%；土豆加工市场占有率达100%。在农业合作社里，农户们相互分工,各司其职,既保持了农户的独立性,又形成了集约化、规模化和专业化生产,增强了整体竞争力。

荷兰合作社的一个重要特点就是以合作社为载体对接农业政策。荷兰的农民专业合作组织具有相对的独立性与自主权,依据市场规律行事,一般不受政府的干预。但是在议价、出口、面对国际风险等方面,政府会对农民专业合作组织的行为做出相应的保护,以保障荷兰家庭农场和合作社的切身利益,这也是合作社能够行稳致远的重要法宝。

荷兰郁金香:一个"香"誉全球的国家级农业品牌

一说起郁金香,人们就会不由自主地想到荷兰。一谈到荷兰,脑海里就不禁会浮现色彩斑斓的郁金香花海与荷兰风车融合在一起的美丽画面(见图4-10)。

图 4-10　五彩缤纷的荷兰郁金香

如今，郁金香是荷兰的国花，也是荷兰的超级 IP，成了荷兰整个国家的象征和代名词。荷兰是如何把郁金香打造成这样一个享誉全球的国家级农业品牌的呢？

郁金香种子的"进阶"之路

谈到郁金香，一般人都以为它是"洋花"，早期由欧洲传入中国，但实际上国外的花卉书籍却普遍介绍郁金香的原产地在中国。它们说，郁金香的发源地是中国的新疆、西藏等地，通过"丝绸之路"郁金香才传到中亚及中东各地。

无论如何，环黑海地区是郁金香在欧洲的发祥地。1554 年，奥地利哈布斯堡王朝的使节把郁金香从土耳其引种到奥地利的维也纳皇家公园，并于 1592 年赠送给当时最为著名的荷兰植物学家卡罗勒斯·克鲁斯（Carolus Clusius）若干郁金香种球。

克鲁斯把郁金香带回荷兰后，做了大量的试验和育种研究，并首创了郁金香分类系统。他把郁金香分为早花型、中花型和晚花型三个类型。郁金香因它的美丽和稀有性受到了荷兰国民的疯狂喜爱。17 世纪上半叶，甚至出现了一个名贵的郁金香球茎可以在阿姆斯特丹买一栋最为豪华的别墅的"天价郁金香"。这反过来又促进了郁金香新品种选育的迅猛发展。

19 世纪末，郁金香育种技术和栽培技术得到进一步发展，郁金香品种更加丰富。1900 年，第一个郁金香种球"拍卖市场"在田间地头出现了，1918 年后，郁金香产业迎来了前所未有的繁荣。郁金香种球不仅被卖到欧洲，而且出口到世界各地，如澳大利亚、新西兰、美国，以及亚洲、非洲等地区。

此后，在瓦赫宁根大学的带领下，植物学家们经历了长期的跟踪、选育和试种，通过预筛选系统、温室和冷藏库技术缩短育种周期等手段，摸索出了郁金香花朵形状和颜色的遗传规律，总结出花色和花型育种、突变育种、多倍体育种、种间杂交育种、抗性育种在内的五大育种体系，开发出 7000 余种不同的郁金香品种。

如今，荷兰是世界上在郁金香育种方面最有影响力、郁金香产量最大的国家。每年用来生产郁金香种球的土地面积达 10 800 公顷，占世界生产面积的 88%，每年可生产郁金香种球 43.2 亿粒，其中 30 亿粒用于出口。

郁金香在荷兰的育种研发经历了曲折的历程，但出于对郁金香的钟爱，荷兰人在郁金香育种技术上的长期专注和进步，造就了荷兰在郁金香育种行业的垄断地位，掌握了全球话语权和定价权，站在了价值链的顶端，向全球输出郁金香种球和品牌化的高附加值产品，成为名副其实的世界郁金香市场"大姐大"。

打造郁金香"朝圣地"：库肯霍夫公园

来过荷兰的游客最难以忘怀的莫过于库肯霍夫公园（见图 4-11），一个展现和巩固郁金香王国地位的"朝圣地"和打卡地。

郁金香花期一般为每年的 3～5 月，每逢这个时期，荷兰从寻常人家的庭院到大大小小的广场、公园、花市都遍布着色彩与品种各异的郁金香，吸引来自世界各

图 4-11　库肯霍夫公园

地的人前来观赏。尤其是库肯霍夫公园每年吸引数百万游客蜂拥而至，观赏其美丽的郁金香"花海"。

尽管每年的开园时间仅两个月，但库肯霍夫公园都会花 10 个月的时间做准备。如此精致用心的打造，使库肯霍夫公园每年仅营业两个月就能收回全年的高昂土地租金成本，并且创造可观的盈利。

库肯霍夫公园精致的打造工作主要体现在三个方面——量多质优的核心景观、立足郁金香文化的主题花展、文创产品＋独特消费体验，为全球百万游客提供了心旷神怡的"栖息地"。

库肯霍夫公园内郁金香的品种、数量、质量及布局堪称世界之最。目

前，全世界共有 8000 余个郁金香品种，在库肯霍夫公园内就能够观赏到 1000 余种。园中各类郁金香超过 600 万株，其中不乏难得一见的珍稀郁金香品种。

公园内的郁金香几乎全由国内顶级的郁金香企业或者个人种植者免费提供，库肯霍夫公园则会为排队入选的百家企业提供企业展示的赞助铭牌。企业为公园提供最优质的花卉资源，同时借公园的品牌进行展示、宣传和销售，实现双赢的局面。

从 2006 年开始，库肯霍夫公园每年都会结合荷兰文化，定制不同主题的郁金香文化花展，让库肯霍夫公园与郁金香的新鲜感长存。2019 年，为致敬约翰·列侬 50 年前来阿姆斯特丹倡导和平，库肯霍夫公园推出了以"花园的力量"为主题的郁金香文化花展。

除了售卖郁金香种子、球茎、鲜切花等产品外，库肯霍夫公园还设计了各种文创产品，充分满足了各类消费者对郁金香及相关产品的需求。最为独特的是，库肯霍夫公园开放期间，游客可以预订喜欢的郁金香品种，库肯霍夫公园为顾客提供持续的郁金香培育服务，并在第二年的花季通过海关为游客寄送盛开的鲜花。

目前，库肯霍夫公园已经成为世界上最大的球茎花卉公园。公园花展每年都吸引来自 100 多个国家的游客，游客接待量达 140 万人次，成为向全世界宣传推广荷兰郁金香最好的体验场。

名字符号与名人效应

在大多数人的眼中，郁金香象征着优雅和美丽。在欧美国家的小说和诗歌中，郁金香是一种胜利和美好的象征，体现神圣与幸福。在现实中，郁金香是高雅、善良和富贵的代表，也是表达高贵、美艳、典雅的全球性信物。

目前全球大量栽培的郁金香品种约有 150 多种。这些品种都有一个无比奇妙甚至诡异的名称，比如，明黄的花瓣上浸染出点点红色，就被称为"国王的血"，花瓣互抱的红色花朵被称为"情人的热吻"，还有一种黑色郁金香被称为"黑寡妇"。据说法国作家大仲马曾赞誉它"艳丽得叫人睁不开眼睛，完美得让人透不过气来"，其名称也给人以极大的想象空间。

荷兰培育郁金香品牌也不忘充分发挥名人效应，这是荷兰郁金香品牌建设的重要策略。

世界上至少 3700 种郁金香有名字，而用名人的名字来为郁金香命名，在荷兰有着悠久的传统。1939 年，刚满 1 岁的荷兰女王贝娅特丽克丝就拥有了同名的郁金香。除了荷兰皇室成员，其他国家的政要及其夫人也"花榜有名"。

美国有 3 位前第一夫人拥有以自己名字命名的郁金香，分别是前总统老布什的夫人芭芭拉·布什、小布什的夫人劳拉·布什，以及克林顿的夫人希拉里·克林顿。

2014 年 3 月 23 日，国家主席习近平和夫人彭丽媛在荷兰国王威廉·亚历山大和王后马克西玛陪同下参观了中荷农业合作和荷兰郁金香花展，彭丽媛应邀将新培育的郁金香品种中文名命名为"国泰"郁金香。随后，北京国际鲜花港特意展出"国泰"郁金香。⊖

总之，荷兰郁金香通过品种品牌化、品牌拟人化策略，充分发挥名人效应，不断提升价值内涵和时尚性，打造精妙绝伦的郁金香品牌。

荷兰世界园艺中心：让世界看看荷兰之美

荷兰世界园艺中心，一个以荷兰郁金香为主的高科技农业国际化窗口，设施园艺、智慧农业、数字农业、循环农业一应俱全，让游客沉醉于荷兰农业的无限遐想（见图 4-12）。

荷兰世界园艺中心始建于 2016 年，2018 年 3 月 7 日由荷兰王后亲自剪彩并对外开放。该中心是荷兰最重要的国际性温室园艺创新、研

图 4-12　荷兰世界园艺中心

⊖ 资料来源：https://www.chinadaily.com.cn/culture/2015-02/12/content_19561791_2.htm.

发、培训、商务集成平台,全面展示荷兰郁金香和温室农业领域的最新发展成果,为全球的农业专家、学者、企业家等提供交流、教育、科研服务和解决方案。

荷兰世界园艺中心所在地正是荷兰温室制造商集中地,因此实验室不仅仅用于测试和开发植物产品,还用于研究温室园艺的新方案。

荷兰世界园艺中心是国际温室园艺领域领先的商业、教育、研究,以及政府协同创新、知识共享平台。中心每年接待25 000名以上的参访者,为荷兰农业的对外交流、国际合作、协同创新发挥了重要作用。

值得一提的是,我们中国考察团到达的当天,园艺中心专门升起了一面中国国旗,以示欢迎与重视。这也充分体现了中国市场对荷兰的重要性。

Markthal 缤纷菜市场:全球最性感的菜市场之一

菜市场在全世界都是不可缺少的一部分,但同时菜市场在我们心目中也常常是嘈杂脏乱的地方。

可偏偏就有一家菜市场例外,不仅外形美轮美奂,还被称为是"世界上最安静的菜市场",受到大量居民和游客的喜爱,成为城市新地标和世界游客打卡地。

图 4-13 Markthal 缤纷菜市场

它就是位于荷兰第二大城市鹿特丹,耗资12亿欧元,花了十余年时间打造的Markthal缤纷菜市场(见图4-13)。开业当天就连荷兰马克西马王后都亲自过来进行剪彩。很多人会有疑问?不就是个菜市场吗?至于花那么长的时间、那么多金钱吗?

不一样的荷兰人

过去,鹿特丹的大多数菜市场都像大棚一般,毫无特色可言。不仅不美观,而且下雨天买菜购物也非常不方便,每天的营业时间还较短,引起了市民的极大不满。此外,二战后重建的鹿特丹城市以方方正正的建筑物为主,风格过于严肃,不能代表荷兰的创新意识。于是,城市管理者决定修建一个不一样的菜市场。

Markthal 菜市场高 11 层,呈优雅的马蹄形,拥有整个欧洲最大的玻璃幕墙。Markthal 缤纷菜市场虽是一家菜市场,但它的业态并不单一。除了蔬菜水果外,Markthal 缤纷菜市场还引入了原料、佐料、加工副食品、餐饮、厨具等多种农副产品和厨房用品,食材更是从荷兰奶酪、意大利冰激凌、日本寿司到中国菜一应俱全,俨然是一个吃货的天堂!

不同于普通的菜市场,Markthal 缤纷菜市场的交通条件极为便利,坐落在城市繁华区,河流与铁路从旁边经过,古老的大教堂与市场遥相辉映。市民可以乘坐地铁、电车、公共汽车等到菜市场购物。

另外,更具有特色的是 Markthal 缤纷菜市场还配备一座大型停车场,共设计 1200 个停车位,给消费者带来贴心的用户体验。

插上艺术的翅膀

走进 Markthal 缤纷菜市场,五彩缤纷的玻璃幕墙给人一种意想不到的豪华感,墙壁上各种各样的水果图案,让人仿佛置身于果园里,果香扑鼻而来,感觉十分清新舒适,丝毫感觉不到普通菜市场的嘈杂与闷热。

这幅巨大壁画正是荷兰艺术家 Arno Coenen 创作的画作《丰饶之角》(The Horn of Plenty),面积达 11 000 平方米,可以说是目前荷兰最大的艺术品。

Markthal 缤纷菜市场号称是世界上最"安静"的菜市场,在里面商贩不会刻意去宣传、喊叫,顾客和游客仿佛就像是看艺术展览一般(见图 4-14)。它还巧妙搭载"吸音"装置,保证菜市场内无声化,因此它显得异常"安静"。

最有特色的是空中投影,各种植物主题纷繁变化,饱含高端艺术馆的体验感，为菜市场增添了十足的艺术色彩。来到这家菜市场的游客完全感受不到普通农贸市场的味道，反而感觉像走进了蔬菜艺术的殿堂。

不仅仅卖菜，更卖生活方式

Markthal 缤纷菜市场不仅仅销售水果和蔬菜，它还打破原本的单一性能，向顾客提供包含家具、奶制品、咖啡甚至休闲社交场所等在

图 4-14　Markthal 缤纷菜市场内艺术般的摊位

内的多元化产品和服务。

此外，菜市场的两侧还设有公寓，居民每天从家里都可以看到楼下的菜市场，这可是多少人的梦中家园啊！菜市场内的日常用品一应俱全，简直就是懒人的"小天堂"，实在是令人流连忘返。

而且，在这样一个菜市场，居然有自己的文化衍生品，如水杯、文化衫、大靠垫、雨伞等，那 U 形的颈部靠枕就是菜场建筑的造型轮廓。

Markthal 缤纷菜市场不仅有让人欲罢不能的美味，还重构了我们对菜市场的想象，更为游客和顾客提供了生活、艺术和人文在内的多重惊艳体验。

想想看，在冬天寒冷而又漫长的鹿特丹，穿行在温暖、整洁、五彩斑斓的市集里，那种"买菜也时尚，不买菜也想来"的感觉，是不是很性感？

羊角村：农文旅融合的荷兰样本

如果这世界上真的有童话，我相信它一定发生在荷兰羊角村。羊角村的田园风光恬静舒适，水道两旁是低矮的房屋，溪流潺潺、花草熠熠、木桥横亘，仿佛是童话世界中才有的景象。

这座被当地人称为"荷兰威尼斯"的村落,以纵横交错的运河水道、闲适安宁的田园风光、历史悠久的茅草小屋为核心特色,已成为世界知名的旅游目的地。

从"煤矿村"到"羊角村"

"羊角村"得名于18世纪。当地挖煤工人在挖掘过程中,挖出许多羊角,经过鉴定确认这些羊角应该来自一千多年前生活在此处的野山羊。因此,他们便将这里称作"羊角村"(见图4-15)。

羊角村在几百年前是典型的"煤矿村"。当第一批居民来到这里时,发现煤炭是羊角村最多也是唯一的资源。经过常年的挖掘,羊角村逐渐形

图4-15 羊角村

成了许多大小不一的水道及湖泊。起初,这些水道和湖泊被当地居民废弃,成了"一潭死水",不仅不美观,而且污染环境。

后来,村民为了让船只自由运送物资,又将沟渠连通并拓宽,形成了羊角村运送煤炭的"水上道路"。

再后来,经过统一规划,羊角村的水道逐步凸显出其自然特色,进一步形成了现在河道交织如网的美景。

为了充分发掘羊角村的旅游资源,荷兰因地制宜地"精雕细琢",通过以保护为目的的开发,实现羊角村的可持续发展,把羊角村提档升级为近者悦、远者来、主客共享的特色旅游目的地。

科学规划,农文旅融合

羊角村从单纯注重农业转变为土地多重利用。羊角村共规划覆盖约5000公顷的土地,几条特定水道可用于旅游休闲,其他水道则对旅游关闭,以保

护当地的生态。

通过将不同类型的土地科学规划，羊角村实现了农业生产、道路、基础设施、旅游用地、自然景观保护和可持续发展的有机结合，并形成了水上观光、田园休闲、设施体验、家庭旅馆、度假别墅等多个产品层级体系。村中很多民宿和餐馆，可以为游客提供自行车租赁、水上运动、钓鱼等服务。

此外，羊角村还有不少私人博物馆，如贝壳博物馆、地质博物馆、农场博物馆及瓷器博物馆等，农夫也非常乐意与游客分享他们的收藏品。

总之，羊角村利用有限的土地资源，发挥了交通、农业、生态、旅游等多重功能，有效实现了农文旅深度融合。

现在，羊角村仍然保持着良好的生态环境和美丽的自然风光。羊角村内既没有汽车，也没有公路，只有纵横密布的河网和176座连接各户人家的小木桥。整个乡村就是一个绮丽的乡村公园，被誉为"人间仙境"。

第 5 章

以色列

沙漠上崛起的世界农业强国

100多年前,小说家马克·吐温曾来到以色列,并留下了"荒凉、贫瘠和没有希望"的评语。在人们的传统印象里,以色列所在的中东是黄沙漫天、骆驼蹒跚、鲜有植被、极度缺水的荒芜之地。

倘若时光能够穿越,让马克·吐温看到今天的以色列,他定会恍若隔世:萧萧黄沙何处去,换了人间!

如今的以色列已经成为《圣经》中描述的"淌着奶和蜜"的"世外桃源":目之所及,农田错落,阡陌交通,除了随处可见的橄榄树和椰枣树,还有牛油果、香蕉、西红柿、柑橘、辣椒、玫瑰……各种各样的绿植和庄稼茁壮成长(见图5-1)。

从1948年建国到现在,在短短70余年的时间里,以色列让沙漠变成了绿洲,崛起为享誉全球的农业强国。

图 5-1 琳琅满目的以色列自产蔬菜超市

沙漠上的绿色奇迹：将有限的资源利用到极致

在旅途中，每个乘坐以色列航班的游客都会得到一本宣传性的地图手册，上面写着"以色列，一片流着奶和蜜的土地"。这一点也不夸张，以色列的奶牛平均产奶量世界第一，每头牛每年产奶 10 吨以上，人均每年消费 500 克以上的蜂蜜，这些基本依靠国内自产。

除了牛奶和蜂蜜，以色列的其他农产品也都普遍有着惊人的高产：西红柿最高年产 500 吨 / 公顷，柑橘最高年产 80 吨 / 公顷，温室大棚里盛放的玫瑰可生产 300 万枝 / 季度……

以色列不仅实现了粮食基本自给和食品种类的极大丰富，而且每年大量出口农产品到世界各国，还把自己的农产品打入欧盟等奉行最高品质标准的市场，是仅次于荷兰的第二大花卉供应国。

同时，以色列还向世界上 60 多个国家和地区输出种子、农用物资设备和农业生产技术：欧洲 40% 的温室西红柿使用的是以色列研发的种子；用基因技术改造的黑胡椒粒大味浓，畅销胡椒之国匈牙利；生物工程培育的花卉新品种年出口额 2 亿多美元；欧洲 3/4 的柚橘来自以色列；每头霍夫丁奶牛种牛一年出口冷冻受精卵可收入 15 万美元，甚至还向奶牛之国荷兰出口。

同时，以色列还培育出诸多在全球有影响力的高精尖的农化企业：耐特菲姆公司（Netafim）是全球滴灌领域的领导者；以色列化工集团（ICL）是世界著名的钾盐供应商；夫沃施公司（KFOFS）最早提出"节水灌溉、功能肥高效、农业科技和工厂化现代管理"的概念，被誉为"功能肥之父"；海法公司（Haifa）是最著名的创新型化工企业之一；海泽拉公司（Hazera）是世界领先的西红柿种子公司。

值得一提的是，以色列安道麦公司（ADAMA）是全球最大的非专利农药企业。2011 年 10 月，安道麦被中国化工集团公司（现整合为中国中化集团）收购，成为其农化板块的核心企业。我们访问安道麦时，看到高高耸立的五星红旗迎风飘扬，倍感亲切（见图 5-2）。

以色列还是世界上第一个成功解决土地沙漠化问题的国家,创造了"让沙漠开满鲜花"的奇迹。

农业已经与军火工业、钻石加工业并列,成为以色列国民经济与对外贸易的三大支柱产业,每年的农业产值超过 50 亿美元,其中对外出口超过 20 亿美元。

图 5-2　被椰枣树包围的安道麦公司

不仅如此,以色列农业的效率之高也让人为之惊叹,占以色列人口不到 3% 的农业从业人员足以供给全国九成以上的食物,换言之,一个农夫可以养活 400 人!

以色列对农业的执着是与生俱来的。早在 1948 年以色列建国之初,以色列人就喊出了"没有粮食就没有独立"的口号,以色列开国总统哈伊姆·魏茨曼满怀信心和激情地说:"只要给我们一碗水,一颗种子,这个民族就能生存。"

如今,这个民族不仅通过"粮食"实现了独立和生存,更通过"粮食"实现了富强(见图 5-3)。

要知道,从自然条件来看,以色列真的不是一个适合发展农业的国家。以色列的可耕地极少,仅为 0.4 万平方公里,相当于 1/4 个北京市的面积。更要命的是,这里水资源极度缺乏,人均水资源 270 立方米,不足世界人均水平的 3%,年均降水量约 200 毫米,年蒸发量却高达 2500 毫米。沃土和水,这两个千百年来农业发展必备的自然条件,以色列都没有。

图 5-3　笔者考察以色列的沙漠农业

但就是这样一个农业发展条件先天不足的荒漠小国,创造出了世界上最为先进的农业。难怪以色列前总统西蒙·佩雷斯会自豪地说:"以色列所孕育的创造力,与其国土面积完全不成比例。"

这样的奇迹究竟是如何发生的?

"真正的农业95%靠科学,5%靠耕种。"佩雷斯一语道破天机!

科技:让死海活起来

世人众所周知的死海,是世界上最低的湖泊,拥有着无与伦比的景色,但死海中含有高浓度的盐,为一般海水的8.6倍,致使水中没有生物存活,这是人们称之为"死海"的重要原因。

但充满智慧的以色列人并没有把死海地区当作"不毛之地",而是因地制宜地发展产业。现在,死海地区已经呈现出工业、旅游业和环境和谐共生发展的良好局面。

椰枣的革命

到了以色列你会发现,死海周边密密麻麻地长满了低矮的绿油油的椰枣树(见图5-4)。椰枣盛产于中东、非洲以及美国西部,是沙漠和半沙漠地带人们眼中的"生命之源"。

图5-4 沙漠里独特的风景——椰枣

大名鼎鼎的椰枣，也在以色列科学家的手里改变了习性。要知道，以前的椰枣树可不是这样的，动辄二三十米高，采集果实极不方便，且以前椰枣树一年只产一季。是以色列科学家运用智慧，历时多年，让高大的椰枣树齐刷刷变矮，还一年到头没完没了地结果子，每棵树的平均年产量可达100千克。

如今的以色列椰枣，不仅吸水量少、耐干旱、产量高，而且便于浇灌、剪枝和采摘，结果时间也缩短了一半，被誉为"甜酸类水果种植中的一场革命"。

而且，以色列科学家还培育出全球品质最好的"帝王椰枣"。帝王椰枣是以色列的顶级品种，果实型大，口感嫩软，口味香甜，果色呈浅棕色至深棕色，不仅具有极高的营养价值和经济价值，更有非同寻常的生态价值，是以色列沙漠绿洲的守护者和靓丽的风景线。

"让你更美丽"的死海海泥

AHAVA是1988年原创于死海地区并享誉全球的死海矿物护肤品牌，是唯一获得以色列政府授权开发死海资源的国宝级护肤品牌。凭借优良的配方和精湛的工艺，最大限度地利用死海资源，同时配合多种天然植物精华，AHAVA迅速成长为以色列独特而珍贵的高科技产品。

AHAVA是缘何发展起来的呢？

一方面，世界上唯一的死海水中饱含护肤效果甚好的珍稀矿物元素。氯化钾、氯化钠、氯化镁、氯化钙和溴化物等矿物盐，以及25种呈游离子状态存在的珍稀矿物元素，有杀菌消毒、促进伤口愈合、美容养颜等多重功能，令死海成为世界闻名的旅游胜地和理疗中心。

另一方面，埃及艳后发现了死海海泥的功效，并被后人广为传颂。早在公元前，第一个发现死海海泥的疗效，并把它运用于健康美容的人，就是古罗马时代大名鼎鼎、明艳妩媚的埃及艳后——克娄巴特拉（Cleopatra）。她的美容秘诀便是将身体浸泡在死海矿物温泉水中，让矿物质充分滋养她娇嫩的肌肤。据传说，埃及艳后就是因为要霸占死海这一天然宝库而鼓动马克·安东尼攻打以色列的。

死海矿物护肤品牌 AHAVA 不仅在以色列受到了普遍的欢迎，更是在世界美容市场上开创了"新纪元"。

1992 年，AHAVA 开始走向国际市场。产品最先登陆美国市场，入驻高档百货公司护肤品专柜，随后相继进入德国、英国、法国、新加坡、澳大利亚、日本等国家和地区，逐渐被世界认可。目前，AHAVA 公司（见图 5-5）在"矿物质护肤"和"死海护肤"领域已经占据了世界领先地位。

图 5-5　笔者参访以色列 AHAVA 公司

2009 年前后，AHAVA 通过丝芙兰专柜进入中国香港市场。2016 年，致力于"给中产阶级提供生活方式"的中国复星集团收购 AHAVA 公司。复星集团一直关注以色列的经济和企业发展，希望通过投资进一步加深中国企业与以色列企业之间的合作。

用科技"复活"死海

现今死海水位每年大约下降 1 米，如果不做相关处理的话，死海就会面临枯竭的危险。面对有限资源的制约，位于死海的 ICL 并没有束手无策，他们用太阳能和化工技术开发死海，将处理过的死海水重新排回死海，保证了死海不枯竭，此举充分展示了以 ICL 为代表的以色列人取之不竭的智慧。

ICL 是世界上最大的钾肥生产商之一，每年大约 300 万吨产能，是以磷酸盐为基础的多种产品的综合生产商，包括磷肥、磷酸和动物饲料添加剂（见图 5-6）。其产品主要出口中国、印度市场，中国地区每年使用约 100 万吨 ICL 的钾肥。

ICL 充分利用太阳能技术，晒出海水中的光卤石，层层抽水；每年抽水约 4 亿立方米集中照晒蒸发，首先抽取氯化钠，然后是氯化钙，再把氯化钾分离出来，最后将处理过的水重新注入死海。提取的各种矿物质中最有价值的是钾肥，钾肥能增加作物产量和提高作物品质，每千克海水能提取约 12.7 克钾肥。相对于其他地区从矿石中开采提炼的钾肥，ICL 钾肥的特点是纯度高、品质好。热而干的气候适合露天储存堆放钾肥，ICL 工厂交通非常便利，拥有世界上最大的传送带，能把钾肥直接输送到火车站的集装箱，这是别的钾肥厂无法比拟的优势。

图 5-6　屹立在沙漠上的以色列化工集团

以色列化工集团于 2011 年完成了对原属美国施可得公司（Scotts）的全球专业肥料业务的收购，成为世界上最大的特种肥料制造商，引领世界园艺肥料、草坪肥料和高效农业肥料的发展。

产学研一体化：科技竞争力的源头

建国初期，以色列仍处于战争环境，加上大量移民涌入，经济面临巨大压力。荒凉、战乱和干旱，这就是摆在以色列人面前的残酷事实。

为实现粮食和农副产品自给自足，从 20 世纪 50 年代开始，以色列人大规模垦荒、兴建定居点，农业进入大规模发展阶段。步入 60 年代后，以色列基本实现粮食自给并开始探索高科技农业之路。

到了20世纪80年代，以色列实现了农业产业化，从以粮食生产为主转向发展高质量的花卉、畜牧业、蔬菜、水果等出口创汇的农产品和技术，逐渐建成了以农业高科技为支撑的工厂化和现代化农业管理体系，生产效率大幅提高。在这一时期，以色列科技进步对农业增长的贡献率就已经达到了96%。喷灌和滴灌技术、无土栽培技术、光热网膜技术都是在这一时期诞生的。

以色列农业之所以有如此高水平的创新力，很大程度上源于其产学研的高效分工协作和一体化。以色列在全国有30多家农业科学研究机构，不少大学也设有专业性研究单位，从事基础性和应用性研究，涉及农业经济、光合作用、植物保护、动物繁育、生物工程、灌溉排水、土壤侵蚀、加工储藏等诸多领域。

除此之外，以色列还有3500多个高科技公司，科研力量雄厚、专业分工细致，专门为农民提供农业发展和技术解决方案，保证各种资源得到最充分利用及相关技术与设施产生最大效益。

高校是创新的源头，很多高精尖的技术都是在此孕育的。以色列高校和企业之间通常保持着紧密的合作关系，不仅是在教学领域，更多是在科技转化层面。高校与企业的"牵手"，成为以色列创新的源泉。比如，合作企业人员会到学校授课，给学生介绍行业最新发展，有些企业则选择与教授一起合作完成研究项目，学生还可以根据兴趣，选修与公司有合作项目的课程。在授课教授和公司专业人员的指导下共同完成项目，一方面学生可以将知识应用到实践中，另一方面企业则充分发挥人才优势推进项目。

在我们的传统印象中，高校就像一个象牙塔，往往容易与市场脱节，闭门造车，导致很多研究成果缺乏应用和商业价值。但在以色列，这个问题却被很好地解决了。在以高校为中心的运作成熟的产学研创新合作机制中，供应商、研究者、工程师等角色相互联系而又各自独立，构成了一个完整的创新生态系统。

以色列注重高校学生的创业创新能力培养，促进鼓励每个大学成立自己的孵化器并进行资金资助，建立高校科研成果商业化中心。磁石计划（Magnet Program）早在 1993 年就开始运营，以色列政府在该项目上每年投入 6000 万美元，其模式就是"高校产学研项目"。高校机构在商界也积极扮演着自己的角色，与企业一样，将实验室研发出的技术成果、知识专利出售，或进行商业化运作。

与此同时，每家以色列大学都有类似的技术代理公司，专门对接市场需求，将成功研发的产品推向市场。例如希伯来大学农学院的伊萨姆（Yissum）公司，将农业科技研发与农业企业紧密连接起来，具有一整套科学的技术专利审批程序，并且提供营销、专利转让和法律方面的专业服务（见图 5-7）。该公司成立 40 多年来，已与全世界 47 家公司建立技术转让合作关系，其 RAM 洋葱、Memo Gene 樱桃番茄、长保质期的番茄以及杂交辣椒等创新产品深受全球农业企业欢迎。

图 5-7　以色列希伯来大学

那么，这些技术转化公司究竟是如何操作的？

以以色列理工学院 T3 公司为例，其商业化途径有三种：其一，邀请企业入驻，共同鉴别、孵化具有商业化潜质的技术；其二，注册技术专利并成立公司；其三，在有天使投资的孵化器里，与那些拥有该校技术专利的独立公司合作。

在这套运作成熟的体系里，政府科研部门、大学科研团队与企业开发部门紧密合作、优势互补，在以色列的农业科技创新中发挥着重要作用。

"人民公社"：破解"农民组织不起来"的世界难题

以色列农业的高效是举世闻名的，其劳动生产率达到日本的 3 倍、中国的 12 倍。同时，耕地生产率是世界上最高的，达到了美国的近 5 倍，比以精耕细作著称的日本和中国还高 1/3 以上。如此高效的农业，除了滴灌、温室、生物等高端技术的运用之外，跟它带有公有制性质的农民组织模式——基布兹和莫沙夫也是分不开的。

以色列通过基布兹和莫沙夫这两大农民组织模式，有效破解了"农民组织不起来"的世界难题。基布兹是公有制农庄，莫沙夫有点像我国农业合作社。这两类组织的人口约占以色列总人口的 3%，但生产了全国一半的农产品。

基布兹："人民公社"在以色列生根开花

1909 年，在加利利海畔，迁移而来的犹太人为了生存下去，决定抱团取暖，在郊野组建集体的农业社区，并实行与我国基层群众自治制度类似的自治制度。第一个基布兹——德加尼亚（Degania Alef）应运而生。随后，基布兹社区迅速扩散，1936 年发展到 48 个，以色列建国前一年（1947 年）猛增到 145 个，最多时达 300 多个，遍布以色列境内。

基布兹内部实行集体所有制，一切生产资料和劳动产品归集体所有；在管理方式上实行直接民主，成员直接参与集体事务的管理与决策；所有成员都是平等的，无论何种职位，都必须参加劳动，工资待遇也是一样的；分配方式实行"各取所需"，集体供给生活必需品（见图 5-8）。

这一系列原则构成了基布兹的组织原则，激励着一代代的基布兹人创造奇迹。基布兹为以色列的农业发展做出了杰出的贡献，通过集体所有制，实现了规模化和集体分工协作，大大提高了传统农业的劳动生产效率。

经过几十年的时间，依托领先世界的灌溉、节水、生物等现代农业技术，基布兹人挥洒着辛勤的汗水，把一片沙漠或半沙漠的干旱国土，开发成绿洲，以最小的自然成本生产出高效优质的农产品。

基布兹在农业和经济领域做出了贡献，对以色列政治和军事的影响也不容轻视。自以色列建国以来有四位总理在基布兹生活过，近 1/3 的政府部长也出自基布兹。正如 20 世纪 70 年代初的以色列女总理梅厄夫人所说："如果没有基布兹，很难想象以色列会是什么样子。"

图 5-8 基布兹场景

当然，随着社会的发展，基布兹也面临着新的挑战，比如，在一个新的、相对和平的、多样化的世界里，很多年轻人失去了劳动的热情，开始追求小天地的放松、自由。因此，基布兹必须与时俱进。

首先是改变"各尽所能、按需分配"的原则。具体来看，打破了现实中的平均主义"大锅饭"模式，用差别工资制代替过去无差异的实物报酬，并放弃了以前不雇用基布兹社员以外的人以避免"剥削"现象的观念，这为解决工厂劳力短缺打开了方便之门。

其次是放松兵营式的集体生活约束，允许有更多的个人空间和家庭生活。比如，允许孩子晚上回家和父母一同住宿；对穿衣、吃饭不再强行统一，允许家庭起炊；允许社员私人购买小汽车、手机等高档生活用品。有的基布兹甚至还实行了住房制度改革，将原来统一分配的住房折价卖给个人，并开始收取水电费。

自给自足的莫沙夫

以色列的另一大农民组织模式就是莫沙夫。莫沙夫和基布兹理念相似，但更强调共同劳动，它是一种由单个独立农庄所组成的合作制农业社区（见图 5-9）。

图 5-9　莫沙夫农舍

莫沙夫的农庄是归个人所有的，但是大小固定，公平分配。莫沙夫居民在自己的土地上耕种生产，自给自足，自负盈亏。

以色列的农民在自己的农场里以专业化生产为主，如奶牛、家禽饲养、粮食、大棚蔬菜和花卉种植等。虽然每个莫沙夫社员在自己的土地上种什么由自己来决定，但他们要与全国性指导计划相衔接，在这一框架下每个家庭从自身的实际条件出发选择适合的种植和养殖计划。村合作社雇用了莫沙夫的一些成员作为拖拉机手、教师、医护人员、店员和会计等。

在莫沙夫，大家集体劳动，劳动委员会把任务分配给个人，但生产工具、房屋、生产出的产品均归家庭农场。每个成员的经济、保健、教育和文化方面的需要由集体统一安排。每个家庭按月领补贴用以购买衣物和食品。

有人担心"个人私有家庭"这一概念与"集体劳动，集体负责"这一精神不相容，但实践表明，家庭并未孤立于集体社会文化生活之外，集体大会、报告、节目活动把成员们联系在了一起。

莫沙夫的社会生活中心是围绕"俱乐部会馆"进行的。"俱乐部会馆"通常有一个图书馆、一个电影院，以及一个用来做报告、举行舞会和婚礼、庆祝节日的大厅。犹太人世代相传的习俗，在众多的莫沙夫中得到体现和丰富。大部分村子有自己的诊所，它们从属于一家区域健康中心，所有成员均享受医疗保险。

莫沙夫生活方式的特点在于一种"社区精神"。成员在自己家庭中保持其"个性"的同时，也对集体的财富负责。不管是面临战争、疾病还是死亡，受难家庭总能得到集体的帮助,"互相帮助"这一精神时时处处得到了体现。

不仅要开垦土地,更要开发人的大脑

在参观以色列的过程中,我突然理解了巴菲特的那句话:如果你来中东是寻找石油的,那么你可以忽略以色列,但如果你是来寻找智慧的,那么请聚焦于此。

众所周知,以色列是拥有诺贝尔奖得主最多的国家,也是全世界科技创新最多的国家之一,从 1901 年诺贝尔奖首次颁奖到 2001 年的 100 年间,犹太人或有犹太血统的获奖者共有 138 人,占获奖者的 1/5。在以色列特拉维夫机场展示的以色列籍诺贝尔奖获得者的巨幅照片和主要贡献,让我们看到了以色列这个国家对科技的高度重视和推崇。

以色列人的文化教育水平普遍较高,平均 100 个劳动力中就有 77 个是中专以上文化水平,这与他们先进的教育理念密不可分。

诚然,科学技术是第一生产力,但科技的创新发展离不开人才的教育和培养。因此,开发人的大脑,远比开垦土地重要得多。

从提问和质疑开始

孩子从幼教开始就被要求学会提问,这是以色列教育中基本的教育方法。以色列学校鼓励学生发问,课堂上学生们会不断发问,尽管老师课前准备充分,但有时候还是会被问倒。这种状况在中国似乎有点冒犯老师,但在以色列,反倒是老师会觉得自己做得不够好。

以色列有句谚语,"两个犹太人在一起,从来不会同意对方"。无论是在上课还是在公司会议室里,以色列人上一秒还面红耳赤地在争吵,下一秒大家就开心得像没事发生一样。

游泳需要下水才能学会

在以色列,孩子从小就接受实践教育,中小学时学校会开设手工课,男生做木工或金属制品，女孩则学习与家庭生活和农业相关的手艺。到了高中，学生每年要参加60小时的志愿活动，平均每周70分钟。老师会根据学生的表现给出评语，完不成社会活动的学生没资格上大学，表现差的很难被好大学录取。

实践教育是以色列教学的一大特色，比如农学专业的学生经常会到田间地头去考察，边观察边向农民请教；理工科的学生，会经常被老师带去工厂参观，在工厂，老师帮学生回顾已学的理论知识，工厂人员会介绍各种类型的产品和具体生产流程；而人文历史学科的学生则会被安排到博物馆、历史遗迹或重要地标进行参观学习。

诚如前文所言，以色列的高校跟企业之间通常有着很好的合作关系。合作企业人员会到学校授课，给学生介绍行业最新发展，或者选择与教授一起合作完成研究项目；学生则可以根据兴趣，选修与企业有合作项目的课程，在授课教授和公司专业人员的共同指导下完成项目。

实践是最好的老师，正如主张"行动学习"的以色列理工学院教授、世界知名创新创业学者什洛莫·迈特尔（Shlomo Maital）所说，通过阅读虽然可以获取知识，但是要想获得技能，例如创业能力，则需要在实践中学习，"就像游泳需要下水才能学会一样"。

特殊的兵役教育

在这里还不得不提以色列全民皆兵的服兵役制度。在以色列，年满18岁的男性必须服兵役3年，女性则为2年。

《塔木德》（在以色列的地位仅次于《圣经》）里讲述服兵役的诸多原因，其中一项是"当兵可以让人更自信，让人拥有管理技能以及面对压力时知道如何处理的能力"。士兵连续训练两三周，每次持续几个小时，休息时间短暂，食物也不多，各种活动都在严格的时限下进行。在这种训练环境下，士兵们需要有快速反应能力，以应对突发事件和挑战。

军队就像大熔炉，将不同背景、不同文化、不同性格的人集中起来。在工作和训练中，年轻人建立自己的社交圈，一起合作处理问题，共渡难关。服兵役是以色列人学习团队合作的独特方式。

以色列青年在服兵役结束后往往不会马上回到学校。大部分人选择到南美或亚洲等地游玩，不仅释放压力，也开阔视野，一路打工挣旅费，还能接触不同的人和事。

在这种特殊教育下，很多年轻人在结束兵役后，无论是创业还是回到学校读书，都比没有服兵役的同龄人表现得更加成熟、有决断力和责任感。

多层次的农业教育培训体系

以色列政府非常重视人才教育，把教育当作最重要的战略投资。以色列人口840万，人均教育支出是中国的8倍。以色列政府在教育上的投入，仅次于军费。以色列实行公民全程义务教育，全国50%的人口受过高等教育，中东10所最好的大学中有8所位于以色列。

为了提升农民的素质和职业技能，除了政府外，雇主组织以及各种大小企业都建有自己的职业培训中心，基本形成了一个不同层次、不同门类、专业和技能较为齐全的职业培训网络。

首先是多层次的校内培训活动。

在以色列，很多大学都有专门负责农业继续教育的部门，即外部研究司，负责提供各种非学历教育和继续教育课程，让以色列的科学家、农民、教师了解农业的最新技术。

除了对科研人员进行定期培训外，普通班的学生也可向外部研究司提出申请，参加自己感兴趣的培训班。例如，希伯来大学组织的"周五在大学"系列活动，为广大市民提供不同领域的进修课程，每年会开设10～15次专门针对农民的短期培训班，由农学院的专家、教授进行授课与技术指导，授课内容主要包括水利、农业气象、农产品储藏加工等方面的农业知识与实用技能，使农业知识和技术得到普及。

其次是以推代训，提高农民科技素养。

除了课堂教育，以色列农业人才培训的另外一个重要场地就是田间地头，在实践中，通过以推代训来提升农民的知识和科技应用能力。

以色列农业和农村发展部设有专门指导农民生产的部门，其中，由来自大学的教授和科研中心的专家担任一定的职务，并且承担相应的农业科技推广任务，这些教授、专家的工作场所主要是农场、田间，而不是培训站。农民在日常农耕过程中遇到问题时，可以随时打电话、发电子邮件联系他们。同时，部门也会定期组织各种各样的培训班，出版技术服务手册和学习光盘，既能帮助提高农民的农业技术水平，也能赚取一定的运作费用，以维持正常运转。

农技推广服务部门把最先进的农业技术传授给农民，同时了解农民在生产过程中遇到的实际问题，并针对农业生产过程中存在的困难研发相应的农业新技术，既降低生产成本，又提高劳动生产率。

上述多种农业教育体系既保证了以色列不断培养学术领域的农业科研人才和普通技术人才，也保证了农民学习和掌握农业知识和技术的需求得到满足。多年来，以色列农业人口大大减少，只占全社会劳动力总数的2.6%，而农业生产效率却大大提高，农业从业人员的收入已高出全国的平均收入水平。这些都是其重视农业教育和农业人才培养的结果。

可持续发展与绿色农业之道

效率与安全是近代以来一直困扰农业发展的一对矛盾，化工技术的进步带来了农业生产效率和农产品产量的大幅提升，但与此同时也带来了担忧——农药、化肥等带来的环境污染以及对食品安全的危害。

要效率还是要安全？这个问题已经成为现代农业发展中"鱼与熊掌不可兼得"的难题，但在以色列，这两者却得到了完美的和解。

为自然立法，实现可持续发展

以色列在建国后陆续制定了关于森林、土地、水、水井、水计量、河溪、规划与建筑等方面的制度,不仅把水和土地作为最重要的国家战略资源严格计划使用,更是把"科学用水"作为基本国策,专门成立了国家水资源管理机构,统一管理水资源的开发、分配、收费及污水处理。

以色列环境部对主要水源加利利湖和地下水建立"红线"制度,严格控制水质和采水量,实行用水许可证、配额制及鼓励节水的有偿用水制,推广节水技术;同时,通过滴灌技术提高水的利用率,并积极防治防污,做好废水和污水的回收利用。有数据显示,以色列的废水回收利用率已经达到90%!

除了水资源的保护,近几年来以色列还通过大量建设海水淡化工厂,发掘地下水资源,以及人工降雨等高科技手段来拓展水资源,填补用水缺口,做到了"开源节流"。

其全球领先的城市水质净化生态循环系统,不仅可以实现城市用水的循环净化利用,还和城市生态环境建设完美结合起来,真正成为城市靓丽的风景线(见图5-10)。

据悉,以色列约35%的饮用水来源于海水淡化,到2050年,有望达到70%。设在埃拉特、死海地区和阿拉瓦沙漠的24个海水淡化厂,每年可以提供1.61亿立方米的灌溉用水。而且农民们惊喜地发现,与一般的水相比,用盐水浇灌出的作物"味道更甜"。比如,"沙漠甜味"西红柿和甜瓜在欧洲市场上就卖出了高价,可谓一举两得。

图5-10 城市水质净化生态循环系统

以色列还通过立法的形式,管控和减少农药、化肥等化工制剂的使用量和使用范围。以色列每公顷灌溉地的农药施用量被限制在40千克左右,同时禁止在水源地附近施用农药和以任何方式在水源中洗刷盛放农药的器械,且农药的使用同时受到以色列农业和农村发展部、以色列卫生部和以色列环境保护部的共同监督,并且相关部门会进行严格的残毒检测。

无与伦比的生物防治

"有了害虫怎么办？我们有五亿只'昆虫卫士'！"

在以色列，杀灭害虫不用杀虫剂，而是采用天敌来实现生物防治。这些昆虫卫士不仅可以帮助农民消灭害虫，还能帮助作物授粉。

比如：有专门吃会毁坏草莓的小虫子的蜘蛛，这种蜘蛛还被大量出口到美国加利福尼亚州；一家设在耶路撒冷的生物技术公司培养出了能对付粉状霉菌的真菌和能消灭蛾子的细菌；还有可以产生紫外线阻止昆虫的聚乙烯薄膜等。生物防治技术同样被以色列人运用到了极致。

在死海附近的一个农场里，参访者切身体验到了"饿虫"的威力。随着村民开始新的种植，粉虱和螨虫等害虫也来了，这些害虫会吃掉辣椒、番茄等作物。于是，这里的农业专家就雇来了一支"捕食虫"军队，这是五亿只非常饥饿的虫子，专吃这些害虫，由冷藏车运送给农民，放在温室大棚和成熟庄稼的存储区里，很好地解决了问题。他们把这种病虫害的防治措施叫作"综合害虫管理"（IPM），虽然使用 IPM 的成本很高，但农场负责人觉得值得，"我们知道不用化肥，就可以睡得安心了"。

除了生物防治，以色列还研发出可以精准打击的杀虫剂和能让害虫因寻找爱情力竭而死的"爱情药水"等农业黑科技，听起来有点不可思议，但这在以色列已经司空见惯。

制度和智慧，正在续写着这片土地的传奇。

耐特菲姆：滴灌全世界

在以色列众多的农业科技中，滴灌技术无疑是最为人称道的（见图 5-11）。耕地少不要紧，可以走精致路线，但如果没有水，一切都无从谈起。在沙漠中，水比石油还珍贵，而滴灌技术从根本上改变了传统农业的耕作方式，完美解决了以色列农业生产缺水的问题。

所谓滴灌技术，是通过干管、支管和毛管上的滴头，在低压下向植物根部土壤缓慢地滴水。走在以色列的大街小巷，滴灌设施无处不在，公路旁蓝白色输水干管连接着无数滴灌系统，每一棵树都有一根细细的支管和喷头；在农田里，错落着直径1米多的黑塑料储水罐，电脑自动把掺入肥料、农药的水渗入植株根部。

滴灌改变世界

图5-11 以色列随处可见的滴灌技术应用

以色列2/3的面积是沙漠和荒山，土地贫瘠而又干旱。其北部是崎岖的高地，中部是丘陵地带，由中部向南延伸是沙漠地区。这里人均水资源仅为世界平均水平的3%，大约相当于江苏的1/10，全国有2万多平方公里面积严重干旱缺水，适宜发展农业的土地面积不足20%，程度令人咋舌。

图5-12 瞧，这就是滴灌技术设备

然而，100多年后的今天，以色列街头却是桃红柳青，菜果鲜脆欲滴的景象。是什么让以色列有了如此巨大的变化，那就是大家早已熟知的以色列滴灌技术（图5-12）。

以色列首任总理本古里安曾预言，以色列的未来在南方沙漠。水是改造沙漠的命脉，以色列从1952年起耗资1.5亿美元，用11年时间建成了145公里长的"北水南调"输水管道。然而，传统灌溉使农业革命和沙漠改造进展缓慢。

1962年，一位农民偶然发现水管漏水处的庄稼长得格外好。水在同一点上渗入土壤是减少蒸发、高效灌溉，以及控制水、肥、农药最有效的办法。

这一发现立即得到了政府的大力支持，于是，闻名世界的耐特菲姆滴灌公司于1964年应运而生。

在以色列，从20世纪60年代开始他们就采用和推广滴灌技术，在70年代发展迅速，到1999年时已经有80%的农田应用了滴灌技术。根据作物种类和土壤类型设置的滴灌控制系统，使田间用水效率显著提高，达到每立方米增产2.32千克。滴灌技术发明后，以色列农业用水总量30年来一直稳定在13亿立方米，农业产出却是过去的5倍。

由于滴灌技术的发明与普及，以色列全国的灌溉面积从16.5亿平方米增加到22～25亿平方米，耕地从16.5亿平方米增加到44亿平方米。2012年，以色列的滴灌技术已经发展到第六代，后又开发出小型自压式滴灌系统。如今，世界80多个国家使用以色列的滴灌技术，以色列滴灌技术龙头企业——耐特菲姆滴灌公司年收入已经达到近10亿美元，其中80%来自出口。

耐特菲姆：全球滴灌技术的开山鼻祖

以色列"滴灌技术"的发明者是耐特菲姆公司，成立于1965年，在全球拥有17家制造厂、35家分公司，为110多个国家的千百万农民提供创新的量身定制的解决方案，帮助农业生产者获得高产优质的作物，同时最大程度减少对珍贵自然资源的消耗。

50多年来，凭借专业、专注和持续创新，耐特菲姆公司在领导力、经验和主业技术方面不断提升，在全球建立起滴灌技术标准，一直保持着滴灌和微灌解决方案的领导者地位（见图5-13）。

该公司充分利用丰富的专业经验、尖端技术及持续的承诺，提供最先进、最高标准的技术、

图5-13　笔者参访耐特菲姆公司

产品和服务组合，以及全面和不断发展的各种解决方案，帮助客户实现可持续成果。

作为世界滴灌技术的发明者，也是全球最大的滴灌设备生产厂家，耐特菲姆公司不断开拓进取，致力于提供具有革新意义的农业解决方案，帮助全球客户提高农作物的产量，并提升灌溉水的有效利用率以节约水资源。

除了耐特菲姆公司，以色列还有一群专门"跟水较劲"的公司，比如纳安丹、美滋公司、瑞沃达斯公司、GES 公司、Rotec 公司、TreaTec 21 公司等，它们有的提供整体方案，有的钻研一个小小的阀门，把节水这件事情做到了极致。

小滴管里的大奥秘

提起滴灌，你也许会说："不就是管线上打孔嘛！"

真没这么简单。

在参观以色列现代农业之行中，我们揭开了以色列滴灌技术的奥秘。

以一个深埋地下的简单喷嘴为例：

首先，它由电脑控制，依据传感器传回的土壤数据，决定何时浇水、浇多还是浇少，在绝不浪费的同时保证农作物生长的需要；其次，为防止农作物的根系生长堵塞喷嘴，喷洞周围精确涂抹专门的药剂，仅抑制周边一个极小范围内的根系生长；再次，为防止不喷水时土壤自然陷落堵塞喷嘴，需要在喷水系统中平行布置一个充气系统，灌溉完毕后即刻充气防堵；最后，以色列不能大量使用可饮用水灌溉，因此农民使用的基本上都是回收水，为防止回收水中较多杂质堵塞喷嘴，事先需要在回流罐中使用环保的物理方法沉淀杂质，并在管线中安装第二道过滤阀门。

事实证明，滴灌技术的效益是惊人的。与传统的灌溉方式相比较，滴灌技术可节水 35%～50%，水和肥利用率高达 90%，这项技术推广以来，在农业规模不断扩张的同时，以色列全国农业用水总量 30 年来竟然一直稳定在每年 13 亿立方米左右！

滴灌技术从根本上改变了传统耕作方式，以色列各种农作物生产田均遍布管道和滴灌系统。田边各种输水主干管道连接着无数滴灌系统。大田地头是直径 1～4 米多的黑塑料液体肥储罐，根据田间的土壤湿度传感器和养分检测仪器发出的水肥状况信号，电脑自动把肥料、农药掺入灌溉系统，随灌溉水滴入植株根部，滴灌使每寸土地都融入了高科技，真正实现了水肥一体化自动灌溉。

滴灌技术同时也改变了城市绿化方式，城市路边的绿化植物也照样遍布滴灌系统，使沙漠城市绿意盎然。

电脑控制的水、肥、农药喷灌系统是以色列现代农业的基础，它的核心是滴灌技术的发明和运用。不仅仅对以色列，对全球农业现代化、资源节约和生态保护所带来的综合效益，都是革命性的。

2017 年 8 月，墨西哥化工巨头美希化工（Mexichem）宣布以 19 亿美元收购耐特菲姆公司 80% 的股权。

对 Mexichem 而言，这真是一笔好生意啊。

第 6 章

瑞士

一个高度发达的"农业理想国"

曾经，古希腊哲学家柏拉图在其著作《理想国》里，论述了柏拉图式理想国的模样。如果从全球农业发展来看，瑞士就是一个现实版的"农业理想国"。

山地小农业，生态大价值

踏上瑞士的土地，你就能感受到这个"世界花园"的魅力。

湛蓝的天空，清澈的湖水，皑皑的雪山，茂密的森林，翠绿的山坡上散落着黄白色的小花，嫩绿的草场上奶牛在悠闲漫步……如诗如画，让人心旷神怡，忍不住要深、深、深呼吸。

瑞士，地处欧洲中部的阿尔卑斯山脉地区，面积 4.12 万平方公里，仅为重庆市面积的 1/2，人口约 840 万，相当于中国一个二线城市的人口数。

虽然国小民寡，但瑞士却是世界上最富裕的国家之一，人均 GDP 超过了 8 万美元。瑞士拥有 14 家世界 500 强公司，他们的手表、银行、制药、超级计算机、人工智能、精密仪器等，都处于全球领先地位。

瑞士农业产值在瑞士经济总产值中占比非常小，而且瑞士 70% 是山地，土地资源并不优厚,但这阻挡不了它成为高度发达的"农业理想国"。

依托阿尔卑斯山脉高原和山地的优越生态环境,瑞士形成了以畜牧业为主导的山地生态农业结构(见图6-1)。瑞士被公认为"世界黄金奶源区",其高品质的牛奶、奶酪和巧克力,在欧洲享有盛誉。

图6-1 瑞士好牧场

瑞士有机农业很发达,有机农产品的种植面积约占12.2%,有机农产品的比例和人均消费居世界首位。

基于自然风光、环境保护、生态农业的优势,多年来瑞士每年的游客均达6500万人次,年均旅游收入近130亿瑞士法郎,位居世界旅游大国前十之列,旅游是瑞士经济的支柱型产业之一。

令不少人感到惊讶的是,世界第一大食品企业雀巢集团就诞生在瑞士美丽的日内瓦湖畔。

瑞士农业的发达和价值,不在于对国家GDP的贡献,而在于对国家"大生态"战略的加成和赋能。生态农业对自然景观的保护、农文旅融合以及提升全球魅力值,才是真正的大价值。

人均有机食品消费全球第一

瑞士是人均有机食品消费全球第一的国家，2018年人均有机食品消费274欧元。瑞士的农业土地资源很少，但有机农产品产出占比却是世界第一。

瑞士有机认证面积在欧洲排名第六，共计12.6万公顷，约占瑞士全国农业耕种面积的12.2%。瑞士有机市场中60%的产品来自本国。最畅销的产品是有机鸡蛋，销售额4亿欧元，占所有鸡蛋产品的25%；有机新鲜面包，销售额13亿欧元，占所有面包销售总量的18.8%。

瑞士有机食品主要通过大众零售商（例如Coop集团和Migros集团，约占销售渠道总量的77.9%）、特殊零售渠道（12.5%）、直营渠道（5.5%）和其他渠道（4%）向民众进行销售。

瑞士人如此热衷有机食品，一方面源于国民富裕，追求"绿色健康的生活方式"；另一方面是"人与自然可持续发展"的瑞士国策。

与其他西方发达国家一样，自18世纪起，工业革命带动了工业化、城市化和经济繁荣，同时也给瑞士带来了严重的环境污染。瑞士人在经济发展的过程中，逐渐领悟到保护自然家园的重要性。

自20世纪40年代起，瑞士就开始重视有机农业，并从三个维度，推进有机农业发展进程。

第一，政府推动。为培育有机农业，瑞士政府新启动了《联邦有机农业计划》《减少农药行动计划》等扶持和补贴政策，推动买方和卖方市场的平衡快速增长，加大对有机土地转换的补贴和发展有机农业生产的扶持。

第二，法律保障。国会通过了《有机标志法》《有机农业法》和《消费者信息法》，在此基础上又颁发了《有机标志条例》，正式启用了统一的有机标志（见图6-2）。另外设立"有机农业资助奖"，每年对在有机农业的改善和消费方面做出

图6-2 瑞士有机标志

杰出贡献的农业生产实体进行奖励。

第三，定期检查。定期检查制度可概括为"四全"，即全面认证、全年督察、全程检验、全权责任。认证机构在进行认真检查后，全面认证有机农业生产实体和有机食品企业资格，有效期为1年。

2018年瑞士有机农场的数量达7032个，占农场总数的13.8%，而1990年这一比例为1%。多年来，瑞士有机农业一直稳步发展，有机农场的数量不断增加，而常规农场逐渐减少，有机耕地的比例达到欧洲国家平均水平的两倍。

绿色为魂，科技为器，法治为杖。这是瑞士创造美好农业的根本经验，有机农业只是表象，背后是一个国家产业发展的战略理念和治理体系。

巧克力、咖啡、奶酪，瑞士农业工业化"三宝"

大家都知道，瑞士是"钟表王国"，其钟表、军刀、银行在全球拥有极高知名度和影响力。

其实"瑞士味道"也有三宝——巧克力、咖啡、奶酪，同样闻名世界、举足轻重。

不产巧克力的巧克力王国

巧克力的原产地在遥远的中南美洲。16世纪初，阿兹特克王国特制的可可豆饮料，被西班牙人制成巧克力，并在瑞士人手里发扬光大。

今日巧克力全球风靡，三位瑞士创业者功不可没：菲利普·祖哈德（Philppe Suchard）、丹尼尔·彼得（Daniel Peter）和鲁道夫·莲（Rodolphe Lindt）。

第一位是菲利普·祖哈德，他是瑞士巧克力的创始者以及工业化、国际化的先行者。1826年他在纳沙泰尔开了一家自己的巧克力工厂，1880年他兴建了首家瑞士境外巧克力工厂。一战以后，祖哈德开始在美国、英国、阿根廷、瑞典四国及南非地区开办巧克力工厂。

第二位是丹尼尔·彼得。他是"牛奶巧克力"的发明者和品牌化的奠基者。1863年彼得成立了彼得-卡耶联合公司，经过13年的奋斗，他发明了"牛奶巧克力"，打出凯雅（Cailler）巧克力（见图6-3）品牌，产品风靡整个欧洲。1929年被雀巢并购。

第三位杰出人物是鲁道夫·莲。"丝滑巧克力"的发明者、生产工艺和工业效率的推动者。他利用一种

图6-3 凯雅巧克力

叫作"海螺"的碾磨机，生产出了世界上首款"平滑巧克力"，著名巧克力品牌瑞士莲（Lindt）便由此而来。

时至今日，雀巢与瑞士莲早已跻身全球规模前十的糖果生产企业之列，而瑞士人的人均巧克力消费量更是多年保持世界第一。

让"贵族咖啡"走入寻常百姓家

和巧克力一样，瑞士不是咖啡豆原产地，人均咖啡消费却排在世界前三之列，而且瑞士主宰并引领全球咖啡产业发展，这些都要归功于瑞士的雀巢公司。

1938年，瑞士的雀巢公司为了帮助解决南美洲过剩的咖啡豆库存问题，推出了世界上第一款速溶咖啡，从此，雀巢咖啡就像打开了潘多拉魔盒，一发不可收。

在瑞士，人们约会见面往往不是在高级饭店，而是在当地人喜爱的"小咖啡馆"。喝咖啡，已经成为瑞士人最喜爱的社交活动和生活方式，以至于在整个欧洲，没有咖啡，就像没有葡萄酒一样不可思议。

据统计，瑞士人均每年约享用1000杯咖啡，大约9千克，相当于每人每天喝3杯咖啡，是美国人的两倍。因为雀巢咖啡在全球市场的霸主地位，

咖啡在瑞士的出口中也占有重要地位。瑞士掌握着全世界 3/4 咖啡交易的命脉（见图 6-4）。

图 6-4　瑞士咖啡

咖啡于 17 世纪中期进入欧洲，那时的咖啡，是一种贵族阶层的奢侈消费品。雀巢咖啡的诞生，开始推动咖啡工业化、平民化和全球化，使之逐渐成为欧洲及世界各国的日常饮品。

现今，全球消费者平均每秒钟就饮用 5800 杯雀巢咖啡；雀巢咖啡在全球 191 个国家都有销售，引领着咖啡市场的潮流。

被作为"国菜"的奶酪天堂

奶酪是另一种让瑞士名扬天下的食品。奶酪在欧洲国家的日常饮食中占据着非常重要的地位，在瑞士更是"国菜"一样的存在。

2016 年瑞士人吃了大约 18.7 万吨奶酪，人均消费超过 22 千克，是全球人均奶酪消费最多的国家之一。最著名的奶酪品牌有爱蒙塔尔（Emmental）、格吕耶尔（Gruyere）、斯勃里恩兹（Sbrinz）和阿彭策尔（Appenzell）等。

瑞士的牛奶近一半变成了奶酪，瑞士的奶酪品种有不下 700 种，其中 40% 出口。德国是最大的瑞士奶酪进口国，占瑞士奶酪出口总量的一半，意大利占 16%，美国占 13%，法国占 7%。

因此，在欧洲，瑞士被誉为"奶酪天堂"。

工匠精神和创新基因

要探究瑞士农业工业化的成功经验，瑞士味道"三宝"极具代表性。

巧克力和咖啡，都不是瑞士特产，但瑞士在这两大食品产业的工业化、全球化进程中扮演的却是绝对 C 位主角。

从祖哈德把自家的巧克力作坊变成工厂开始，开启了巧克力的工业化、国际化征程；"牛奶巧克力"工艺突破，让牛奶与巧克力完美融合，让瑞士巧克力风靡欧洲；在制作工艺上的不断"打磨"，创新出"丝滑细腻"的口感品质，让"巧克力，全球爱"。

瑞士雀巢公司革命性地推出"速溶咖啡"，让喝咖啡变得方便、美味、时尚，并坚持80余年在全球推广，让瑞士成为咖啡工业的全球发动机。

凭借"像养孩子那样养奶酪"的精神，将品质管控从一头奶牛吃的草开始，认真仔细、一丝不苟，将数百年传承的传统工艺与现代工业完美融合，瑞士奶酪赢得同为奶酪强国德、法、意消费者的青睐，瑞士也因此成为欧洲的"奶酪天堂"（见图6-5）。

无论是在食品工业机械化、制作工艺创新上，还是在消费引导、市场开拓上，瑞士都起到了核心推动作用，一如瑞士人在钟表行业追求极致的"工匠精神"和"创新基因"。

图6-5 瑞士奶酪

品牌化、全球化市场意识

因为地小人少，自然资源匮乏，中立处世，瑞士人"用世界资源做世界生意"和"用品牌创造价值"的经营观念强烈，其"工业提升价值""品牌抢占价值""全球营销价值"的市场理念代代相传。

拥有200年历史的凯雅品牌，是瑞士现存最古老的巧克力品牌之一。其发明的牛奶巧克力早在19世纪80年代就开始推向英国市场。其1905年的牛奶巧克力海报（见图6-6），说明其品牌营销早在100多年前就已经开始了。归于雀巢旗下后，凯雅品牌如虎添翼，作为高端巧克力品牌，畅销全球。

雀巢咖啡更是瑞士咖啡品牌化、全球化的首席代表。1867年，创始人内斯特尔创立雀巢公司，以他的名字 Nestle 为品牌命名，开启了雀巢全球品牌营销之旅。1938年"雀巢咖啡"在瑞士销售，随后在英国、美国推出，1980年进入刚刚开始改革开放的中国，现在雀巢咖啡在全球191个国家有售。

图6-6　牛奶巧克力海报

瑞士奶酪，可以说是"农产品区域公用品牌"和"农文旅体验营销"的全球典范。瑞士奶酪有四大产区，产品以产区品牌命名。为了保护瑞士奶酪的传统特征，法律规定一个地区只能生产该地区的奶酪，这保证了每一个品牌的特色化。在品牌宣传和推广上，瑞士奶酪利用瑞士全球旅游目的地的流量优势，将"农文旅体验营销"发挥到了极致。

可见，基于价值创新的品牌营销意识，瑞士人跳出本土、放眼欧洲和全球的市场意识与生俱来、根深蒂固。

在瑞士，看到乡村振兴的理想模样

中国在改革开放后，用几十年走完西方主流发达国家几百年走过的发展之路，城乡生存与发展环境出现了一定的落差与不平衡。

民族要复兴，乡村必振兴。那么什么才是乡村振兴的理想模样呢？在瑞士，我们看到了乡村振兴的理想模样。

瑞士的生态复合型乡村模式，将乡村的农业经济价值与生态、人文、休闲旅游等附加价值相结合，涵盖收入及生活质量、发展需求、农业转型、环境保护和旅游观光等可持续发展各要素，表现为以下四大特点。

第一，生态美，人们愿意来

在瑞士的乡村，无论走到哪里，我们看到的都是蓝天与白云、漫山遍野的森林与花草、洁净潋滟的河流与湖泊、袖珍型依山傍水的花园城市以及错落有致的乡间别墅，呼吸到的都是自然清新的空气（见图6-7）。

瑞士的环境保护和国土治理有方是世界公认的，法律规定谁伐一棵树就得种一棵树，乱砍伐者要受到制裁。政府要求全国除了大山、湖泊、农田以及建筑物外，不管是城市还是乡村，都要有绿地植被覆盖，不允许有一块裸露的土地。

图6-7　瑞士乡村风光

可以说绿色就是瑞士整个国家的底色，人与自然和谐相处，生态环境优美，山清水秀，处处是景，令人赏心悦目。这吸引了世界各地的游客慕名而来，旅游、度假、消费，拉动经济。

第二，产业特，人们愿意买

"一村一特"，每一个乡村，都根据历史和地理条件，发展一个特色产业，做优做强，以"特色产业+田园风光"形成区域特色经济的品牌效应。

像瑞士最美的奶酪之乡——爱蒙塔尔小镇，以奶酪产业为特色，做足"奶酪"的历史、生产、品牌、体验的文章，实现农业与旅游的完美融合。沃州的拉沃梯田式葡萄园，通过将梯田葡萄园美景与世界文化遗产结合，实现农文旅融合。农文旅一体化，已经成为瑞士乡村经济发展的支柱。

瑞士的年均旅游收入居世界前十之列，旅游产业是瑞士的三大支柱产业之一。政府积极制定相关政策，颁布《旅游创新计划》，推动行业合作与改革；修改《增值税法》，给予旅游企业税收优惠等。

将生态农业产业化，用农业为旅游增加体验感和魅力值，用旅游为农业增加流量和即时消费，实现1+1>2的经济效应，推动农业和旅游业的高质量发展。

第三，配套全，人们愿意住

通过国家财政拨款和民间自筹资金的方式，政府为乡村建设学校、医院、活动场所，以及修建天然气管道、增设乡村交通等基础设施，以此完善农村公共服务体系，缩小城乡之间的差距。包括定期维护、翻新和扩建基础设施；保障山区丘陵地带、夏季牧场以及特殊农作物区和农业企业的水电供应。

在政府对乡村的持续性改造下，瑞士村庄风景优美，生机盎然，环境舒适宜人；乡村基础设施完善，交通便利。

城市人口大量迁回。瑞士人曾一度离开乡村，到城市中去寻找更多的工作机会和更好的生活方式。但是现在，人们开始逐渐回归自然，人们从城市搬到近郊居住的趋势，蔚然成风。

与城市的嘈杂相比，村庄异常静谧，住在这里是一种放松和享受。瑞士不同地方的税收标准不同，村里的税收比城市里低很多，地价物价更是便宜，村子虽小，但基础设施齐备，交通便利，从村庄开车到大城市只需几十分钟时间，非常方便（见图6-8）。

图 6-8 瑞士乡村布局图

第四，收入多，人们愿意留

如今，瑞士单纯从事农业生产的人日益减少，农业生产正在成为副业。

由于政府对农业补贴的逐渐降低，对保护生态环境的重视，单纯的农业生产收入难以增长，随着乡村旅游的繁荣，人口的回迁，越来越多的农民逐渐脱离单纯的农业生产活动，进入农业、工业、旅游、商业相关的服务业。

瑞士 1/3 的农场经营只是副业，农民的大部分收入来自其他工作。农民同时为农场寻找第二用途，如提供农场度假，甚至骑美洲驼等服务。但无论如何，农场经营收入和工业收入的差距越来越大，因此，越来越少的年轻人选择从事农业。

为了帮助农民创业创收，政府为农业农村发展提供经济援助、金融支持和技术扶持，并制定激励政策，包括向农民和农业企业发放资金补助、提供无息投资贷款和无息商业援助贷款等。

通过建设环境优美、独具特色、交通便利的乡村，发展高价值的旅游休闲和文化项目，提升农业农村价值链，推进农村发展多样化，优化农村土地功能和用途，在确保农业生产的同时保护自然和文化景观。这些，反过来又促进和增加在乡村创业和工作的综合收入，让农民在农村乐业安居。

这些都是瑞士乡村振兴的"好药方"。

乡村振兴的理想模样，我想无非四个要素：生态、生产、生意、生活。生态环境要美，产业特色要突出，收入渠道要多元，生活配套要全面。

拉沃梯田式葡萄园：传教士缔造的世界文化遗产

"上帝制造了陡坡，但是我们让陡坡为我们服务，让陡坡存在，让陡坡延伸。"这是瑞士著名诗人夏尔-费迪南·拉缪1923年在其诗作《诗人之路》中写下的歌咏拉沃梯田式葡萄园的诗句。

莱蒙湖地区的拉沃葡萄园，位于瑞士旅游胜地洛桑和沃韦之间，在12世纪中叶之前，这一地区还只是一片贫瘠的土地。瑞士西都会教士从山坡最为陡峭的德萨雷开始，用双手将山坡上的石头垒成一道道石墙，在上面堆积土壤，建成梯田，栽上葡萄苗。

随后，附近的村民也开始开垦山坡，搭建梯田，引导水流浇灌葡萄园，并且在开垦过程中始终注意因势利导，尽量保持景观自然、完整，拒绝外部因素干扰，努力营造自己的"世外桃源"。

经过一代代人近千年的努力和持续开垦，拉沃葡萄园面积已经扩大到898公顷，连同旖旎的莱蒙湖风光和阿尔卑斯山一起，成为瑞士的一张亮丽的名片（见图6-9）。其人力改造自然、爱护自然，最终把贫瘠的土地变成人间天堂，成为人类历史上的又一个经典故事。

图 6-9　日内瓦湖畔的拉沃葡萄园

瑞士人爱说，上苍对拉沃梯田特别眷顾，有三个太阳照耀着它：

- 第一个太阳当然是天上的太阳；
- 第二个太阳是湖水折射的阳光，拉沃梯田位于阿尔卑斯山南坡上，面朝日内瓦湖，如镜的水面将大量阳光折射到葡萄园里；
- 第三个太阳是梯田上的石墙对阳光的折射。

三个太阳的眷顾，让拉沃葡萄园日照丰盈、流光溢彩。

2007 年，在世界遗产大会上，拉沃梯田式葡萄园被正式列入《世界文化遗产名录》。其评语是：拉沃梯田式葡萄园体现出居民同环境之间为优化当地资源、酿制优质葡萄酒而进行的相互调整和适应，堪称文化遗产。

今天，我们看到拥有 800 多年历史、"三个太阳"眷顾的福地，已是一片近千顷的壮美葡萄园。随着葡萄园规模越来越大，酿酒作坊也越来越多，拉沃地区成为瑞士著名的葡萄酒产地，诞生了不少著名的葡萄酒品牌，其中以"德萨雷"名气最大。

拉沃葡萄园梯田的美景吸引了来自世界各地的游客，你可以跟着当地的庄园主一起去采摘葡萄，还有机会品尝到他们酿造的甜美葡萄酒；也可以选择游船、葡萄园观光小火车和自驾车等多种方式，赏湖光山色、品美酒佳肴，感受瑞士田园的传统文化。

就这样，拉沃葡萄园梯田，被誉为"传教士种出来的世界文化遗产"，成为全球"农业+文化+旅游"融合发展的产业典范，一个有看头、有品头、有说头的葡萄产业综合体。

爱蒙塔尔奶酪：沉浸式农旅融合打卡地

爱蒙塔尔是著名的瑞士"蜂窝奶酪"的生产地，也是美食之乡、世界游客热衷的旅游目的地。爱蒙塔尔位于伯尔尼东面的丘陵地带，富有田园牧歌气息，像梦中家园一样美丽。

徜徉在爱蒙塔尔乡间，可以看到山坡广阔的草原上牛群悠然吃草的样子，仿佛一幅恬静的田园风景画。这一带有很多大农场，其独特的欧式乡间建筑风格也令人耳目一新。

由于这里是盛产奶酪的著名牧区，人们的大部分活动自然是围绕着牛和奶。数百年来，因美丽而纯净的草场和独特而固执的发酵工艺，爱蒙塔尔蜂窝奶酪享誉世界（见图6-10）。

图6-10 爱蒙塔尔奶酪体验地

瑞士政府很重视农业旅游，陪同我们的讲解员并非当地导游，而是政府旅游部门的一位官员。他对当地畜牧业发展的历史、现状，奶酪的生产、制作工艺了如指掌，热情而专业，也异常亲和。

爱蒙塔尔几乎是瑞士奶酪的代名词，这里有世界上最大的奶酪，整块就像大车轮，制作一块需要 1200 升牛奶（见图 6-11）。

图 6-11　爱蒙塔尔奶酪之冠

在爱蒙塔尔奶酪厂周边有 2500 家农户、3 万头奶牛，每天提供生产奶酪所需的新鲜牛奶。每一头奶牛都有一个单独的条形码，直接链接瑞士奶牛数据库，实行全程卫生监测，保证每一头奶牛的健康状况良好，从源头做好品质追溯。

有人说，世界上最幸福的奶牛在爱蒙塔尔，瑞士人总是自豪地说，瑞士奶酪质量好，与奶牛吃的草有直接关系。的确如此，纯净无污染的阿尔卑斯山脉的森林和草场，就是最大的信任状。

在爱蒙塔尔奶酪工厂，拥有数百年历史的传统奶酪生产工艺设备，展示着现代奶酪工业化生产的场景，也诉说着瑞士奶酪工业的发展历程。

在品牌体验区，整个参观通道设计很有创意，通过现代化的声光电技术，把品牌的历史、文化、工艺、流程、品尝和体验融为一体，让游客拿着一块奶酪穿越全程，最后再吃下去的时候，它已经不只是奶酪，更是爱蒙塔尔的牛奶文化和满满的自豪感。

这个小小的奶酪村庄是传统和现代的结合体。游客可以参与奶酪的整个制作过程，看工艺，听故事，品文化……农业与旅游、体验与消费，就这样理所当然地完美融合在一起。

值得一提的是，在爱蒙塔尔，我们忍不住体验了一下传说中的瑞士国菜——"奶酪火锅"，味道很特别，大部分中国人可能并不习惯，但远道而来，"沉浸式"体验一下也别有一番异域风味（见图 6-12）。

图 6-12　来，体验一把爱蒙塔尔奶酪火锅

事实上，爱蒙塔尔奶酪，也是当地著名的"农产品区域公用品牌"，有 115 个奶酪工厂共同被授权使用，它们有统一的品牌标识和管理规范。

田园牧歌，百年坚守，传统与现代，品牌与体验，乡村与世界，由奶酪融为一体。如今的爱蒙塔尔小镇，已经成为全球沉浸式农业旅游打卡地，吸引着世界游客前往观光、体验、消费。

当然，还有像我这样欲罢不能地字字相传，这就是体验和口碑的力量。

雀巢：一杯咖啡成就世界第一食品品牌

源于瑞士的商业帝国

"味道好极了！"

一句经典广告语，让地球人都知道了雀巢咖啡（见图 6-13）。

雀巢公司由亨利·雀巢（Henri Nestlé）于 1867 年创建，总部设在瑞士日内瓦湖畔的韦威（Vevey），在全

图 6-13　经典雀巢咖啡

球拥有500多家工厂，业务遍布全球191个国家，是世界上最大的食品企业集团，年营业额935亿美元。

公司最初是以生产婴儿食品起家的，但真正成就雀巢食品帝国，实现其"全球雀跃"的还是那杯"雀巢速溶咖啡"。

世界第一款"雀巢速溶咖啡"的发明，让咖啡消费真正打破了时空的界限，也让咖啡从一般农产品变成可大规模工业化生产的大宗商品，为咖啡在全世界的普及奠定了基础，也为雀巢的全球霸业创造了条件。

雀巢作为瑞士的世界500强企业代表，也是世界上最成功的农业食品企业典范，其横跨三个世纪150余年的发展历程，以及其经营理念和逻辑，值得好好总结和借鉴。

2019年11月，我带领神农研习社西游记一行如约来到日内瓦湖畔风光旖旎的雀巢总部（见图6-14）。

图6-14 位于韦威小镇的雀巢总部

惊险一跃：从过剩咖啡豆到可溶性咖啡

如今，全球平均每秒钟就喝掉5800杯雀巢咖啡。但你可能不知道，雀巢咖啡的诞生，其实是为了帮助解决过剩的咖啡豆库存问题。

早在1929年，当时的雀巢集团董事长路易斯·达波尔（Louis Dapples）接到了来自巴西政府的一项求助任务。当时，继华尔街股灾和咖啡豆价格崩盘后，巴西的仓库中有许多过剩库存咖啡豆，雀巢的任务就是将这些库存变为"可溶性固体咖啡"用于售卖。

为此，化学家马克斯·莫根特尔（Max Morgenthaler）加入雀巢团队，经过三年，他们研发出了牛奶咖啡，即在咖啡中融入牛奶和糖，再将混合液体转化为粉状，能够更长期地保持香醇。

这在当时可谓一项创举。1938年4月1日，这种名为"雀巢咖啡"的可溶性咖啡产品正式在瑞士推出。到1940年4月，雀巢咖啡已经在全球30个国家有售。第二次世界大战期间，全球范围内3/4的雀巢咖啡都是在瑞士、英国和美国销售。雀巢咖啡的保质期比新鲜咖啡要长，这也让它更受欢迎，销量翻番。

雀巢速溶咖啡，不仅为咖啡在全世界的迅速普及奠定了基础，也为雀巢食品的全球霸业打开了战略"窗口"。

如今，在雀巢咖啡的带动下，雀巢公司业务覆盖乳制品、巧克力糖果、饮料、营养品、宠物食品、矿泉水、调味品等，雀巢旗下已经拥有2000多个品牌，包括我们比较熟悉的嘉宝米粉、惠氏奶粉、脆谷乐谷物早餐、奇巧巧克力、宝路薄荷糖、太太乐鸡精、徐福记糖果等（见图6-15）。

图 6-15 无所不包的雀巢产品集群

研发是第一推动力

雀巢品牌之所以享誉世界，在于其最核心的竞争力——创新研发能力。

雀巢建立了一个遍布全球的三层研发体系，加上各个业务部门之间的相互作用和沟通，以及不断地开发出新产品，始终居于食品工业的创新前沿，保持和巩固公司的领先地位。

在瑞士雀巢研发中心，科学家们对食品和生命科学方面的基础性研究，确保雀巢保持核心竞争力。雀巢的研发体系或流程具有以下几个特点。

第一，持续迭代

创新不能一劳永逸，需要不断迭代。比如，雀巢咖啡就在不断推陈出新。1998年，即饮雀巢咖啡上市；2011年，雀巢咖啡馆藏系列登陆中国；2013年，雀巢胶囊咖啡机多趣酷思上市；2018年，独家首创了"雀巢金牌冰咖师"，一款"挤着喝的冰咖啡"，让DIY一杯冰咖啡的过程充满乐趣（见图6-16）。

创新还要"鱼和熊掌兼得"。近年来，雀巢升级了其著名的40/60（健康与美味）产品研发标准，即在美味的前提下，满足营养的基本需求。雀巢旗下像脆脆鲨、雀巢咖啡等产品就进行了微调，冰激凌既要减少糖和脂肪，又要保持口感。

图6-16　雀巢金牌冰咖师

第二，不断试错，找到灵感

2015年雀巢经典产品牛奶棒雪糕系列增加了一个新成员，草莓口味的牛奶棒雪糕。在做这款产品的时候，研发人员按照惯例参考了酸奶饮料中经典的草莓产品，供应商也推荐了一些符合公认流行趋势的元素。

但样品试吃都不能令人满意。最终雀巢研发人员发现，只放草莓酱是最好的方式，结果一款令人眼前一亮的产品横空出世。

第三，建立长效机制

创新要有足够的耐心和宽容心。譬如雀巢根据中国药食同源原理，与南京中医药大学合作在《黄帝内经》《本草纲目》等古典文献和科研成果中挖掘中国元素，拟使用高级桑葚汁作为食材，他们愿意花费三四年甚至10年进行临床试验。对此，雀巢总是给予研发人员最大的耐心和信心，而研发人员也以高质量工作给予了回报。

正是由于拥有食品行业世界最强的研发体系，雀巢才能不断推陈出新，成为世界食品领域的"巨无霸"和"常青树"。

构建"共享价值"生态圈

哈佛商学院教授迈克尔·波特提出共享价值的概念,他认为一个成功企业的周边必然有一个成功的生态圈。企业履行社会责任,未必就会增加成本,完全可以通过对资源的创造性利用,实现各方利益共赢。

雀巢在长期发展中,探索出了一种"公司+农户"模式,在全球咖啡产地布局,建立品牌生态圈,将世界范围内众多小农户都纳入雀巢的品牌生态中,帮助上游种植户实现价值创造与回报,形成整个品牌生态圈的共赢。

如果将雀巢比作一座"金字塔",最顶端的塔尖是通过建立品牌生态圈创造"共享价值",位于金字塔中部的是"可持续发展",位于金字塔底部的则是"合规",也是整个金字塔的基础。雀巢品牌金字塔的逻辑是,首先必须保证资源使用方式的独特性,进而再去创造"共享价值"(见图6-17)。

雀巢的"共享价值"生态圈理念,不仅体现了强烈的社会责任感,也是其在全球范围内获得成功的重要原因。其共享价值理念

图 6-17 雀巢价值"金字塔"

和行动,使得当地合作伙伴(供应商、农民、政府等)都能获得了商业利益。

雀巢价值生态圈,首先要解决的就是"全球化大生产与世界各国小农户"之间的矛盾。小农户的第一个弊端就是产品难以标准化。于是,雀巢旗下著名的4C标准应运而生,4C标准指"Common Code for the Coffee Community"(咖啡社区的通用管理规则)。"4C标准"是雀巢开创性的解决之道,是世界上被广泛接受的,涉及咖啡种植、生产、加工和市场营销等供应链各环节可持续发展的管理规则。

4C认证极为严格,必须是第三方审核,其有效期只有一年,到期必须重新审核,还会有第三方突击走访。红灯(不通过)、黄灯(需改进)、绿灯(通过)三种审核结果促使农户产品不断迭代,持续改进。对咖啡种植户而言,

最直接的吸引是雀巢许诺给那些通过 4C 认证的农户更高的咖啡收购价。这也推动 4C 的标准越来越高，到 2015 年，已经有 2901 个合作伙伴通过了 4C 认证。

为更好地与上游合作，雀巢设置了专门的农业部门，它的重要任务之一就是帮助世界各地的种植户或者养殖户，提供安全和优质的原料。在共享价值理念下，雀巢通过帮助农民、供应商改进技术，提高产量，提升生产效率，促进当地农业实现可持续发展。

比如，在西非的科特迪瓦和加纳，雀巢与农户共同推进"雀巢可可计划"。该计划旨在获得巧克力优质原料，同时提高当地农户的收益，以应对滥用童工、妇女歧视等问题。通过为当地农户提供果树苗和种植培训，增加农民收入；通过为当地建设或翻新学校，提高儿童入学率。

雀巢为科特迪瓦和加纳提供了更大批量的原生森林和果树，其数量从 2018 年的 32 000 棵增加到了如今的 560 000 余棵。有森林树荫保护的可可农场，更加能适应气候变化，而果树则可以为农户增加额外收入。

雀巢致力于农业供应链的转型，使其对环境更加友好，在可可供应链上解决森林滥伐问题是这一努力的组成部分。这一举措将助力公司实现其"2050 净零碳排放承诺"。

对于上游的供应商，雀巢通过培训、指导和最佳实践共享，来改善供应商的表现，重点放在品质、企业责任、监管合规性、成本竞争力以及创造共享价值上，以在帮助供应商成长的同时，实现优质原料供应的可持续。

雀巢对中国云南咖啡产业的带动，是其"创造共享价值"的生动实践。

自 1988 年扎根云南以来，雀巢始终秉承"创造共享价值"的经营理念，致力于与当地政府和咖农合作，共同推动咖啡的产业化进程。

为此，雀巢公司向普洱派驻了包括 6 位外国咖啡农艺师的专家团队，先后为超过 16 000 位咖农提供了田间管理、加工技术和最佳农业实践的培训，有效地带动了当地咖农的生产能力、生活水平以及国际竞争力。

2016 年 3 月，雀巢公司在普洱市创建成立现代化雀巢咖啡中心，为咖农、农学家和咖啡专业人士提供培训和交流，并设立品质保证实验室和综合处理仓储设施。随着当地咖啡豆产量的不断增长，该中心将为保障咖啡豆采购提供产收加工设施，以及基于国际标准的优质采购和检测基准。

雀巢还与云南农业大学签署了战略合作意向，以推动人才培养、技术创新，并分享知识、信息，开展项目和科研合作。

30多年来，通过与当地政府、广大咖农、高等院校携手合作，雀巢在促进咖啡产业发展的同时，使得咖农的生活水平也得到了显著提高。

从灵魂到图腾：品牌建设的全球经典

在品牌建设上，雀巢也是中国乃至全球企业的学习标杆。

每一个品牌都要有灵魂，品牌灵魂是基于消费集体意识洞察，直击消费者的强大心智共鸣和消费动因！是决定品牌现实与未来的竞争原力。

经过百年发展，大浪淘沙，沧桑巨变，雀巢在消费者心里的"心智共鸣"和"消费动因"是什么呢？

雀巢的品牌灵魂：全球好品质

在雀巢官方网站上有这样一段话：雀巢的目标是，充分发掘食品的力量，提升每个个体的生活品质，无论当下还是未来。

从150多年前亨利·雀巢研制出一种婴儿奶麦粉，成功挽救了一名儿童的生命开始，雀巢品牌就一直践行"充分发掘食品的力量，提升每个个体的生活品质"。

从婴儿奶粉到雀巢咖啡，再到今天的2000多个品牌，雀巢销售额的98%来自国外，被称为"最国际化的跨国集团"。雀巢的产品数量一直在增长，而品牌灵魂却更加坚定和清晰，那就是"全球好品质"。

雀巢的品牌文化理念"优质食品，美好生活"（Good Food, Good Life）更是与品牌灵魂"全球好品质"融为一体，让我们进一步感受到"享受美味优质食品,享受健康美好生活"(见图6-18)。

图6-18 雀巢品牌文化理念墙

雀巢产品包装上"选品质,选雀巢"的品牌口令,充分体现了品牌的情感与功能的双重属性与价值背书。用丰富多样的产品,为人生各个阶段带来健康选择和享受,是对雀巢品牌灵魂的最佳诠释。

每一个伟大品牌背后,都有一款伟大的灵魂产品。灵魂产品,是根本战略的引擎、品牌灵魂的载体、产品组合的主心骨、财务报表的主角。

对于雀巢公司而言,"雀巢咖啡"无疑就是那个伟大的灵魂产品,是其"全球好品质"品牌灵魂的最佳载体,更是其全球化战略的引擎。

雀巢的品牌图腾:抢占世界公共资产"鸟窝"

在商业社会中,我们把最具代表性、差异化、个性化的品牌形象载体称为"品牌图腾"。

读图时代,品牌图腾是塑造品牌的重要因素,它的功能是吸引眼球、传递价值、影响行动,让大众的每一次消费都成为对品牌膜拜的累积。

雀巢的品牌图腾,是一个妇孺皆识的"鸟窝",简约而不简单!

亨利·雀巢用自己的名字为品牌命名,"雀巢"品牌唾手而来,且在英文中有"舒适安顿下来"和"依偎"的含义。以"鸟窝"图案作为品牌图腾,画面有安全、信任、温暖、慈爱、健康、营养等丰富内涵,与"雀巢"品牌名称组合起来,生动传神,乃天作之合(见图6-19)。

首先,"雀巢"作为品牌名称,显著性很强。虽然这一名词很普通,但恰恰是人人都熟悉的世界级公共资产,贴近生活、贴近消费者,一眼就能看懂、记住,品牌识别、传播的成本低。

图6-19 雀巢品牌图腾

其次，"雀巢"名称与"鸟窝"图形的紧密结合，可以使受众一目了然，见图知名，大大加深了受众对品牌的印象和记忆。

雀巢，以灵魂为核心，从名字到图腾和口令，可谓是一个完美的组合。

品牌结构规划：家族基因，五位一体

品牌是战略载体，品牌结构是企业根据整体战略、市场竞争、自身资源进行的品牌组合方式的布局。简而言之，品牌结构就是战略布阵。在企业发展过程中，随着产品种类增多、兼并收购情况的出现，企业必然会遇到品牌结构问题。

作为拥有100多年历史、2000多个品牌的，全球食品界的并购大师和庞然大物，雀巢公司面临品牌组合问题的时间更早、矛盾更突出。其品牌结构规划，是一个全球性难题。雀巢的解决方案，可以说为全球建立了范例，被华润、中粮、新希望、农夫山泉等企业借鉴。

深入研究雀巢公司的解决方案，我们把它概括为"家族基因，五位一体"。

所谓家族基因，是指以"雀巢"为家族母品牌，旗下众多品牌按家族基因的"远近亲疏"进行分类。在雀巢这个品牌大家族中，不论是原创品牌还是收购品牌，各品类品牌有了"长幼尊卑"排序和分类（见图6-20）。这种既统一又区分的排序和分类方式，不但降低了品牌传播成本，更提升了各分类品牌的影响力。

品牌家族基因的排序和分类，涉及各品牌的血统、历史、地位、地缘、生产等因素。雀巢公司自己的原创品类、自研品类，属于"亲儿孙"，与母品牌基因更亲近，可以直接用雀巢，比如雀巢家族"长子"，直接用"雀巢咖啡"。

所谓五位一体，是指雀巢公司根据家族基因，将旗下品牌分成五类。

第一类是"雀巢血统亲儿孙"类，直接用"雀巢"母品牌，采用的是"一牌多品"战略。比如咖啡、奶茶、炼乳、冰激凌等产品，这类都是雀巢嫡系，历史悠久，地位突出，原创或自研开发，雀巢血统和基因纯正。

图 6-20　雀巢品牌家族图谱

资料来源：https://www.theindianwire.com/news/nestle-everyday-dairy-products-going-cheaper-gst-18159/.

第二类是"雀巢战略新开发"类，采用"一牌一品战略"。比如："雀巢妈妈""雀巢专业餐饮"等。针对特定人群和行业重点投入研发的品类品牌，是雀巢现在的战略业务方向；拥有相对年轻的雀巢血统和基因。

第三类是"并购欧洲知名品牌"类，采用"母子品牌战略"。像"雀巢·奇巧巧克力""雀巢·宝路薄荷糖""雀巢·能恩奶粉"等，这些并购品牌知名度高、历史悠久、欧洲地缘，与雀巢基因更近。

第四类是"并购品类补充型知名品牌"类，采用"背书品牌战略"。像"美极调味品""嘉宝米粉"等，雀巢仅仅以出品商或生产商的形式出现，在包装下边或背面等处印上较小的雀巢品牌 Logo，是丰富雀巢产品品类或与雀巢品类定位互补的品牌，品牌基因与雀巢相对更远一点。

第五类是"并购本土知名品牌"类，采用"独立子品牌战略"。雀巢在中国收购的徐福记、太太乐、豪吉等，采用的都是"独立子品牌战略"，属于"隐性背书品牌"，在包装上不出现雀巢品牌信息，更多体现在市场份额和财务报表上。

雀巢之所以采用"家族基因,五位一体"的品牌模式,是从全球及本土市场的竞争战略出发,结合自身历史、产品、地缘、研发等资源条件和禀赋来制定的。

品牌品类视觉管理:同一个雀巢家族,不同的装扮

正如雀巢前全球营销负责人 Patrice Bula 所强调的,雀巢需要"在这个全球化的世界有一个统一、强大且明确的品牌形象",在此基础上,"在不同国家也会有不同的表达个性的方式"。

不仅在不同国家,在不同食品品类和细分品类领域,雀巢的品类品牌也有不同的视觉表达方式。就像一个大家族,但每个家庭都有自己的特色风格。

比如雀巢咖啡品类标志,是 Nescafé 标准字+黑色圆形底纹,彰显经典;而咖啡机品类,也是 Nescafé 标准字+多趣酷思品牌字,而且用的是深咖色圆形底纹,体现更醇厚的咖啡味道;冰激凌品牌,是 Nestlé 标准字+蓝底红字,呈现冰爽、刺激之感;巧克力糖果品类,则是白色 Nestlé 标准字+鲜红底纹,外形不规则,像挤出的液体巧克力,好玩、有趣。"雀巢妈妈",是小 Nestlé 标准字+大 MOM 字母的组合,突出孕产妇营养产品的针对性和专业性(见图 6-21)。

图 6-21 雀巢品牌品类视觉管理

从灵魂到图腾,从"家庭基因"品牌结构规划,到"大同中有不同"的品牌视觉规范管理,雀巢的品牌建设和顶层设计,堪称全球品牌经典。

雀巢帝国:做好本土化,成就全球化

正因为瑞士小国寡民,自然资源匮乏,市场空间有限,雀巢公司只能通

过拿来主义、全球并购，实现自己商业帝国的版图扩张。回顾雀巢的发展，可以说是一部全球并购史。但并购的背后，是雀巢全球优势与本土资源的最优结合。图6-22为笔者会见雀巢高管斯蒂芬并赠书。

图6-22　笔者与雀巢高管斯蒂芬

本土化企业：买、买、买

为提升在英国和欧洲的巧克力市场份额，1988年雀巢收购了生产奇巧（KitKat）巧克力的英国糖果公司能得利（Rowntree Macintosh）。

为拿下美国奶粉市场，谋求行业老大，成为全球首家婴幼儿食品销售额过100亿美元的企业，2012年雀巢以118.5亿美元的价格收购惠氏奶粉的业务。

雀巢旗下超过一半的知名品牌，都是通过兼并和收购获得的，并购基因深植在它的血液之中。兼并收购领先的本土化品牌和企业，在所有已进驻的市场和品类中，拥有强势品牌并保持领先地位，是雀巢明确的战略目的。

1998年，雀巢收购太太乐80%的股份，这么多年下来，被收购的太太乐没有像其他被收购的国产品牌一样走向颓势，而是让雀巢在太太乐的投资回报达到了惊人的23倍，这对雀巢和太太乐的业务发展来说无疑是双赢的。

2010年，雀巢控股云南矿泉水第一品牌——云南大山70%股权，使雀巢在中国拥有了自己的水源地。

2011年11月，雀巢收购国内蛋白饮料和八宝粥市场份额最大的厦门银鹭食品集团60%的股份，确立了雀巢在相关产品市场的行业领先地位。

同年12月，雀巢又以17亿美元的大手笔收购了徐福记60%的股权，就此，在中国的糖果和巧克力行业，雀巢超过玛氏成为第一。

毫无疑问，雀巢非常看中大中华区市场，依靠战略并购行为，迅速扩大了其市场规模，到 2019 年，雀巢在华营收已达到 490 亿元。

国内盛传一个规律，合资企业的平均寿命只有 2.6 年，例如 1998 年本土企业老蔡酱油被联合利华收购之后就逐渐销声匿迹了。相比较而言，雀巢旗下的太太乐、豪吉、惠氏等企业不仅存活下来了，还活得"很好"。

强大的研发能力、国际化的品牌运营和本土化的经营逻辑，是雀巢的三大优势，也是其与被并购企业优势互补、实现共赢的核心策略。

本土化研发：民族的，也是世界的

雀巢全球研发网络由 27 家研究、开发和技术中心组成，拥有约 5000 名科学家和工程师，在全球主要市场均建有本土化研究机构。

2001 年，雀巢在中国的第一家研发中心在上海成立，专门针对中国消费者进行脱水烹调食品和营养食品的研发。坚持以中国消费者的口味为导向，投入巨资开发健康型饮料，包括各种茶饮料和草药类饮料。

2008 年，在北京中关村环保科技园，雀巢中国第二家也是全球第 24 家研发中心成立，任务就是加速对中国传统食材的研发和利用。例如把绿豆、黑芝麻、红枣等加入婴儿米粉、威化巧克力中，将中国风味推向世界。

2009 年，雀巢在东京大学设立了其在日本的第一家研究机构，着重营养和健康方面的基础研究，为雀巢在日本的三家工厂，以及为咖啡、巧克力、营养产品和宠物食品等产品提供本土化研发支撑。

2011 年，随着对银鹭与徐福记的相继收购，雀巢又在东莞和厦门建立了研发中心。东莞研发中心主要专注于糖果、饼干以及传统点心等产品的研发，厦门研发中心主要专注于复合饮料的开发。

2021 年，雀巢又在青岛投建了研发中心，建设新型咖啡研发生产基地和婴幼儿辅食生产基地。新设立的雀巢大中华区即饮产品创新中心，将把自主研发的多项专利带到青岛，探索研发更多咖啡新产品。㊀

㊀ 资料来源：https://www.nestle.com.cn/media/pressreleases/20210428-nestle-qingdao-new-investment.

雀巢一直认为食品是当地化的，对中国研发力度的加强，可见其对本土化经营战略的坚持。

本土化生产：取之于此，用之于此

雀巢在产品生产上只是提供重要技术，而原料的采集、各种添加剂的配置、运输等都是在当地完成的。

在非洲的科特迪瓦，全球最大的可可原料生产和出口国，雀巢公司投资建咖啡和可可种植基地，并配套建设咖啡、可可加工厂。

按"雀巢可可计划"，雀巢每年都在当地种植、采购、加工可可豆，采购规模从2013年的6万吨到2018年的17.5万吨，5年增长至约3倍。

在中国，雀巢拥有33家工厂，每天售出约3500万个雀巢产品，在中国销售的雀巢产品超过90%是在中国本地生产的。

为了能够给本土消费者提供安全、健康的食品，雀巢需要把好源头，从农业原材料的采购严格把关，进行全产业链管理。

1987年，雀巢在中国成立第一家奶制品工厂，为了解决奶源问题，专门从欧洲派来一支专家队伍，不仅建立了一套鼓励奶农积极生产的制度，还向农户传授照顾奶牛和采奶的技术，这在当时"比培养工程师还难"。

同样，在咖啡种植业方面，雀巢在云南建立了咖啡种植示范农场和农艺协助中心，帮助当地农民种植小粒种咖啡。与当地咖啡公司与农场主签订长达10年的购销合同，使农民不用担心咖啡豆的销售，安心种植好咖啡。

本土化营销：终端制胜，挺进电商渠道

在雀巢，有两句经典口号"赢在终端"和"卓越执行"，即强调终端执行的重要性。对此，雀巢有两条宝贵经验：其一是利用本土经销商的营销网络，通过其代为销售产品，能显著增加分销渠道的渗透能力和控制能力。例如北京朝批商贸股份有限公司，就是雀巢在北京最大的经销商。面对与国外存在巨大差异的中国市场，雀巢也能因地制宜将分销系统做深做透。

其二是掌控终端，通过借助本土经销商的分销网络以及对终端业态的深入掌握，雀巢打通了产品从企业到消费者手中的各个流通环节。

面对电商的迅猛发展，雀巢与阿里巴巴建立了深度战略合作。早在2017年，雀巢咖啡联手天猫"超级品牌日"平台，独家首发李易峰同款雀巢咖啡魔法电视机礼盒，创下了当天近百万人进店，销售额突破日常均值20倍之多的纪录。2020年上半年，雀巢营收超3000亿元，其中电商渠道销售增长近五成。

总之，作为一个150年高龄的常青藤品牌，雀巢卓有成效的全球化和独树一帜的品牌力，显然离不开其深度融合的本土化战略和实践。

"瘦身"与"强体"：雀巢的全球新战略逻辑

当然，世界食品老大也并非没有短板和挑战，面对变幻莫测的消费变化和市场竞争，雀巢也需要与时俱进，进行战略优化与动态调整。正如IBM前CEO郭士纳的观点：大象也要能跳舞！

卖、卖、卖，从中国到世界

近两年，因为全球战略方向调整，雀巢频繁出售中国区业务引发关注：

2020年8月，雀巢宣布将中国的饮用水业务出售给青岛啤酒集团。此次交易包括本地品牌"大山""云南山泉"，以及雀巢位于昆明、上海和天津的三家水业务工厂。青岛啤酒集团将在中国生产和销售"雀巢优活"品牌。㊀

2020年11月，雀巢集团宣布出售银鹭花生奶和银鹭八宝粥在华业务，包括五家企业的全部股权。雀巢官宣的理由是，该交易将使雀巢在中国更专注于关键领域：婴儿营养、糖果、咖啡、调味食品、乳制品和宠物护理等核心业务。其实，对雀巢而言，银鹭从2015年开始业绩持续下滑，已经拖累雀巢的业绩增长，剥离银鹭，对其也许是一种明智的选择。

㊀ 资料来源：https://cj.sina.com.cn/articles/view/3815062128/e3653a7002700yqpz?from=finance.

对中国业务的抛售，只是雀巢全球战略调整的冰山一角，在全世界范围内，雀巢都在卖、卖、卖。

2018年，雀巢以28亿美元的价格，将美国糖果业务出售给了费列罗。2019年，雀巢以约103亿瑞士法郎的价格，出售了皮肤健康部门。在此之前，雀巢以15.5亿美元的价格卖掉了嘉宝人寿保险业务。

非食品饮料的一些业务被抛售，不符合健康食品趋势的品类被抛弃，业绩进入下滑通道的被抛弃。以冰激凌业务来看，雀巢2018年在美国的冰激凌和冷冻甜点业绩已经从19.3%下降至15%，于是雀巢以40亿美元的价格，把美国冰激凌业务卖给Froneri公司。雀巢CEO施耐德明确表示，雀巢将出售问题无法解决的非战略性业务。

近两年，雀巢在全球不断地卖卖卖，累计抛售出去的业务超过1300亿元人民币。

"瘦身"是为了"强体"

从全球的业务调整来看，雀巢的新战略逻辑是：聚焦核心，转型高端，布局未来，推动高质量发展。

正如雀巢在出售水业务时表态：这是基于雀巢全球水业务的新战略方向，雀巢将更加聚焦于标志性的国际品牌和知名高端矿泉水品牌战略，包括"巴黎水""圣培露"和"普娜"。

事实上，在围绕新战略逻辑不断瘦身的过程中，雀巢也在不断"强身健体"：一方面，雀巢在通过外部并购，注入新鲜血液，快速推进"强身健体"；另一方面，基于未来健康、便捷的食品消费新趋势，雀巢也在积极培育新兴业务，布局未来。

在外部并购方面，2018年，雀巢以71.5亿美元的代价收购星巴克咖啡全球零售和餐饮产品业务，也就是咖啡店以外的星巴克产品的全球销售，进一步拓展迟迟打不开的中高端市场。

在内部培育方面，2018年，雀巢推出了"健康早餐15分钟，开启美好生活"活动项目，旨在通过持续与政府、科研机构和商业伙伴们通力合作，不断与消费者沟通，帮助消费者养成健康的生活习惯。

雀巢利用大数据深挖消费者早餐行为，为 11 组不同人群设计了 154 份健康早餐食谱，并与业界多家合作伙伴通力联合，推广健康早餐，意欲渗透早餐生活场景，抢占现代家庭消费。

2020 年，雀巢又重磅推出酝酿已久的植物肉"大餐"品牌"嘉植肴"（见图 6-23）。对于这个规模尚小的新兴品类，雀巢在中国却摆出了"火力全开"的姿态，一口气亮出了面向零售市场和专业餐饮渠道的 10 款"嘉植肴"植物肉产品。

瞄准未来食品健康消费新趋势，雀巢已经开启加速度奔跑。

图 6-23　雀巢推出植物肉品牌"嘉植肴"

消费新时代，拥抱 U 型市场

近 10 年，全球消费体量在快速增长，消费者、数字化和商业创新、资本市场三大变量，共同推动着全球市场的"消费升级"进程。

在消费升级的前半程，以雀巢为代表的全球性品牌、奋发图强的国货精品和数字化"原住民"品牌都收获了皆大欢喜的增长。

后半程"U 型市场"才是新时代的增长两极。所谓"U 型市场"，是指以高性价比的"经济型市场"和高附加值的"高端市场"为支撑的两端上翘的市场。

以中国为代表的消费市场迭代分化、新兴品牌崛起、传统企业敏捷竞争力不足，是大品牌处于"U 型"底部徘徊、陷入增长困境的主要原因。

埃森哲中国动态跟踪了 10 大消费品行业共计 712 个本土和海外品牌，分析得出：定位在"中间市场"的企业大都增长乏力，"U 型市场"上翘的两端却高速增长。

比如"高端市场"的典型代表戴森，10年前还是一个名不见经传的品牌，而今，中国已成为其在全球最主要的市场。从吸尘器到吹风机再到自动卷发棒，几乎每一款产品都在中国受到了热捧。

还有"元气森林"，一个定位中高端的创新型饮品品牌，4年时间，创造了中国饮料的销售奇迹，2020年销售额达30亿元。2021年元气森林完成新一轮融资后估值达400亿元，剑指75亿销售目标。

再看"经济市场"。以性价比和粉丝营销见长的小米，如今不仅成功跻身国内一线手机品牌行列，更夺得全球智能手机出货量前三的佳绩。仅用8年时间，跻身世界500强，创造世界纪录。

正如雀巢的核心业务——咖啡，雀巢咖啡是主打"经济市场"的，"星巴克"主打高端市场。在全球水业务上，则是"退低推高"，砍掉非战略性业务和低端业务，往高端进发。

如此看来，在"瘦身"和"强体"战略的背后，雀巢这个150多岁的老巨人，正在激情拥抱U型市场和新时代。

第 7 章

德国

不仅有工业 4.0，更有农业 4.0

众所周知，工业 4.0 是德国的一张响当当的名片（见图 7-1），但是大家可能很少知道，德国的农业也是非常强大的。德国从事农业生产的人口只有 70.6 万人，仅占总人口的 1%，却创造了世界一流的农业，在世界上占据着举足轻重的地位。

目前，德国在全球农产品和食品贸易中居于领先地位。在农业机械领域，德国凭借着强大的工业实力，现已成为世界上最大的农机出口国，也是西欧最大的农机生产国和第二大消费国。德国农业机械制造业产值约占全世界总产值的 10%，在西欧国家中约占 1/4，产品出口率达 74%，主要出口法国、俄罗斯、英国、美国等国家。

图 7-1 奔驰博物馆是德国工业的一扇世界窗

从工业 4.0 到农业 4.0

在 2011 年的汉诺威工业展上,德国首次向全世界展示了"工业 4.0"的概念,在世界范围内掀起了一场工业革命 4.0 的大讨论。

2015 年,德国在工业 4.0 的基础上提出农业 4.0。农业 4.0 是指以网络化、大数据、人工智能、机器人等技术为支撑和手段的一种高度集约、高度精准、高度智能、高度协同、高度生态的现代农业形态。德国通过提出并发展农业 4.0,实现了本国农业的高产、优质、生态和可持续发展。

那么德国的农业 4.0 到底是如何实现的呢?

精准农业

精准农业是利用专业化的机械技术,优化农作物生长条件的方法,是对农业新生产和管理技术的统称,也是因地制宜的、经济效率显著提高的新型农业生产经营模式。

在德国,只有你想不到,没有机器做不到。从播种到收获基本实现了全程机械化。自动化打垄机、除草机、谷物收割机一应俱全,此外还有专门用于林业的植树机、伐木机,以及摘葡萄、拔萝卜、削苹果、摘花、摘菜的专门工具车(见图 7-2)。全世界的农人都会时不时地被德国的"黑科技"惊到。

图 7-2　德国的自动收萝卜机

资料来源:https://www.grimme.com/asalift/products/gemuesetechnik.

德国著名的博世公司也加入了精准农业的行列。该公司的智能喷洒解决方案提供实时、自动化的出苗前和出苗后杂草识别，昼夜不间断管理（见图 7-3）。将博世的高科技摄像传感器技术和软件与 xarvio 的农业智能相结合，智能喷洒可以在毫秒内进行，精确检测作物行间的杂草，并只在需要的地方喷洒除草剂。

图 7-3　博世的精准农业解决方案

资料来源：博世官方 Twitter 账号。

而 365FarmNet 公司为德国的小农场主量身打造了一款包括种植、饲养和经营在内的全程农业智能服务体系，涵盖了农产品的耕、种、防、收全环节。通过该系统，农场主足不出户就能够获得详细的土地信息、土壤情况、种植规划、实时监控及经营咨询等全方位的精准服务。

智能农业

智能农业指的是在精准农业的基础上，对收集到的数据进行分析，为农民的决策提供相应的支持，它涉及不同部门之间的相互作用，例如车辆的管理，无人机的使用，针对土壤、种子、植物健康和害虫控制的运营管理优化，肥料的科学使用。

以德国西门子公司为例，为了改善传统农业，西门子中央研究院携手欧洲创新与技术研究院食品联盟的科研与业界合作伙伴，共同探索使食品生产更高效和可持续的解决方案（见图7-4）。这一项目从提升灌溉效率入手，通过单独照料每株农作物，根据它们的理想生长状态精确提供养分、调节光照以控制农作物的口感，这一切工作都由机器人来完成。

图7-4　西门子智能农业系统

资料来源：https://iot5.net/top-5-iot-companies-produce-applications-on-agriculture-and-fisheries/.

通过西门子的云系统，农场主仅需决定他们想种植的农作物种类，其他包括播种、浇水、施肥和收割等所有工作，都可以实现自动化且整个过程高效透明。

此外，德国在农产品深加工方面也实现了高度机械化和自动化，真正以科技赋能农业。如德国的北德糖厂，是雀巢、可口可乐等知名企业的供应商，工厂有整条全电脑化控制的机器人自动加工生产线，年加工甜菜能力达170万吨。甜菜经贮运、清洗、制糖、精加工等工序制成白糖，剩下的渣料会制成饲料、酒精和农药清洗剂等产品。精深加工，不仅确保了生产高效率和高品质，而且最大限度地挖掘了农产品的价值，提高附加值。

特别强调的是，德国全国各地都设有农业科研院所，建成了地理信息系统、全球定位系统和遥感系统，并将这一技术应用于农业资源和灾害的检测预报。

世界上最先进的农机在哪里能见到？答案还是在德国！每两年在德国汉

诺威举办一次的德国国际农业机械展览会上，你将看到技术最为先进的农机，其中大部分都来自德国本土（见图7-5）。

数字农业

数字农业则是对精准农业和智能农业的有力支撑，指的是农业借助区块链技术加强数据的交易安全性、透明度和可追溯性。

图7-5 德国国际农业机械展

资料来源：德国农业机械展官方Facebook账号。

以德国著名的软件供应商SAP公司为例，SAP公司是一家创立于1972年的软件企业，主营业务为企业资源管理软件。2021年，德国软件供应商SAP公司推出了"数字农业"解决方案。通过该方案，农场主能够实时掌控土地上所种植的作物、作物接受的光照强度、土壤中水分和肥料分布情况等多种生产信息，并通过大数据和云技术将每块田地的各类数据上传到云端，然后在云平台上再进行数据处理。云平台根据上传的数据为农场提供一对一的解决方案，利用传感器技术实现机器之间的交流，借助工业4.0技术实现农业生产全流程的全面自动化。

图7-6 科乐收集团

资料来源：科乐收集团官方Facebook账号。

再比如德国的百年农业机械企业——科乐收集团，该集团与德国电信开展合作，依托第四代移动通信技术，辅助利用物联网技术，提高农业生产的自动化水平（见图7-6）。此外，还使用大数据技术进行数据分析，运用云技术保障数据安全。其中，重要的环境数据，如土壤和植物中的水分和养分含量、当前的天气状况数据，由传感器记录下来并发送到"数据云"中进行进一步处理，由数据中心为不同农场的不同情况提供"一对一"的解决方案。

生态农业

追求生态、环保与可持续发展，是农业的必由之路，也是德国农业 4.0 的核心要义。

拜耳凭借在发酵、配方、田间试验和种植者支持方面的核心竞争力，积极为种植者开发各种新型生物制剂，并持续生产世界领先的生物制剂产品。其中一个典型的例子就是 Serenade 产品家族的最新成员 Serenade Soil Activ。此新产品是一款新型的生物农药制剂，不仅能最大限度地降低污染，还能提高种植者的使用便利性，降低亩均农药施用量，是当前发展农业绿色生产的必备神器。

德国另一农化巨头巴斯夫在可持续发展农业解决方案领域亦处于领先地位，致力于提供种子、农药等生物解决方案，不断研发新型环保农药产品。2021 年，巴斯夫在杀虫剂方面刚研发出的最新成果——Axalion™，凭借其新颖的作用机理，能够帮助种植者在不对土壤、水生物或鸟类产生负面影响的情况下保证产量。只要按照标签上的使用说明施用，基于 Axalion™ 的产品就不会对益虫产生影响，还能对预防杀虫剂抗性发挥重要作用，帮助生产足量且实惠的健康食品。

在以精准农业、智能农业、数字农业、生态农业为核心标志的德国农业 4.0 的强力推动下，德国整体推进农业的种养、收购、加工、储运和流通等全部环节，使农业全产业链各个环节连接顺畅，形成了系统、完整、高度协同的高效产业体系，也形成了德国持续引领世界农业科技潮流的"发动机"。

德国标准与有"身份证"的鸡蛋

从《纯净法》到"德国标准"

德国是世界食品法规最为严格的国家之一。

早在 1516 年，巴伐利亚大公威廉四世颁布《纯净法》，明确规定只允许用四种成分来酿造啤酒：大麦、啤酒花、麦芽和酵母。直到今天，许多啤酒瓶上还骄傲地标明"此啤酒严格按照 1516 年《纯净法》酿制"。《纯净法》是当今世界上最古老的一条关于食品和饮料的法律，1906 年起正式在整个德意志帝国生效，并成为酿制所有底层发酵啤酒的法规基础，也是德国啤酒几百年来一直保持醇厚口味的秘诀。

2016 年 4 月 7 日，德国邮政发行一枚邮票，纪念巴伐利亚颁布《纯净法》500 周年（见图 7-7）。

2016 年 4 月 22 日，为纪念《纯净法》颁布 500 周年，德国各地举办了各种庆祝活动。德国总理默克尔也于当日现身这部法律的诞生地巴伐利亚，与民众共同举杯畅饮。[一]

图 7-7 《纯净法》颁布 500 周年纪念邮票

1879 年，德国制定了《食品法》，该法包含商品从原料采购、生产、包装到运输、消费等各个方面的规范条例。

随着德国经济的发展，人们的生活水平不断提高，对农产品的质量标准要求越来越高，对食品安全的重视程度也越来越高。与此同时，食品质量安全问题也不断凸显，导致消费者对农产品质量的不信任、不放心与日俱增。日益完善的《食品法》，条款已多达几十万个。如果将一部《食品法》（印刷品）放在秤上，重量已经超过两千克。

为了全面保障农产品质量安全，德国对化肥、农药、兽药、饲料等进行了全面监管，并建立起了食品追踪、饲料快速预警的多项食品安全法规。

迄今，德国涉及食品立法及相关条例多达 200 余个，逐步形成了健全的食品安全监管机制，确立了单部管理、分级负责原则，政府督查与企业自律

[一] 资料来源：http://news.cyol.com/content/2017-09/22/content_16524861_3.htm.

结合原则、食品链原则、消费者积极参与监管原则、风险评估和风险管理分离原则、风险沟通透明化原则等，在食品质量和安全管理体系方面体现出典型的德国特色，形成了严苛的"德国标准"。

德国作为欧盟的重要成员国，在食品安全领域也是起到了表率作用，其食品立法工作远远早于欧盟。欧盟制定的《农产品品质管理法》《畜产品加工处理法》及《食品卫生法》等涉及农产品质量安全管理的法规，都在某种程度上有着德国《食品法》的印记。

德国在食品安全领域采取的一系列措施，对20世纪80年代后期欧盟共同农业政策将重点从保障农产品数量转移到提升农产品质量安全，起到了重要的引领作用。

进入21世纪后，欧盟于2002年开始实施《通用食品法》，该法确定了从农场到餐桌的全程监管理念，而这一理念与德国的成功实践也密不可分。

无懈可击的德国有机认证体系

德国人对食品安全的严谨程度完全可以用"可怕"来形容！食品安全优势是德国农业发展的重要根基，德国人依靠严格的质量追溯体系和有机产品认证制度，创造了食品质量安全的"德国神话"。

德国于1924年开始发展有机农业，是世界上最早开始提倡有机农业的国家。2001年德国政府实行了国家统一的农产品有机标志，这个标志表示农产品或原料成分来自有机农业。

德国还在1928年首创了全球有机农业生产质量体系标准——德米特标准（Demeter）（见图7-8）。德米特是全世界第一个在生产技术与理念上有组织且定义完善的有机农业组织，是国际有机农业运动的鼻祖和启蒙者，对国际有机农业运动起到了深刻的影响和推动作用。世界粮农组

图7-8　德米特标准标志

织（FAO）、世界贸易组织（WTO）和联合国世界粮食计划署（WFP），以及欧盟、美国、日本、中国等组织和国家的有机认证均基于和参照此标准。

德米特认证的产品必须遵循生物动力农业农耕方法种植，从生产、加工到包装均有严格标准。德米特标准是欧盟唯一免检的认证标准，也是全球最严格的有机认证标准，被誉为"有机中的有机"。

德国的天然护肤品饱受欢迎，也得益于它严苛的质检标准。比如广受消费者推崇的 BDIH 认证，是德国有机护肤品认证的最高标准，其认证的成分清单含 20 000 条索引和 690 种成分，含任何一种非许可成分都无法通过认证。BDIH 认证的有机植物护肤品不仅成分明晰，而且必须采用经过管制且符合生态原则种植的植物为原料，或者由采集的野生植物制成的植物性原料，是让消费者可以真正信赖、放心的有机植物护肤品。

此外，谈到德国有机认证，不得不提的就是德国 BCS 有机认证中心。BCS 是一个对有机食品项目进行检查和认证的专门机构，总部设在德国，对欧盟境内及非欧洲国家的有机食品项目进行检查和认证。BCS 在中国、日本等国成立了 8 个分支机构，认证项目遍及 40 多个国家。如今 BCS 已经发展成为全球有机认证行业的"领头羊"。

此外，德国的 BIO 保健品（食品）有机认证、NCCO 天然化妆品认证等也备受欢迎。伴随着有机认证体系的完善，德国有机农业面积不断增加，有机食品市场健康发展，有机食品贸易的比重不断上升，成为名副其实的"有机强国"。

有"身份证"的鸡蛋

德国政府通过实行严苛的追溯监测制度，对每个产品设置编码，以便检测人员"寻根溯源"，极大地保证了农产品的质量。食品的可追溯性从原材料进货开始，贯穿于生产、流通和消费各个环节，从源头上解决了农产品质量安全问题。

例如每颗鸡蛋都有一串编码，好像"身份证"一样，开头的数字讲述着母鸡的生活水平，中间的字母代表产地，最后的一串数字代表产蛋的鸡舍

（见图 7-9）。如果你感兴趣的话，还可以拿着鸡蛋去看望一下它的母亲。

图 7-9　一枚德国鸡蛋折射出德国严苛的食品安全体系

中国的德青源就是通过向德国学习，在中国建立了最早的"鸡蛋身份证制度"，结束了我国鸡蛋"三无"（无标准、无生产日期、无品牌）历史，推动并参与制定了中国第一部鸡蛋标准，开创了我国鸡蛋标准化、品牌化的先河（见图 7-10）。

图 7-10　德青源有"身份证"的鸡蛋

在德青源之前，我国的蛋品市场良莠不齐，存在着严重的食品安全问题。德青源公司学习德国的创新经验，给鸡蛋配备"身份证"，实现了鸡蛋全产业链安全化生产，一跃成为亚洲最大的蛋鸡养殖和蛋品生产企业。目前，德青源已经做到了行业内的两个"第一"：一是产销量亚洲第一，二是自有农场的数量和规模亚洲第一。

以出为进的"德国农业制造"

世界农业市场的"德国制造"

众所周知，德国是一个出口大国，"德国制造"是全球最值得信赖的品牌标签之一。事实上，德国也是名副其实的世界农业出口强国：德国是世界上第三大农产品与食品出口国,是全球第一大农机出口国,还是欧盟最大的农产品生产国之一。

德国农产品出口量占其生产总量的 1/3,其农产品经济收益 1/3 来自出口。农业和食品出口为农村地区创造了就业和经济繁荣,2017 年德国的农产品和食品出口达 740 亿欧元,增长 5.2%,创历史最高水平,仅次于美国和荷兰,位居全球第三。

由于劳动力成本高,德国努力提高产品的附加值并积极出口。高质量的"德国制造"食品,特别是高附加值的加工食品是德国食品工业的出口强项,出口的农产品主要包括谷物产品、牛奶及奶制品、肉类及加工产品、啤酒、葡萄酒和烈酒等,出口冠军食品为甜食、奶制品(奶酪)、猪肉及其制品等,其中烘焙制品为收益最高的出口产品。到了慕尼黑谷物大市场,你一定能感受到德国食品扑面而来的魅力(见图 7-11)。

图 7-11 笔者参访著名的慕尼黑谷物大市场

德国农业出口的强大,与德国打造的众多世界一流的农业企业是分不开的。如拜耳、巴斯夫,是世界级的农资生产企业,拜耳更是大手笔收购了美国孟山都。德国的农业机械企业也是数不胜数,科乐收、芬特、科罗尼、格力莫等品牌驰名全球。此外，雷肯、拉贝、阿玛松等农具品牌也是声名远扬。这些都是"德国农业制造"的杰出代表。

地理标志制度：德国农业的"发动机"

欧洲农业的发展历史悠久，19世纪末以来，出现了诸多具有地域特色的农产品，比如慕尼黑啤酒、法国葡萄酒、洛克福羊乳干酪、意大利帕尔玛火腿等。这些著名特色产品在受到世界各地消费者欢迎的同时，也给原产地的农民带来了可观的收益。

然而，由于特色产品的名称频繁地被其他生产者冒用，欧盟每年都承受着巨大的损失。为了保持产品的独特性，防止"搭便车"现象的发生，欧盟国家逐步通过立法来规定其原产地属性，于是农产品地理标志保护的相关制度随之诞生了。

欧洲是全球农产品地理标志的主要倡导者，早在1958年就对地理标志产品进行了规定。1992年，欧盟通过了《关于保护农产品和食品地理标志和原产地名称条例》，旨在保护地方农产品地理品牌，为欧盟成员国的农产品建立一套由产到销的农产品保护制度。2013年，欧盟又出台了《关于农产品和食品的质量规划条例》，将农产品地理标志作为保证质量的重要内容，并明确了监管的具体措施。

欧盟农产品地理标志制度几经修改与完善，已成为地理标志专门立法保护的世界标杆，这为德国农产品的出口提供了进一步的信誉背书和市场宣传。

除此之外，重视保护地方特色传统食品是德国政府维护"德国制造"质量的另一套有效做法。通过对地方特色产品采取符合欧盟标准的地理标志命名的方式来凸显产品的高品质，如"慕尼黑啤酒""施瓦本面条""图林根香肠""不来梅克拉本蛋糕""吕贝克杏仁膏""纽伦堡香肠""纽伦堡姜饼"等就是以地域命名的地理标志（见图7-12）。

2020年9月，在中欧、中德领导人的共同推动下，中国商务部部长钟山与德国驻华大使葛策、欧盟驻华大使郁白正式签署了《中华人民共和国政府与欧洲联盟地理标志保护与合作协定》，这是中欧签署的第一个全面的、高水平的地理标志协定，对中欧尤其是德国优质地理标志产品出口中国、抢占世界上最大最活跃的农业食品市场，具有里程碑式的意义。

德国农业世界的"隐形冠军"

隐形冠军企业，最早由德国管理学家赫尔曼·西蒙提出，是指那些不为公

图 7-12　纽伦堡香肠

众所熟知，却在某个细分行业或市场占据领先地位，拥有核心竞争力和明确战略，其产品、服务难以被超越和模仿的中小型企业。在德国的农业领域，就存在不少这样的支撑德国农业出口的、极具发展潜力的农业"隐形冠军"。

以德国巴德公司为例，它是一家专注于渔业深加工的企业。这家隐形冠军企业生产的鱼类加工设备，在全球的市场占有率高达 90%。令人难以置信的是，即使在符拉迪沃斯托克的全球知名渔场，你也能够看到大部分渔业经营者用的都是来自巴德的产品和服务。要想了解德国的农业全球化到什么程度，巴德就是一个最典型的案例。

再来看看德国扎啤领域"隐形冠军"——巴斯公司。巴斯公司的产品已经远销 100 多个国家和地区。毫不夸张地说，不管你在世界的哪个角落，当你举起一杯扎啤品尝的时候，也许它就是巴斯公司生产的。近年来巴斯公司的出口额大增，增长潜力非常大。

还有德国克拉斯公司，该公司是世界著名的农牧业机械和农用车辆制造商，产品主要包括联合收割机、自走式青贮收获机、甘蔗收获机、农用运输机械、拖拉机和割草机、搂草机、翻晒机、打捆机（见图 7-13）。

同时，克拉斯公司还应用最新的农业信息科技和精准农业技术，生产和研发农用牵引车辆、汽车及航天工业机械制造系统的整部件等。目前克拉斯公司已经形成了以全品系农机具为基础，纵深发展高端装备制造业的产业布局，堪称德国农业企业中低调的"原子弹"。

图 7-13　装备了拜耳数字化信息设备的克拉斯

资料来源：https://elektrikci.webnode.com.tr/#&gid=1&pid=17.

大量的隐形冠军企业，不仅为德国农业出口提供了坚强的质量和品牌保障，更像一台台"发动机"，推动着德国农业制造的滚滚向前。

德国农民协会：覆盖 90% 以上农民的大服务网

强大的德国农业背后是强大的农业组织。德国农民有自己的全国性组织——德国农民协会（DBV），下设有 300 多个地区性的组织，覆盖全国 90% 以上的农民。

通过农民协会，可以将数目众多、相互独立、彼此分散的利益主体——农民有效地组织起来，为之提供必要的利益表达方式和参与社会、政治的渠道，使之结成整体力量融入社会。

同时，农民协会又是德国农业政策的重要影响者。虽然农民协会不直接制定农业政策，也不对农业政策负任何责任，但它对农业政策制定者思想意愿的形成和政策的决定过程有重要影响。

构建多层次的协作网络

德国农民协会最大的特色就是与德国政府之间建立了密切合作、通力配合的多层次协作机制，这也是德国农业行稳致远的重要法宝。

在德国，联邦农业部门执行政府对农业的宏观管理，具体包括农业立法、农业政策和促进农业发展计划的制订等。而大量的农业生产管理、经营等协调工作，由非官方组织如农民生产者协会、农民联合会来完成。

德国农民协会还有不同的层次，分为地区农协、州农协、全国性的农民联合会等多个层次，全国的农业合作组织构成一个完整的网络。

例如，德国农民联合会是德国各州农民协会与跨地区的农业和林业专业协会的联合会，是德国最主要的农民组织，其下属正式成员组织有13个州的农民协会、德国农村青年联盟、德国赖夫艾森联合会、德国农业技术学校毕业生联合会。此外，还有42个非正式的合作成员组织。

德国农民协会成员的构成也较为丰富，会员包括农场主、工业界、企业界、科研单位、服务业、咨询公司、政府机关部门等，其中农场主和企业界是主体，占会员总数的90%以上。

德国农民协会的收入来源主要有两个途径：其一是向会员收取会费，其二是对农机和食品进行专项检测收费。当然，农协的收益也会通过各种形式回报给会员，并为社员提供服务。

德国农协的两大"支柱"

德国的农业经营体系，主要包括家庭农场和农业社会化服务体系两部分。

家庭农场是农业生产经营主体，政府会给予一系列农业扶持和补贴，以稳固其主体地位。一个家庭农场可视作一个农业企业，个体的高度现代化、专业化促进了德国农业整体的机械化和规模化。

农业社会化服务体系是农业经营体系的服务主体。德国的农业组织种类繁多，有行业和地区的农业组织，还有跨地区和全国性的农业组织，基本涵盖了农产品生产、加工、销售、服务等全部业务流程。

各个农业服务组织都是由农户自愿参与组建的非营利性互助互利民间组织，政府承认这些农业组织的法律地位，同时这些农业组织也会影响政府决策，促使政策利益倾向于农民，协调政府和农民间的误解和矛盾，共同促进农业的发展和繁荣。

可以说，没有民间组织所构成的完备社会化服务网络，就没有德国成熟的农业市场经济制度，也没有德国发达的现代化农业。

慕尼黑啤酒：融入德意志民族血液的"液体面包"

啤酒，德国人的"国酒"

考古学家发现，早在6000多年前，两河流域的美索不达米亚文明时期的苏美尔人就发明了啤酒，他们已经会用大麦、小麦、蜂蜜制作出16种啤酒。

尽管啤酒不是德国人发明的，但是把啤酒传播到了世界各个角落的却是德国人，这主要归因于德国人卡尔·冯·林德于1877年发明了世界上第一台液氨冷却机。这种新技术新设备被迅速应用于德国的啤酒工业化生产，一时间让啤酒产量得到了空前的增长。

啤酒作为德国最悠久的产业之一，在德国品牌中占据着重要地位，来到德国的游客首先想到的就是要喝一喝德国啤酒。德国作为世界啤酒生产大国，共有1408家啤酒厂，生产的啤酒种类多达5000多种，年生产能力约为100亿升，出口量约为20%。兰德博格（Radeberger）、科隆巴赫（Krombacher）、科堡（Kobrau）、柏龙（Paulaner）、皇家啤酒（HB）等为享誉世界的德国啤酒品牌（见图7-14）。

"请给我一杯兰德博格！"这是几乎所有的啤酒爱好者都会说到的一句话。

图 7-14　人气爆棚的皇家啤酒（HB）旗舰店

可见，啤酒对德国人的影响力有多么大。可以毫不夸张地说，德国啤酒已经浸入了德国人的血液，成为他们生活的重要组成部分。

啤酒被称作"液体面包"，是德国人最爱喝的饮料，在当地人们都是先点啤酒再点餐。在德国，喝一杯啤酒是允许开车上路的。据官方统计，每个德国人平均每年要喝掉 138 升的啤酒。

"世界上再也找不到比德国人更热爱啤酒的民族了。"

毫无疑问，德国是世界顶级啤酒之乡，有着悠久而丰富多样的啤酒文化，是全球最古老的酿酒地，德国人对啤酒的热爱早已根深蒂固。说啤酒是德国的"国酒"，一点都不为过，就像中国白酒、法国葡萄酒、日本清酒、英国威士忌一样。

慕尼黑啤酒节：啤酒与足球的狂欢

如果说德国是世界啤酒的心脏，那巴伐利亚就是德国啤酒的心脏。

闻名于世的《纯净法》就是在巴伐利亚颁布的，而慕尼黑是巴伐利亚的州府。慕尼黑啤酒节，是世界上规模最大、最负盛名的民间盛典。德国啤酒节起源于 1810 年雍容华贵的德国皇室婚礼——巴伐利亚王储路德维希与萨克森王国特蕾泽·路易斯公主的婚礼。出人意料的是，这场婚礼铸造了一个盛大的节日，到现在已经传承了 200 余年。每年的 9 月末到 10 月初，无数游客前来慕尼黑旅游、狂欢，感受啤酒的饕餮盛宴。

全球瞩目的慕尼黑啤酒狂欢节每年都吸引 600 万来自世界各地的游客。无论是参加人数、啤酒销量还是狂热气氛，慕尼黑啤酒节都称得上是全球之最。自 1810 年以来，慕尼黑几乎每年都要庆祝这一节日，仅仅在战争和霍乱期间不得不取消。

在 2017 年啤酒节期间，人们总共喝掉了约 700 万升啤酒，盛况空前。慕尼黑啤酒节上，不允许饮用慕尼黑本地酿造啤酒以外的任何啤酒，人们必须喝由指定酿酒厂酿造的啤酒。这些啤酒被称为"Oktober Festbier"，意为十月节啤酒。被指定为十月啤酒节的啤酒生产厂商，都会因此感到非常自豪！

每逢十月节开幕那天，都要举行盛大的开幕式和由各大啤酒厂组织的五彩缤纷的游行。为了招待本国顾客和接待来慕尼黑旅游的外国客人，慕尼黑的八大啤酒厂在节前就在特蕾泽大广场上搭起巨大的啤酒帐篷。这些帐篷比一般的帐篷要大得多也豪华得多，每个帐篷里都放有长条木桌和板凳，一般可容纳三四千人，最大的有 7000 个座位。

足球是德国的全民运动项目，德国有 27 000 多个足球俱乐部，成员共 650 万人。慕尼黑自然也是一个足球氛围浓厚的地方，这里的足球文化似乎是与生俱来的。当地还有一个欧洲的传统豪门俱乐部，那就是拜仁慕尼黑足球俱乐部，拥有众多狂热的球迷。小到三四岁咿咿呀呀的孩童，大到步履蹒跚的老人，足球带给每个人激情，而点燃激情这把火炬的便是啤酒。

当啤酒遇上世界杯，两者就会擦出异常闪耀的火花。对于球迷而言，足球和啤酒更配。比赛激烈时，喝一口冰啤，舒缓一下紧张的气氛；进球时，欢呼庆祝，更少不了啤酒。足球与啤酒的情谊在德国人身上体现得淋漓尽致。

好啤酒是种出来的

我们都知道，橘子树上开的花叫橘子花，芒果树上开的花叫芒果花，那么你听说过啤酒花吗？啤酒花，被誉为啤酒的"灵魂"，也是 1516 年《纯净法》里规定的酿造啤酒的四种原料之一。乍一听，啤酒花像是又美味又好看的花朵。那么它究竟是什么花？送人合适吗？其实，树上的啤酒花长这个样子（见图 7-15）。

图 7-15 成长中的啤酒花

虽然一簇簇的花骨朵是往下长的，还都是绿色的，但你可别以貌取"花"。虽然看着不像花，但啤酒花却真的是花。它的本名叫蛇麻，是大麻科的一种草本植物。在酿造啤酒的工序中，它是一种必不可少的原材料，所以又被称为"啤酒花"。家里有啤酒的可以找出来看一看，酒标上的英文"hop"或德文"Hopfen"就是它了。

德国的啤酒产业这么发达，少不了优质啤酒花生产基地——巴伐利亚的支撑。在巴伐利亚，最大的啤酒花花园哈拉道（Hallertau）位于度假路线啤酒花之路的中心地带，即慕尼黑和纽伦堡之间，同时这里也是世界上最大的啤酒花种植园，总面积达17 000公顷（约2万个足球场的大小）。要知道，在巴伐利亚有一句关于啤酒花的流行语，"Hopfen und Malz, Gott erhalt's"，大意是"啤酒花和麦芽是天赐的礼物"。由此可见，啤酒花的重要性不言而喻。

巴伐利亚天然具备种植麦芽和啤酒花的优势，现在已经形成了浓厚的啤酒文化，创造出了多个与啤酒相关的世界之最："啤酒厂最集中的地区"，啤酒厂数量近700家，占整个德国啤酒厂总数的42.5%；"啤酒品牌最多的地区"，在德国近6000个啤酒品牌中，来自巴伐利亚的品牌数量超过4000个，啤酒种类超过40种。此外还拥有"占地面积最大的啤酒博物馆""最古老的啤酒厂""规模最小的精制啤酒厂"等殊荣。

正是因为德国有如此适宜的天然啤酒原料种植基地，才造就了德国这一享誉全球的啤酒王国，使德国啤酒产业能够有效发挥产业聚集优势，并通过品牌化加以提升，打通啤酒全产业链，推动德国啤酒走向世界。

2019年11月2日上午，我们来到位于慕尼黑的柏龙啤酒厂（见图7-16），

图7-16　笔者参访德国啤酒"老字号"：柏龙啤酒厂

深入啤酒厂内部一窥德国啤酒酿造的秘诀，了解德国啤酒文化以及德国啤酒酿造技艺和行业管理标准。柏龙啤酒厂拥有400多年历史，每年吸引着700万的游客专程来"买醉"。自1810年起，该厂便成为慕尼黑啤酒节指定的六家供应商之一。1923年，柏龙啤酒厂并购了汤玛士啤酒厂（Thomas Braeu）。柏龙啤酒厂融会了巴伐利亚千余年来啤酒酿制之大成，不仅拥有自己的麦芽、啤酒花种植园，而且拥有深度达240米的冰川深水井。

拜耳：百年品牌的长青之道

拜耳的"来世"与"今生"

拜耳是世界农化及生命科学领域的世界500强企业，更是德国制造的杰出代表。在全球，拜耳品牌代表着可信、可靠及优质。

图 7-17　拜耳公司

1863年，拜耳公司（见图7-17）创建于德国的勒沃库森，主要研制和生产苯胺合成染料。在此后的150多年里，拜耳经历了早期的发展和两次世界大战，业务不断转型，从染料到农化再到生命科学。作为一家发明型企业，拜耳始终致力于寻找解决方案以应对当今世界的一些重大挑战，并不断运用自身的发明成果帮助人们提高生活质量。这不仅是拜耳的优良传统，同时也是它一贯秉承的使命：科技创造美好生活。

作为一家同时关注人类、动物和植物健康的公司，拜耳目前拥有三大事业部，分别为处方药事业部、健康消费品事业部及作物科学事业部。

2019年，拜耳集团销售额为435.45亿欧元，净利润为40.91亿欧元。其中，拜耳农业业务（作物科学事业部）表现亮眼，全年销售额达198.32亿欧元，跃居集团第一。

在拜耳的诸多专利产品中，最知名的莫过于被称为"世纪神药"的阿司匹林。如今，阿司匹林已经成为家家户户药箱里必备的药品之一，且至今依旧很难找到替代品，是世界上最著名的止疼药。

拜耳在生物制剂、种子和性状开发领域始终处于全球领先地位。自拜耳公司于1892年开始销售世界上第一种控制松针毒蛾的合成杀虫剂——二硝甲酚后，拜耳科学家们又推出了一系列创新的化学和生物作物保护产品、家庭园艺及林业领域的产品。

2018年，拜耳以625亿美元的天价完成对全球种子老大孟山都的收购，这是德企有史以来规模最大的海外并购。孟山都为百年拜耳带来了绝对领先的种子品牌和强大的植物生物技术，推动拜耳的农业事业"更上一层楼"。

拜耳是典型的技术驱动型企业，非常注重科技创新，在研发方面投入巨大，在全球拥有约1.4万名员工从事研发工作，研发人员比例超过10%。目前，拜耳作物科学领域在全球已经布局超过35个研发基地、175个育种站，共有7300名科学家在拜耳从事作物科学研发工作。

相较于竞争对手，拜耳的研发支出一直是对手企业的两倍以上。仅拜耳作物科学在2018年的研发投入就高达23亿欧元，在业界处于领先地位。预计在未来10年内，拜耳作物科学的研发投入累计将超过250亿欧元。

科技，让农业更美好

拜耳集团无疑是全球农业行业的翘楚，科技则是帮助拜耳坐稳世界农业巨头的"不二法门"。长期的高投入与高强度的研发，成就了拜耳作物科学品牌无可争议的"江湖地位"。

创新产品，持续引领世界

在过去的一个多世纪里，拜耳在全球农业和现代植保史的画卷上留下了浓墨重彩的一笔又一笔，先后开发了全球最成功的杀虫剂、除草剂、种子处理剂等专利药物，一直引领行业的发展。

譬如一战期间，全球巨大的粮食短缺使得农业的经济功能和政治意义得到重视。拜耳化学家发现氯酚汞能有效控制真菌病害且不削弱种子的发芽能力，拜耳将这一有效成分以液体种子处理剂（商品名为 Uspulun）的形式推向市场。该产品的优越性能使其在市场上大获成功，甚至使得当时一些国家强制农民使用该产品。

20 世纪 90 年代初，拜耳首次采用聚合物生产出成膜剂——拜力膜（Datif）。成膜剂不仅能够改善种子的流动性，通过不同颜色和视觉效果区分品种，保护益虫和操作人员免受粉尘污染，还能提高发芽率和田间出苗率，同时还可以通过加入微营养元素，让作物生长得更好。

种子处理是迄今为止最经济、安全的施药方式，符合现代农业的发展方向。作为种子处理领域的领航者，拜耳于 2011 年推出的种子处理剂 PONCHO 与生物杀虫剂 VOTiVO 的产品组合，将化学农药与生物农药有机结合，是拜耳种子处理领域的又一次创新。

拜耳刚上市的新型双酰胺类杀虫剂国腾，能够快速阻止害虫取食，并能够对靶标害虫的各个发育期进行防治，具有持效期长、安全性高等优点，可以广泛用于大田作物和果树、蔬菜。

精准打击的无人农业

SlantRange 是美国无人机传感器制造商和计算机视觉农业的图像分析服务提供商，它与拜耳作物科学公司达成合作协议，为德国农业企业提供作物育种和研究计划的数据。

SlantRange 使用 3P 多光谱传感器收集各种数据，然后通过运行 SlantView 软件程序，为拜耳提供有关作物状态、生长状况和产量产能的数据。

无人机飞行平台使用高通 Snapdragon 处理器，传感器使用光谱成像技术和计算机视觉技术，通过观察作物、杂草、死亡植被和裸露土地的情况，将作物与杂草和背景区分开来，根据绿色植被和微妙的颜色变化，检测作物的生长状况，以便在问题出现之前尽早发现（见图 7-18）。

数字农业：开创全方面解决方案

2017 年，拜耳在 Agritechnica 贸易展会上发布了 xarvio™ 这一数字农业新品牌，涵盖一系列数字化解决方案，致力于帮助农场主们优化单独田块的管理和农田的统筹管理。

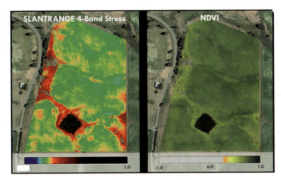

图 7-18 作物生长色谱对比

资料来源：http://www.nongshijie.com/a/201707/16399.html。

新的 xarvio Scouting 系列识别应用程序能够轻松、高效地识别杂草、病害、虫害、作物含氮量和其他叶片损害情况。农户只需拍一张照片，就可以看到分析信息。农户也可以从他们的邻居所提交的信息中获益：了解哪些病害正在蔓延，哪些虫害在周边爆发。

拜耳联合多家企业，综合应用卫星成像、物联网、传感技术，为农场主即时提供并量身打造田间管理方案。

为获取在农业数据方面的优势，拜耳在全球大肆收购数字化农业公司，构建自己的数字化农业帝国（见图 7-19）。例如，拜耳在 2015 年收购了位于加拿大卡尔加里的 IntelMax 公司的 Zoner 地理信息系统，这使拜耳能够通过卫星获得指定地块区域的地形地貌、土壤类型等地理信息；在 2016 年收购了德国的 proPlant Gesellschaft für Agrar-und Umweltinformatik 公司，并将其更名为拜耳数字

图 7-19 拜耳数字化农业

资料来源：拜耳官方 Facebook 账号。

农业公司，该公司既服务于自己的农业产业，也对外提供整套的植保数字化解决方案。

拜耳会将这些基础数据转换为直接可用的决策工具。这些工具可以帮助农民进行土壤管理、规划种子品种、科学使用植保产品。在机械化程度高的农场，这些数据还可直接传输给农机，由自动化农机进行自动处理。

基于作物的解决方案：从产品思维到用户思维

近年来，中国乃至世界农资市场发生的一个重大变化就是从单纯的销售产品到提供解决方案，再到基于作物的解决方案。面对市场需求的巨大变化，拜耳坚持用户导向，实现从产品到解决方案的重大转变，这种转变也折射出营销思维的转变，即从产品思维到用户思维。

收购孟山都后，拜耳将孟山都的优势与自身优势有效整合，大大加强了其为农场主提供作物全程解决方案的实力。合并后的业务将既能获益于孟山都在种子和性状技术以及气候公司平台领域的强大实力，也能获益于拜耳在所有主要市场覆盖病虫草害全领域、多作物的植保产品线，从而形成更大的创新引擎。

> 拜耳"更多"系列，护航农业提质增效

拜耳作物科学以由 80 多种植保产品构成的产品组合为依托，为中国种植户量身定制"更多马铃薯""更多水稻"等拜耳"更多"作物系列全程整体解决方案和服务。

以拜耳在中国的"更多水稻"项目为例，这一项目的出发点是解决因为种地不挣钱而导致没人种地的问题（见图 7-20）。为此，拜耳为中国水稻农户量

图 7-20 拜耳"更多水稻"项目
资料来源：https://www.meipian.cn/110x207f.

身定制了从种到收的作物解决方案。2012年拜耳在中国各地安排了250多个试验，验证该方案是否符合中国国情。实践证明，该方案以其环保、高效、提增产量、提高收益为水稻农户所称道。

根据拜耳"更多水稻"试验数据，使用拜耳方案的水稻每亩产量比一般种植的水稻多66千克，每亩收益增加161元。各省植保站试验后提交的评价多为秧苗素质较好、方案用药基本解决主要病虫害问题、实收产量显著高于传统防治田、减少农药使用量30%、减少农药次数2次等。

再如拜耳的"更多马铃薯"项目，拜耳致力于支持中国马铃薯种植者以可持续发展的方式实现高产、高质的马铃薯生产。公司为种植者提供量身定制的整体解决方案，涵盖高效农化产品、生物植保产品、专业作物咨询服务，以及对于实现环保、效率和安全的支持。

拜耳的"更多玉米"项目也很有特色，它融合了拜耳作物科学提出的"种衣剂+"的创新理念，倡导高效、环保、省工、安全的用药方式。"种衣剂+"充分发挥拜耳集种子处理产品、成膜剂、包衣设备和服务于一体的独特优势，结合拜耳"更多玉米"植保方案、种田方案等定制化服务，为客户提供种子包衣技术培训、加工厂现场技术指导与支持，帮助种业客户满足种植户的需求。

此外，拜耳还倡导"从田间到餐桌"的全过程管理，与食品链上中下游各环节，包括种植、收储、加工、批发和零售企业发展合作伙伴关系，为其创造价值，这也是拜耳食品链合作伙伴项目的基本理念。

"未来农场"，就在眼前

拜耳"未来农场"项目发端于德国，致力于尽可能实现完全自动化、机械化、智能化，以降低农场的人工成本、提高农场盈利能力，并尽可能提高精准施肥、施药的能力，力求做到无污染与高清洁生产（见图7-21）。

"未来农场"的合作农户会得到拜耳提供的播、种、管、收的全方位农事支持，通过建立完备的智能农业管理系统，实现全过程、可追踪作业。农

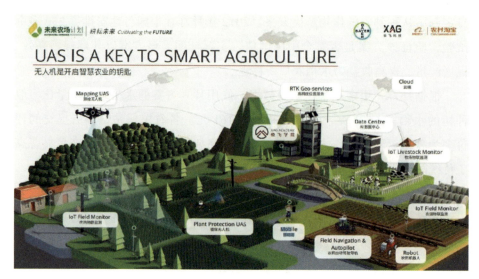

图 7-21　拜耳"未来农场"

资料来源：https://zhuanlan.zhihu.com/p/38347439。

业的精准化、数字化变革，会极大降低生产的不确定性和改善小农场的"散、乱、小"无序低效状态，帮助农场提升生产效率，提高农产品产量与质量，减少农药污染。

"未来农场"用最前沿的科技手段，对农作物的全生命周期进行管理，同时兼顾生物多样性和环境。包括通过卫星照片分析病虫害分布，将分析数据呈现在终端机器上，指导施药机械将农药精准地撒播在需要的部位，最终实现可持续的、资源节约型的农业生产。

"农之道"，服务也要品牌化

"农之道"（AgriSolutions）是拜耳作物科学旗下的一个服务品牌，涵盖了作物科学、材料科技以及医药保健等创新的农业与作物解决方案，旨在展示以客户为中心的服务理念，充分满足农民生产、生活所需，真正做到站在农民的角度，据农民之所需，提供具有针对性的农作物全程整体解决方案。

拜耳发现，中国小农户从种植到收获的各个环节分别是由不同的主体承担服务的，产业链极度分散，对中国农业的提质增效造成了障碍。为解决该问题，拜耳创新地提出"两翼腾飞"运营模式，将全产业链上的服务主体整合到拜耳的"农之道"服务模式中，更紧密地服务农民，为农民提供覆盖播种、管理、收获、流通、品牌的全流程服务。

在业务开展过程中，拜耳始终注重与植保机构、农机推广单位、农药管理部门、农药经销商和农业生产主体进行广泛合作，通过组织开展试验示范、技术培训、现场观摩、研讨交流等多元活动，有针对性地解决农业生产过程中的实际问题，实现资源共享、合作共赢与共同发展。

可持续发展，让品牌更长青

可持续发展是推动世界农业行稳致远的唯一出路。拜耳始终将经济利益、社会责任和环境保护置于同等重要地位，致力于在作物保护、种子和环境科学领域成为安全、环保的领导者，推动全球可持续发展。

拜耳青年环境特使项目（BYEE）是德国拜耳公司与联合国环境规划署于2004年6月签署的，旨在青年人群中宣传推广环保意识，鼓励广大青年参与环保活动的全球性项目。拜耳公司是联合国环境规划署在青年环境保护领域的第一个企业合作伙伴。该项目于1998年在泰国第一次举办，至2013年已扩展至亚太、东欧和拉丁美洲的19个国家和地区。

在中国，该项活动已相继在北京、上海、天津、合肥、南京、济南、重庆、杭州、成都、昆明等城市开展，共有197名同学荣获了"拜耳青年环境特使"称号。

对于亚洲和拉丁美洲的香蕉种植者面临的病虫害问题、根系管理问题，拜耳和哥斯达黎加最大的香蕉生产商Grupo Acon合作，量身定制了有效的、可持续的解决方案。该项目的主要目标是实现以出口为导向的高品质香蕉种植基地的可持续发展，并且对环境和周边的社区产生有益的影响。

该项目综合使用化学和生物植保产品，提供高效的植保防治服务，从而保证植物根系健康的效果，同时还提供现场的技术支持服务来帮助种植者达到可持续发展的目标。该项目的实行，使可持续的香蕉产品获得了更多的信誉和市场认可，越来越多的香蕉种植者了解并加入这个可持续种植项目。

在中国，拜耳坚持推广安全用药及创新污染防治的理念、技术和产品，是第一家在中国获得植保绿色生资认证的跨国公司，目前共有 16 款产品获得了绿色农业生产资料认证，在中国促进农业绿色发展上做出了卓有成效的探索。

同时，拜耳高度重视农业可持续性发展的培训工作。自 2010 年以来，拜耳共培训农户、农药经销商、合作企业等超过 100 万人次。

2019 年起，拜耳与全国农技中心联合主办"拥抱绿色"项目大型公益性培训项目，向广大农户持续传播绿色农业政策、绿色植保知识及技巧，使农户能够在实际的农业生产过程中，将绿色可持续的理念切实落地。[一]在疫情期间，拜耳线上线下结合实施，有效提升农业关键主体的绿色发展能力与水平。

深耕中国，世界 500 强的本土化样本

"130 岁"的中国拜耳

拜耳与中国的联系可以追溯到 1882 年，距今已 130 年，拜耳堪称在中国市场的"最年长"的世界 500 强企业。

起初，拜耳在中国开展的是染料销售业务。1913 年，拜耳贸易公司在上海成立。1936 年，拜耳上海制药公司开始生产著名的"阿司匹林"止痛药。

1986 年，拜耳在北京和上海分别成立了代表处和联络处。1993 年，拜耳与原化工部签署了全面合作协议。同年，拜耳（中国）有限公司作为控股公司在北京成立，主要负责协调技术转让和市场开发事宜，并为合资项目的准备和实施提供支持。随着中国经济的飞速发展，一系列生产设施的投资逐步落实。

2001 年，在中国国务院前总理朱镕基、德国前总理施罗德以及拜耳前董事会主席施奈德博士的共同见证下，拜耳在上海化学工业区建设的一体化聚

[一] 资料来源：https://www.191.cn/simple/?t749201.html。

合物基地正式破土动工，标志着拜耳在中国的投资战略进入了一个全新的历史阶段。

2006年，拜耳以10.72亿元人民币收购启东盖天力制药公司的三大非处方药（OTC）品牌——"白加黑"感冒片、"小白"糖浆和"信力"止咳糖浆，成为中国排名前十的OTC公司。2014年2月，拜耳以36亿人民币收购云南滇虹药业，把"康王发用洗剂""皮康王"两大皮肤药品牌收之麾下，一举成为中国非处方药领域领先的跨国企业。

在中国作物科学市场，拜耳一直重视本土化经营。例如，根据中国农药过度使用和土地污染情况，拜耳长期以来和中国农村的基层农技推广站保持密切合作关系，这些农技推广站在带领指导各地农民正确使用化学农药、提供高效低毒低残留的作物解决方案、帮助提高田间病虫害管理水平等方面发挥了很大的作用（见图7-22）。

图7-22　拜耳无人机"一喷三防"统防统治

资料来源：https://www.191.cn/read.php?tid=743916.

七星实验农场：中国现代农业的拜耳实验

2012年，黑龙江农垦总局和拜耳联合设立了拜耳作物科学研发中心七星实验农场，合力开发与农业生产紧密配合的新型植保技术，并为黑龙江打造绿色食品生产基地和提升作物品质，不断探索创新技术服务模式。

双方通过示范和推广现代农业创新技术，推进农业有害生物治理操作规范的发展，实现水稻、玉米、马铃薯、大豆等关键作物的提质增产增效。同时，进一步探索和实践适合黑龙江垦区现代化农业生产的技术模式。双方还将共同开展人员能力建设和培训，加强黑龙江垦区的农业科技创新能力和可持续发展能力。

七星实验农场成为拜耳探索中国化规模农场经营理念与经营方式的重要

载体。拜耳为该农场提供了全方位的农业服务,并致力于探索中国农业的全流程托管,为解决中国"谁来种地"的问题贡献"拜耳方案"。

《拜耳中国十项计划》

2012年4月19日,拜耳集团正式发布《拜耳中国十项计划》,旨在通过其在华业务和创新能力帮助中国应对挑战,共同实现可持续发展目标。

以农药过量使用和包装废弃物为例,为解决这一问题,拜耳作物科学联合黑龙江省植保站,采用联合创新模式和技术,在一体化配药服务站采用拜耳水乐清(Phytobac)系统处理农药废液,实现空包装回收再利用,农药残液生物降解,有效缓解农药点源污染问题(见图7-23)。通过科技创新与多方协作,使种植者在生产力和绿色发展之间取得平衡。

图7-23 拜耳一体化配药服务站

资料来源:http://www.xinhuanet.com/enterprise/2019-10/28/c_1125162710.htm。

配药服务站主要面向黑龙江省如国有农场、新型农业合作社和新型私营农场等典型农业生产组织,提供农药使用者科学用药培训、安全配药、清洗空包装后回收再利用、农药残液生物降解等服务。

2015年,一体化配药站共开展培训55场次,培训农户1650人,累计处理农药残液80吨,空包装超过100吨,有效减少农药点源污染问题,保证农业生产符合良好的农业规范,保障人员和环境的健康发展,促进农业绿色与可持续发展。

目前,大中华地区现已发展为拜耳全球第三大、亚太第一大单一市场。随着中国成为世界上增长最快的市场之一,拜耳正一步步加大在中国的投入。在长期的市场探索和实践中,拜耳愈来愈了解和融入中国,成为"中国化的拜耳",亦成为世界 500 强企业的本土化样本。

● 延伸阅读

拜耳作物科学的本土化咨询实践

2016 年 12 月,受拜耳作物科学(中国)有限公司的委托,笔者所带领的福来咨询团队接手了拜耳除草剂拳头产品"保试达"的品牌策划工作。这也是拜耳作物科学(中国)有限公司第一次聘请本土品牌咨询公司。

由于长期服务中国农业产业,拜耳作物科学与福来咨询合作能够更好地让品牌和产品在市场上接乡土乡亲的地气。在与众多农场主的访谈中,福来咨询发现,保试达与同类草铵膦产品相比,有持效时间长的相对优势,即使在极端低温的自然条件下,效果也很稳定,一次搞定,省时省事还省钱,这恰恰是农场主最关心的"痒点"。

所以,福来咨询认为,"除草长久"这个价值点,就是种植者的心头好,就是需要为产品注入的品牌灵魂。

保试达的品牌口令——"除草长久,饿死牛",配上"不伤根、田干净、返青慢"的更接地气的利益"诱惑",以及"85 国农场主的安心之选"的信任背书,以生动、形象的语言,让保试达除草持效期长的特性深入人心,形成牢固的价值记忆和鲜明的消费动因(见图 7-24)。

图 7-24　保试达品牌海报

同时,福来咨询还嫁接最大的农业公共资源,为保试达品牌创作了一个大家最熟悉、最亲切的品牌图腾——牛头,异常醒目,一眼难忘,牛气冲天,在市场上广受关注和好评。

第 8 章

日本

精致到灵魂的品牌物语

相比欧美等西方国家,"农情"与中国更为相近的日本,在人多地少、自然条件极其匮乏的情况下,扬长避短,探索出一条"小农业、精品牌"的精致农业之路,实现了人、农业与自然的和谐相处,在绿色循环农业方面世界领先。同时,日本也打造出明治乳业、神户牛肉、越光大米、宇治抹茶等一系列世界知名的农业品牌,将精致农业演绎到了极致。

精致是日本农业的核心特色和竞争力,它是如何演绎的呢?

为亲身体验日本农业的独到之处,2016 年 9 月,笔者带领福来核心团队共赴日本,进行为期一周的品牌农业考察之旅。

匠心、轻奢、创意,日本精致农业的三大法宝

匠心:打磨极致产品品质

精致农业的支撑是日本的工匠精神。

工匠精神运用到农业上,体现在对产品细节的打磨,对品质的严苛把控,体现在种植方式、生产工艺、管理工序、包装宣传等方方面面。

日本神户牛肉就是精致农业的绝佳体现。在同质化严重的牛肉领域，神户牛肉如何异军突起成为牛肉中的贵族？

品种培育和控制："血统"必须纯正

神户牛肉的肉来自血统纯正的"但马牛"，且必须是"处女牛"。此外，还要经过脂肪混杂率、颜色、细腻度等项目的评定，达到四五级以上标准的才有资格被称为"神户牛肉"（见图8-1）。

神户牛肉流通促进协会对每一头但马牛都建立了严格的血统认证体系。消费者在网上输入10位验证码，便可以查询到每一头牛在何时何地出生，销往何处以及是否被评定为神户牛等信息。严格的血统认证和身份认证制度，杜绝了次品神户牛肉进入市场，在维护经销商利益的同时，也保障了消费者的合法权益。

图8-1　神户牛肉
资料来源：https://www.theculinarypro.com/asian.

让品牌烙印深入人心

通过一系列商标或者Logo，神户牛肉确保了产品的辨识度。2001年，神户牛肉流通促进协会注册了"野路菊"图形商标和"青铜像牛"立体商标。前者主要印在新鲜牛肉上，后者则主要摆放在神户牛肉指定的餐厅内。2007年，协会又注册了5个文字商标，用于品牌推广和宣传等一系列活动。

标准化管理：创造牛肉非凡品质

所谓一方水土养一方人。日本但马地区地形优美。这里的溪水中富含矿物质，山上的牧草中还夹杂着药草。打个形象的比方，但马牛就是喝着"矿泉水"、吃着"药膳"长大的。

一般而言，牛到一定的年纪会出现食欲减退，因此饲养户还会给自家的爱牛喝啤酒以增进食欲；为了帮助牛减轻"精神压力"、安心成长，饲养户还会给牛播放音乐，并定期用梳子给牛做按摩，用烧酒涂抹其毛皮。据说，这样可以增强牛的血液循环，使皮下脂肪更均匀，增强牛肉的品质。

所谓一流品牌做标准，神户牛肉也不例外。按照脂肪和红肉的细腻分布，将牛肉分为1～5级，每一级别都有标准的规范图例，而检验工作就根据标准规范进行，为牛肉品质提供了绝对保障。

神户牛肉只是日本农业工匠精神的一个缩影。在日本，农民们怀抱着匠心，打磨极致的产品细节，市场上所有待销的农产品都经过精心整理和包装，没有散装，更没有泥土、枯叶，农产品的包装箱上都印有产品名称、产地、生产者姓名甚至照片，很容易赢得顾客的信任。

打造极致品质，必然要付出额外的成本，但是，这样的农产品也的确实现了很强的溢价能力。

"世界第一贵"的苹果就产自日本。为了保持新鲜度，每一个苹果都要用蜂蜜进行清洗，然后手工包装。产自日本的"世界第一贵"葡萄，要求每一颗葡萄的含糖度都在18%，重量都在20克左右。

日本的水果基本上每一颗都毫无瑕疵，而且能够精确地标明产地和含糖量。农产品的精致度与价格成正相关，这也是为什么赴日游客会感慨日本农产品的价格如此之高，一个苹果12元？一根玉米18块钱？一个西瓜居然卖到200元人民币（见图8-2）！

因为精致，人们愿意为这些匠心般精雕细琢的农产品溢价埋单。

图8-2 日本"天价"西瓜

轻奢：卖的不是农产品，是品质生活

在大牌众多、奢侈品林立的东京银座，寸土寸金的繁华地段，紧邻爱马仕店，有一家与众不

同的农产品商店。

这是一家名叫 Akomeya 的看似与周围格格不入的米店（见图 8-3），卖着 1 千克高达 140 元人民币的大米，每天可以做成 2000 多单生意，并在银座这样的地方迅速圈到一大批粉丝。

这家米店到底做对了什么？

其一，对每一粒米精益求精。米店共有 18 个品种的大米，其中 16 种是店铺团队尝过 100 种以上日本全国各地的大米后精挑细选出来的，剩下的 2 种则由日本知名主厨熊古喜八亲自挑选。一粒米的极致能做到什么样子？在这里，每一粒米都有 3 个或以上的衡量标准，比如大米的甜度、黏度、软硬程度……每一个维度的信息他们都会用卡片的形式帮你标出来，你想吃什么样口感的大米，只要根据卡片给出的提示，就能一目了然了。

图 8-3　Akomeya 大米专卖店

资料来源：Akomeya 大米官方 Facebook 账号。

其二，充满仪式感的采购流程。在这里买米，从识别到挑选，都有服务人员引导，而且为了确保每一粒米的口感，这家米店的大米全都是现场碾米，你可自行选择碾米的程度，三分、五分、七分或白米。显然，良好的服务提升了米的溢价能力。

其三，一站式场景营销。米店在空间布局上挖空心思，力争将用户与米的场景一一展现。大米柜台的旁边是各式各样的调味品，如酱油、味噌、加工食品，俨然到了自家厨房。

其四，周边产品做足功夫。大米礼包都是经过设计师专门设计的，且包装会根据不同的节日变成相应的花样。米店还会围绕大米包装设计出一套周边产品，像是帆布包、马克杯、各种食物……

其五，社群化经营。参与感就是成就感。深谙此道的米店定期举办以"体验"为主题的聚会，教粉丝、客户如何辨别优质大米，如何烹煮米饭，或者分享做饭做菜的小技巧，从而赢得了许多铁杆粉丝。

总之，关于大米的一切，这里都能给你演绎成一种认真有趣的轻奢生活态度。

创意：有颜值更要有灵魂

好看的皮囊千篇一律，有趣的灵魂万里挑一。

日本精致农业则追求"颜值"和"灵魂"的两全其美。"最不正经"的男前豆腐店，就堪称有颜值也有内涵的代表。一盒男前豆腐300日元，价格约是普通豆腐的3倍，但毫不影响其销量。男前豆腐黄金时期一天就能卖出8万盒，一年创下50亿日元销售额。有时卖断货了顾客也要排队预订，为了吃上一口豆腐也是拼了！

图8-4 笔者参访男前豆腐，并向其负责人赠书

在男前豆腐工厂，我们实地领略了这家"不正经"的豆腐店是如何化豆腐为神奇的（见图8-4）。

其一，对传统豆腐进行大胆创新

1.原材料全面升级。男前豆腐是用高于一般大豆价格4倍的北海道大豆以及冲绳岛的苦汁制作的，吃过的人都表示从未吃过味道这么浓厚的豆腐。

2.口味创新——豆腐的王道。传统的豆腐口味几乎千篇一律，但是男前豆腐推出了许多你完全想不到的口味，如柚子味豆腐、柠檬味豆腐、毛豆味豆腐、闪电豆腐等。包装上还特别在豆腐盒底层设计了隔水板，让豆腐和所渗出的水可以分开，以免影响口感。

3. 一改传统豆腐的形状。男前豆腐从改变传统的四方形状着手,将豆腐放进瘦长形或琵琶形的容器里,做出了椭圆形、水滴形等异形豆腐。

4. 围绕豆腐大力开发延伸产品。男前豆腐开发出"豆乳的摇滚乐""厚炸豆腐队长""豆腐丸队长"等,种类可以说是应有尽有,甚至还有用来蘸着吃的柚子醋、纳豆等。

其二,构建丰富的豆腐文化

1. 释放男性荷尔蒙的豆腐。品牌的本质是打造一种精神,也就是我们强调的品牌灵魂。那么,男前豆腐的灵魂是什么呢?男前豆腐浑身散发出男性的张力,从产品造型、命名、包装、形象、广告语等多个维度进行诠释(见图8-5)。顾名思义,男前豆腐店,意即"男子气概豆腐店"(又译"美男子豆腐"),给消费者的认知和感官带来了很大冲击,从一众豆腐品牌中脱颖而出,一下子站在了时尚潮流的前沿。

2. 令人印象深刻的独特名称。所有豆腐商品的命名都走独特创意风,比如像桨一样的"吹风的豆腐店JOHNNY",像饭匙一样的春夏限定款"吵架至上凉拌豆腐小子"、秋冬限定款"吵架至上汤豆腐小子"等。

3. 与形象匹配的包装。男前豆腐选用20世纪70年代最流行的暴走族形象,穿着一身黑衣、梳着夸张发型,骑着改装机车,这在日本年轻人心中依旧是男人味的象征。当然,除了暴走的男前,还有可爱的"男前"、冷酷的"男前",各种风格一个不落,简直男女通吃。

4. 跨界拓展周边产品。一款农产品的跨界能做到什么程度?男前豆腐很可能超乎了你的思维边界。其官方网站将"男前豆腐店"的商标图案制成待机图案和Flash游戏,还创作连载故事并发售该店的周边商品,如提供各

图8-5 日本男前豆腐包装海报

资料来源:https://otokomae.jp/.

类人物壁纸下载，推出原创 CD，将网站所出的原创歌曲制成可以下载的手机铃声，以及制作扭蛋玩具、设计 T 恤、出版豆腐料理书等。

肯定列表制度：世界级品质壁垒的底层逻辑

都说"智者搭桥，愚者筑墙"，可如果筑起的是一堵品质的高墙，那就是另外一回事了。

来自山东的张先生之前一直做着对日出口蜂王浆的生意，规模不大但一直顺风顺水。可就在 2006 年 6 月的一天，张先生突然收到了日本要求退货的通知，有些发蒙，这是多年来从未遇到过的情况。后来他才知道，日本于 2006 年 5 月 29 日针对进口农产品实施"食品中残留农业化学品肯定列表制度"（简称"肯定列表制度"），正是这项新的农残检验制度的出台，让像张先生这样做日本出口生意的商家措手不及。

"肯定列表制度"是日本为加强食品中农业化学品残留管理而制定的一项制度。这里的"食品"，既包括农产品（含鲜活动物产品），也包括加工食品；这里的"农业化学品"，既包括农药、兽药，也包括各类食品和饲料的添加剂。这项制度涉及了所有农业化学品的管理，范围之广、标准之严前所未有。

"肯定列表制度"对所有农业化学品制定了残留限量标准，其中"暂定限量标准"中明确的农兽药及饲料添加剂由 200 余种增加到 700 余种，限量标准由 1 万余条增加到 5 万余条，对其他尚不能确定具体"暂定限量标准"的农药，均设定 0.01 毫克/千克的"一律限量标准"。简单来讲，肯定列表制度就是用列表的形式规定了食品中各类农业化学品的最高残留指标，超过指标就认定为不合格，被称为"世界上最苛刻的农残比"。

从贸易角度看，日本"肯定列表制度"制定的限量标准多且严，企业需要付出高额的出口成本，从而导致其价格优势丧失，竞争力下降，经营风险加大，效益减少，甚至可能会迫使一些企业退出日本市场。

但从食品安全角度看,"肯定列表制度"的实施又有其合理之处,体现出日本对食品安全的高度关注和严格控制。该制度以保护国民身体健康为首要目标,严格控制农业化学品残留和影响食品安全的各种因素。

从农业安全管理角度看,"肯定列表制度"将为世界提供全新的管理理念和模式,有力促进农产品生产环节标准化,同时保证农产品和食品的安全。从世贸组织成员就农药及残留管理措施提交世贸组织的通报逐年大幅上升也可以看出,各国越来越重视农药使用和残留限量。

"肯定列表制度"几乎涵盖了世界各国对日出口的所有农产品,是相关对日出口企业绕不过去的一道坎。换句话说,这在一定程度上迫使各国企业不得不想方设法地提升农产品品质。

全程可追溯:构建全链条信任体系

农业食品问题的关键在于建立信任,对此,日本建立了一套追溯系统,贯穿了从生产到零售的整个环节,足以与消费者建立起牢固的信任关系。

日本对所有农产品统一实施可追溯管理模式。日本农协下属的各地农户,必须准确记录米面、果蔬、肉制品和乳制品等农产品的生产者、农田所在地、使用的农药和肥料及使用次数、收获和出售日期等详细信息,农协根据这些信息赋予每一种农产品一个"身份证"号码,消费者可以根据这个号码查询产品相关信息。

"身份证"号码的生成,为可追溯管理模式奠定了重要基础。食品供货链上的所有企业会陆续加入原材料、添加剂等信息,并有义务维护保管这些信息为期3年。

同时,零售商店必须将每种产品的"身份证"号码醒目标示,消费者可在零售商店内的终端设备上查询产品的相关生产和流通信息。

在这一模式下,农产品生产者必须和食品生产厂家签订合同之后才能供货,生产者在合同中要承诺所提供农产品信息的属实性和完全性。如果厂家发现产品原料有问题，可以追究生产者的责任。

消费者在日本 KA 终端的货架上，扫一扫产品上的二维码，就能立刻看到商品所有的信息，包括种植者大叔的照片也将浮现在眼前，完全透明、可追溯，使得人们对产品的信任度陡然增加（见图 8-6）。

同时，日本还非常重视企业的召回责任。例如企业的某部分产品遗漏了过敏原提示信息，那就必须回收特定批号的产品，其间产生的一切费用均由企业承担，并且企业还要向消费者道歉。

图 8-6　板栗种植者直接为产品代言

企业能够在发现问题后第一时间主动召回不合格产品，其实是一种积极的自我保护方式，通过信息公开来赢得消费者的信任。如果企业没有及时召回甚至还刻意隐瞒信息，最后被媒体曝光出来，那将面临极大的损失甚至导致破产。

毕竟，信任具有一票否决的特性。

其实，在 2000 年前后，日本也经历了一段食品安全事件频发的时期，给日本社会造成了极大的影响，但也由此触动了日本政府和食品行业深刻反思，不仅加大了食品安全事件处罚力度，也开始探索食品供应链全过程风险管理机制。

值得关注的是，日本企业对于食品安全事件的处理方式，是那般决绝与严酷。对于日本企业来讲，出现食品安全事故等于自掘坟墓：要么社长引咎辞职、倾家荡产，要么产品停产、停售，更严重的还要以死谢罪，后果十分严重。

这些严重后果的背后其实是全程可追溯管理制度给企业套上了高违约成本的"紧箍咒"。在全程可追溯管理制度的倒逼下，从原材料环节到生产过程再到最后的销售，关于产品的所有信息都有据可查，杜绝了企业隐瞒信息的可能。同时，高昂的违约成本，也对企业以及企业管理者产生了足够的震慑，一旦问题被发现，企业以及企业管理者很可能将"永世不得翻身"。

日本农协：最成功的农业合作经济组织之一

日本之所以在小土地所有制上实现了农业现代化，源于背后有着一双有形且强有力的手——日本农协，一个具有聚沙成塔般魔力的日本农村合作经济组织。

"看得见的手"聚沙成塔

日本农协的全称为"日本农业协同组合"，是由农民自愿加入、自成系统的庞大的合作经济组织，是一个服务于农户、农业与农村的综合性服务体系。它包括金融部门、农业相关事业部门、生活及其他事业部门、营农指导事业部门（主要指导农户的生产经营活动）等。

经过几十年的发展和完善，日本农协已发展成为集经济职能和社会职能于一体的民间团体，不仅负责将政府的各种补助金分发给农户或有关团体，同时还代表农民向政府行政部门反映意见，以保护农民的利益。日本农业因为农协周到的服务而得以迅速发展，也因其无可替代的作用而迅速壮大。正因如此，日本农协被公认是世界上最成功的农业合作经济组织形式之一。

六大服务提供一站式解决方案

20世纪90年代以来，日本农业以自由化、国际化为中心，呈现前所未有的发展势头。在此背景下，日本进行了农协三级组织制度体系的改革，并增强了各级组织的职能，以提高农协组织事业的灵活性、竞争能力和经营效益。

日本农协基本上做到了农民需要什么服务就提供什么服务，其核心服务职能主要体现在以下六大方面（见图 8-7）。

图 8-7　日本农协六大核心服务职能

1. 生产指导服务。如根据农户的土地、资金、劳力等情况，帮助农户制订长期经营计划；帮助农户处理生产中遇到的问题；帮助农户提高技术水平；帮助农户更有效地利用农地。

2. 农产品销售服务。日本农协在组建批发市场和集配中心，以及组织物流、商流、信息流及结账等方面具有不可替代的作用。它一方面推动日本政府建设高质量、高标准的各级农产品流通批发市场，同时也直接参与组建各大、中、小城市的农产品批发市场。

与销售相配套的服务使得农产品销售过程更加合理化，从而提高了农产品的附加值，既确保了供求平衡，又确保了农民收入稳定。

3. 生产生活资料集中采购，降低采购成本。许多农民个人无力购置的大型设施，可以由农协以低成本集中采购。各种社会化服务有利于促进农业的集约化，提高农业生产要素利用的规模效益。

4. 信用合作服务。日本农协的信用业务遍布全国农村以及市郊，其以独立于商业银行的金融系统，展开以农协会员为对象的信贷业务，为会员和农协提供了资金保障。日本农协对农业和农民的贷款占到贷款总额的 90% 以上，且贷款利率通常低于银行 0.1 个百分点，一般甚至不需要担保。

农协信用合作的主要业务是向农协成员发放支持农业生产的低息贷款，同时还通过吸收农民和居民存款向系统外其他部门提供资金，帮助农民解决富余资金的出路难题。

5. 保险服务。农业极易受到市场和自然条件影响，为此，日本农协建立了风险基金制度，通过会员之间的相互合作，应对人为或非人为不利事件的发生，减轻或尽快弥补经济损失。

6. 权益保障。日本农协成为连接政府和农民的纽带和桥梁：一方面，政府的农村方针政策最终通过农协得以落实；另一方面，农协是农民利益的代言人。日本政府在制定农业政策时，经常听取农协的意见和建议，如东京食品价格之所以比世界其他主要城市高出25%～100%，就是源于日本农业的保护政策，其支持者和守护者正是日本农民及农协组织。

成功经验：以农户为中心＋政府支持＋校企合作

1. 自治、自立、自助的"三自原则"。日本农协由农民自愿加入，既使日本农业获得了规模效益，又促进了农户与农户、农协与农协之间的合作与交流，繁荣了市场。

2. 农户生产围绕市场进行。家庭农业生产经营活动完全围绕着市场来进行，其中联结农户与市场的桥梁，就是以农协为代表的农民合作经济组织。

3. 农业产业化经营。农协对农户的生产经营，以及实现传统农业的现代化、规模化和品牌化起着至关重要的作用，建立了一套"企业＋农协＋农户"的高效产业组织模式，既保证了农协企业的原料来源，又保证了农户的稳定收益。

4. 政府是日本农协得以发展的强力支撑。一方面，日本政府为农业发展提供了法律保障，不仅明确确立了农协的合法地位，同时也规范与保证了农协活动的法制化；另一方面，日本政府给予农业巨额补贴，直接扶持农协。20世纪80年代以来，日本每年的农业补贴总额均在4万亿日元以上，农民收入的65%来自政府的补贴。

5. 提升农民的人力资本和农业科技水平。为了提升农民的职业素养，日本农协非常重视开展农民教育运动，建有完整的教育体系，用协同共济精神培养农协人才。国家设有农协中央学院，各地方有40多所农协大学及各种研修中心，帮助农民掌握生产和经营知识。

● 延伸阅读

小而美的日本农业大学

日本农业高等教育同样体现日本农业专精的特点。

清华大学前校长梅贻琦曾经说过:"所谓大学者,非谓有大楼之谓也,有大师之谓也。"相比之下,在日本精致农业模式之下,日本农业高等教育则从另外一个侧面诠释了大学不在于规模,而在于专精。小而美,也要做到顶尖。

东京海洋大学就是一所极具特色的农业院校。

图 8-8　笔者参访东京海洋大学

东京海洋大学在明治年间设立,经过130多年的发展成为日本唯一专注海洋研究与教育的国立大学。学校规模不大(两校区共3000多人),专业不多,但其航海工学、海洋物流、海洋生物、食品科技等海洋科学专业均世界领先。不求其大,但求其强,这和日本精致农业理念一脉相传(见图 8-8)。

顶层设计:从第一产业到第六产业

"第六产业"的概念是由东京大学教授、日本农业专家今村奈良臣在20世纪90年代首先提出的。

随着经济发展和工业化进程的推进,第二产业的食品加工业、第三产业的餐饮服务业越来越兴盛,其附加值越来越高,而作为第一产业的农产品本身的价值占比不断降低,农民和从事种养业的农业企业越来越不赚钱。怎么办?今村奈良臣提出,搞农业的不再只搞种养(第一产业),还要加工农产品

（第二产业）和销售农产品、提供延伸服务（第三产业），这样才能获得更多的增值价值。

他主张推动以三产融合为核心的六次产业化，形成集生产、加工、销售和服务于一体的完整产业链，以创造新的附加价值，同时把更多的附加价值留给农业生产者。

1＋2＋3＝6，1×2×3＝6。这就是"第六产业"的来历（见图8-9）。

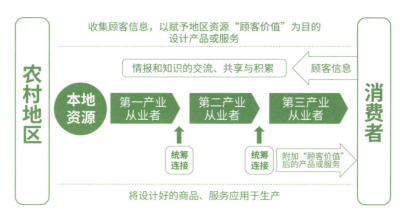

图 8-9　日本"第六产业"发展逻辑（福来咨询原创图表）

"第六产业"的本质是一二三产业相互融合，将农业变成综合产业，把产、加、销融为一体，提高流通效率，实现产品增值，从而从整体上提高包括特产在内的农业经济效益。

一颗葡萄与六次产业

按照今村奈良臣的观点，"1"指农产品的初级生产，如葡萄的种植；"2"指对初级农产品进行深加工并制造出新的产品，如以葡萄为原料酿制葡萄酒；"3"指在第一、第二产业的产品从生产者转至消费者的过程中，涉及产品运输、销售、体验等的服务环节，如葡萄园供游客观光、自主采摘葡萄和品尝葡萄酒（见图8-10）。比起三者之和，相乘关系更加强调产业链上任何一个环节的产值都不能为零，否则第六产业的经济效益将降为零。

由此可见，第六产业不是单纯的农工商合作，其特别强调第一产业从业者在产业链、价值链中的主体地位和不同产业之间的衔接与配合。

顶层设计，政府赋能

2008年，日本政府首次在其政策大纲中提及"第六产业"——《农山渔村第六产业发展目标》。以此为契机，在政府、民间组织及农户的共同协作下，日本的"第六产业"得到了迅速发展，极大地优化了农业产业结构，增加了农民的综合收入，实现了农村的可持续发展。

图 8-10　笔者在日本农户田头体验有机葡萄

之后，日本又出台了相关法律以及纲要性文件来推动"第六产业"的发展。如《农山渔村六次产业化政策实施纲要》《农业主导型六次产业化准备工作实施纲要》《粮食、农业、农村基本计划》等，对"第六产业"未来发展进行了详尽规划和指导，并与之前政府推广的城乡一体化、区域协调发展等规划一脉相承。

为促进"第六产业"的持续发展，日本政府在不断加大政策补助和金融支持力度的同时，还自上而下成立了推进第六产业的组织机构，如于2011年在水产厅内成立了"水产业六次产业化推进团队"，各地农政局、经济产业局、财务局、运输局、农协、工商团体以及推广组织等组建"六次产业化·地产地销推进委员会"，从组织上确保"第六产业"国家战略的有效落地。

另外，日本农林水产省把农业和农村的功能进一步归纳提升到保护自然环境、生态农业旅游、亲子教育、健康膳食、文化传承、疗养休闲、保护生物多样性等多个方面，以加快促进各地新兴产业和新业态的繁荣发展。其中，"六次产业"的基础是农业，其核心任务是充分开发农业的多种功能与多重价值，尤其是提高农产品的文化附加值。

"第六产业"理念的提出及国家战略的实施，对促进日本农业的功能扩展、产业融合、附加值提升，以及推动精致农业的形成和农业农村的可持续发展做出了重要贡献。

绿色至上："日本造"的独特基因

与此同时，绿色、环保、健康的理念也深深融入了日本企业的基因之中。

乌龙茶：比碳酸饮料更受欢迎

在日本饮料市场，往茶饮料里加糖是"自杀"行为。

严格控制糖分摄取——这几乎已是普通日本民众的健康守则之一，也正是因为如此，保持原本味道的饮品在日本市场更易受到欢迎（见图8-11）。

有数据显示，2015年，日本茶类饮料总产量约为55亿升，这个数值超过了单品冠军——碳酸类饮料的消费量。

在六大基础茶类中，乌龙茶在预防肥胖、控制体重方面的效果相对更好，所以日本人把乌龙茶饮料看作减肥良伴。

图8-11 纯茶在日本饮料市场占据主流

在琳琅满目的乌龙茶饮料中，最出名的当属日本三得利生产的瓶装乌龙茶。三得利在1981年推出乌龙茶饮料时，主打的就是乌龙茶所含的茶多酚能抑制脂肪吸收，而且由于不添加多余口味，它被看作适合搭配各类菜肴的绝佳伙伴。

关于三得利乌龙茶还有一个有趣的故事。为了提高健康意识，日本政府甚至规定：如果企业员工的腰围超标，企业就要受到罚款。于是，企业就开始想各种法子来让员工保持健康，包括运动、控制饮食等，由于三得利乌龙茶的效果良好，于是很快得到了企业和员工的青睐。

朝日啤酒：喝出环境友好和绿色发展

朝日啤酒株式会社成立于 1889 年，是日本最大、全球领先的啤酒制造商，旗下 Asahi 舒波乐生啤销量世界第一。1994 年朝日啤酒正式进入中国市场，是青岛啤酒的第三大股东。

拥有百年历史的朝日啤酒，是日本"资源节约型、环境友好型"企业的典型代表。其依山而建的优美环境，对可持续发展及副产品百分之百的深度开发利用，令人感叹。

朝日集团一直致力于碳减排，已经把到 2050 年在其所有业务活动中实现零温室气体排放设定为企业愿景，并且明确提出短期目标为——到 2030 年将排放量减少 30%。

在生产过程中，朝日啤酒严格贯彻"节能环保"的理念，利用"PIE 煮沸法"大幅度缩短煮沸时间，削减约 30% 的二氧化碳排放量，并且主要使用清洁能源。同时，朝日啤酒在日本国内所有工厂都实现了 100% 的回收利用，麦芽渣可以用作家畜饲料等，玻璃屑类可以用来生产酒瓶和建筑材料等，铝屑可以用来生产铝罐和电气产品等，剩余的酵母可以用作食品及药品原料（见图 8-12）。

在体验环节，所有人（包括平时不喝啤酒的女士）都对朝日啤酒的原浆和醇厚印象深刻，禁不住多喝两杯。正是这次访问，我们得知

图 8-12　笔者参访朝日啤酒"绿色工厂"

日本全麦芽啤酒市场占有率非常高，原麦汁浓度低于12度的啤酒在日本几乎没有。而我国绝大多数啤酒在麦芽外还添加了其他辅料（比如大米、玉米、高粱等），原麦汁浓度多在10度及10度以下。

2020年1月16日，朝日啤酒宣布开始使用可再生能源生产不含酒精的朝日超爽啤酒。这些可再生能源将从日本自然能源有限公司采购，主要是生物质和风能。

宇治抹茶：抹茶之都的农业现代化启示

星巴克哪款拿铁最值得喝？抹茶拿铁上榜！它一直都是女生点单率很高的一款饮品（见图8-13）。

近年来，抹茶饮品已经受到了中日韩等东亚青少年的广泛青睐，很多人成了"抹茶控"。人们不仅仅喜欢抹茶的味道，还喜欢抹茶的颜色，甚至一些年轻人将头发染成抹茶色，认为这样看上去更减龄、更显年轻。

当然，说起抹茶，不得不提那个经典的句子——"世界的抹茶在日本，日本的抹茶在宇治"，这无疑形象地展现出了宇治抹茶的价值和地位。

图 8-13　星巴克抹茶拿铁
资料来源：星巴克官方微博。

宇治是西日本最有名的茶叶产地，每年日本全国初春新茶的评选就在宇治举办，不管是自产茶，还是评选出的茶，只要贴上"宇治茶"的字样，便是质量的保证。"宇治抹茶"并非一个企业品牌或产品品牌，而是一个区域公用品牌，是指产于日本京都宇治市的抹茶，宇治是日本抹茶的核心产地，被誉为"抹茶之都"。

日本古代没有原生茶树，也没有喝茶的习惯。自从奈良时代的遣唐使们把茶叶从中国带回日本之后,茶这种饮料就在日本生根发芽了。最具代表性的日式用茶方式,就是抹茶。

1191年,在中国留学的修行僧将喝抹茶的方法带回了日本。此后,抹茶的喝法在中国渐渐消失,在日本却有了独自进化。抹茶的直饮一般是按照中国原始的斗茶的方式饮用,后来在日本被发展成日本茶道,形成更加严格复杂的规则,被广泛应用在众多食品里面。

据说日本茶的栽培方式有两种:一种是让茶叶接受阳光直射,主要用于煎茶;另一种是用黑布将茶园遮盖,以减少阳光的照射,这类茶叶主要为抹茶和玉露的原料,属于高级茶。真正的抹茶并不是简单地将茶叶用机器磨制成粉,而是通过石磨一点点碾压出来。因为只有通过天然石磨的细细研磨,才能将碾茶中的叶绿素与茶香充分暴露。

产量决定价格。因空间有限以及用于制作宇治抹茶的茶树年龄限制,所以宇治抹茶的种植者无法增加产量,供应有限,这也决定了宇治抹茶在市场中的价格。

时间积淀价值。至少30年的栽培,赋予了宇治抹茶更温和、更甜美的味道,绝非普通抹茶所能比。

宇治市是一个因世界遗产寺庙平等院及宇治抹茶闻名的旅游都市,也是日本国民小说《源氏物语》故事的主要舞台。

在宇治中心街区,大大的永乐通宝钱币依然镶嵌在标志性建筑上(见图8-14)。永乐通宝是大明王朝于永乐年间铸造的年号钱,主要用于对外贸易和赏赐。可见中国文化对日本的深远影响。这也生动再现了明成祖朱棣当年大力推行的

图8-14 宇治中心建筑上的"永乐通宝"钱币

"怀柔远人"的对外开放政策。

和我们一样,众多来自全球的旅游者,都会沉浸在宇治抹茶小镇形形色色的抹茶门店内,各种抹茶和茶制品琳琅满目,可以先品尝体验,再决定是否购买。其中抹茶冰激凌是千万不能错过的哦!

伊藤久右卫门,是拥有近300年历史的宇治老茶铺,其店面较大,装修精美,甜点种类也多,将抹茶的各种花式应用,发挥得淋漓尽致(见图8-15、图8-16)。

图8-15　伊藤久右卫门抹茶店　　　图8-16　花样繁多的宇治抹茶制品

日本是一个比较追求极致的民族,连喝过的茶叶也充分利用,提炼茶多酚,做高端生物制剂等。这叫作"吃干榨尽"。日本的精细文化和产品创新精神在抹茶里得到了充分体现,显示出别样的魅力。

2007年,几个中国的留日学生与日本宇治抹茶株式会社合作,成立上海宇治抹茶有限公司,日本抹茶走进中国。

熊本熊:日本农文旅融合的代表作

来自日本的明星熊

"熊本熊"是日本熊本县享誉世界的城市IP。

熊本县原本是一个名不见经传的弹丸之地,也是个传统的"农业大县",

为了发展经济，熊本县另辟蹊径，用文创打造出"熊本熊"这个吉祥物IP。通过"腮红黑熊"呆萌可爱的独特形象创意，开通专属脸书和推特账号进行人物化事件营销，塑造又坏又萌的IP个性，以及各种搞事情，引围观，"熊本熊"将熊本县的名气快速引爆，带动熊本县实现一二三产结合和农文旅融合。

"熊本熊"的迅速走红让熊本县从一个旅游业并不发达的农业县摇身一变成为知名旅游胜地。短短几年时间，包括旅游观光以及本地农产品、特色文创产品等销售在内，"熊本熊"为熊本县直接带来了十几亿美元的经济效益，产生了相当于9000万美元广告和宣传的效果（见图8-17）。

"熊本熊"被任命为"熊本县营业部长"，在日本以及海外各地参加物产展览会，积极负责宣传熊本县的旅游景点和特色产物，推动了各项商业合作。

图8-17　熊本熊系列授权产品

资料来源：https://kumamoto-guide.jp/zh/spots/detail/367.

为了支持商业合作，熊本县对外免收版权费，只要使用"熊本熊"肖像的目的与宣传熊本县或者推广熊本县产品有关，就可向县政府提出免费使用申请。

这一免费策略第一年就吸引了超过3600次申请，第二年涌入5400家企业申请合作，第三年更是达到了平均每月750次申请，产品涉及衣食住行娱乐等方方面面，包括零食、文具、服装等各种类型。以2019年为例，"熊本熊"授权商品销售额达到1579亿557万日元，实现连续八年正向增长。其中，海外部分销售额为56亿5792万日元。

火爆的商业业绩也进一步累积了宣传效果，行动笨拙、内心贱、自带两坨腮红的萌熊在近几年迅速风靡全世界，火热程度甚至超过萌物界的前辈Hello Kitty和哆啦A梦。那么熊本熊是如何被塑造成超级IP的呢？

超级图腾的力量

在信息过量的时代,信息不对称被大大消除,原创的价值更加凸显。熊本县请著名设计师水野学借助世界级公共资源熊猫,原创设计出了超级图腾"熊本熊"。为了突出本县特色,熊本熊在身体上使用了熊本县的主色调黑色,并在两颊使用了萌系形象经常采用的腮红,而红色也蕴含了熊本县"火之国"的称号,它不仅代表了熊本县的火山地理,更代表了众多美味的红色食物(见图8-18)。熊本熊从一诞生,就受到了空前的喜爱和关注。

图 8-18 憨态可掬的熊本熊
资料来源:熊本熊官方网站。

人格化才能走进人心里

熊本熊拟人化的设定让大众不设防,呆萌的动作强化了呆萌的形象,这些场景赋予了熊本熊无尽的表情。无论是蠢萌、一脸享受或开心还是贪吃,都十分招人喜欢。熊本熊是日本熊本县的营业部长和幸福部长,也是日本最红的吉祥物公务员。因此,它的忠诚粉丝都称呼它为"部长"。

内容即传播

仅有原创IP还不够,还要不断产生内容,才能不断获得粉丝关心,调动粉丝情感。

为了打造内容力,熊本县围绕熊本熊不遗余力地策划推广活动,其活动频率之高、创意之精妙堪称"疯狂"。比如,熊本熊丢失、腮红丢失、减肥失败被降职为代理部长等事件都极大地吸引了"熊粉"的关注。

得益于政府多次经典策划方案的成功实施,熊本熊的形象已经深入民心,并且拥有了大量的忠实粉丝。同时,粉丝们开始自发宣传,又产生了大量的UGC(用户原创内容),形成良性互动和加成效应。

"一村一品"：日本版乡村振兴的成功实践

日本的"一村一品"是日本打造差异化品牌农业的一个缩影。

1979 年，日本大分县知事平松守彦提出"一村一品"计划，旨在提高农村地区的活力，挖掘或创造可以成为本地区标志性的、使当地居民引以为豪的产品或项目，并尽快将其培育成为全国乃至世界一流产品或项目的农村开发模式。这些项目以农特产品为主，但也可以是文化和特色旅游项目。

"一村一品"也是日本六次产业模式的一个落地路径。

以最早开始实施"一村一品"的大分县为例，该县的汤布院町[○]，人口不足 1 万人，除温泉之外在资源上几乎一无所有，却打造出了世界一流的旅游业，平均每年接待 380 万游客。

"一村一品"有三项基本原则，即立足本地，放眼全球；自主自立，锐意创新；坚持不懈，培养人才。在这样的大环境下，日本农业生产的专业分工十分明确。一个地区有一个地区的产业特色，一个农户有一个农户的主导产品，优势互补，相互依存，共同构建起了日本农业经济的底层框架。

马路村有机柚子：一年卖出 2 亿元

"一村一品"的一个成功案例是日本的"马路村"，这家偏僻的日本小山村，只卖一种农产品，但一年卖出了 2 亿元。

日本马路村打造"一村一品"的秘籍是什么？

1. 非"粉"不可。有人问，马路村的成功密码是什么？村长回答：粉丝，只要有很多粉丝喜欢来马路村玩，喜欢买马路村的产品，马路村就能继续活下去。

为了让马路村能存活下来，19 世纪 70 年代，村长和农协会长在一起带领全村"伐木工"向"六次产业创业者"转型，种植有机柚子，再组织村民把柚子进行深加工，制造柚子果酱、柚子饮料、柚子汤料等。同时，修建温

○ 已于 2005 年 10 月 1 日与挟间町、庄内町合并为由布市。

泉民宿、农林产物直卖所，吸引东京、大阪等大城市消费者来马路村游玩，推动体验式消费。

2. 打造极致单品。在马路村，村长不仅很会讲故事，还非常热情好客，会给每个到访者送一瓶当地自制的"Gokkun 马路村"品尝，这是一罐 10% 柚子汁 + 90% 水制作的原味果汁，除此之外没有任何添加物，柚香浓郁，口感甜爽。

把单品做到极致，就是"单品冠军"思维。正如"Gokkun 马路村"，种的时候达到有机，加工的时候毫无添加，包装还很有创意，在这个地球上这种饮料真的不多，它很贵但深受粉丝喜欢，而且一旦喜欢上了，回购率很高。

3. 吸纳顾客为村民。参与感就是成就感。马路村经常邀请粉丝见面，向他们讲述马路村最近发生的故事，并邀请他们成为"特别村民"。截至 2016 年底，马路村登记了一万多名来自全球的"特别村民"。

4. 疏导"思乡"情结。走进马路村的到访者，都会被安排入住当地的温泉民宿。民宿盖在安田川之畔，没有"大拆大建"，只是守护好"干净而且有范儿"，沿着台阶走下去，直通到溪边。这些很轻易地就能唤起人们的"思乡"情结，并且还能加以疏导和释放，也正因如此，马路村获得了很多粉丝，累积了数十万优质客户。

忍野八海：风景是最美的产品

忍野八海是日本著名的风景自然区，日本人称它是"日本九寨沟"，因为御釜池、底无池、铫子池、浊池、涌池、镜池、菖蒲池和出口池这八个清泉错落有致地散布在这里，故名"忍野八海"。

坐拥自然优势。忍野八海与富士山近在咫尺，在忍野八海欣赏风景和泉水的时候也能看到前方的富士山。忍野村与富士山的完美结合，吸引了世界各地的游客纷至沓来。同时，清泉的池水平均水温约 13℃，水质清澈甘甜，是日本指定的天然纪念物、"名水百选"、新富岳百景之一。

极具有特色的建筑风格。与日本很多的建筑相似，忍野村的建筑也处处流露着唐宋风韵，像是一个中式建筑博览群。同时，它也顺其自然地彰显出了自己的特色：坐落在山间的民居，家家户户都有园艺，有些民居还竖着祖先的塑像，由于树木各异，色彩缤纷，粉红色的建筑外墙与周围环境竟非常和谐一致，忍野村向世人展现了一幅秀丽的田园风光。

富士山下的忍野八海，既拥有大自然的馈赠，又有人文景观的智慧，辅以各种美食和特色文化纪念品，被精心打造成美丽乡村样本，入选世界文化遗产（见图8-19）。

图8-19　日本乡村振兴样本——忍野八海

第 9 章

泰国

稻花香里说"榴莲"

泰囧？你不了解的泰国农业范儿

泰国享有"东南亚粮仓"的美誉，是亚洲唯一的粮食净出口国和世界上主要粮食出口国之一，1/6 的农产品进入国际市场。

泰国长期坚持农业优先的国民经济基础战略。2018 年 1 月，泰国竞争力提升策略委员会提出 20 年国家竞争力提升五大战略，旨在将泰国打造成为东盟的农业、工业和新型服务业、旅游、物流中枢，其中第一条就是发展农业（见图 9-1）。

泰国曾连续 30 多年保持世界最大大米出口国的地位，泰国香米就是这个大米王国的璀璨明珠，7 次在世界最好大米比赛中夺魁。

全世界 1/3 的天然橡胶都来自泰国。泰国是世界上最大的

图 9-1 笔者带领神农岛智库考察泰国农业

天然橡胶生产国和出口国，泰国橡胶的出口收入已经超过了大米，发展相当可观。

泰国燕窝约占全世界产量的 5%，中国的很多燕窝品牌用泰国燕窝做原料。今天，在各类中式滋补品中，燕窝成为增速最快、创新最强、迭代升级最迅速的品类，以燕之屋、小仙炖为代表的中国燕窝品牌，正一步步教育、引领和引爆世界上最大的燕窝市场。

近年来，全世界刮起榴莲旋风，作为世界上最大的榴莲出口国，泰国的榴莲出口量占全球出口量的 95%。仅 2020 年上半年，泰国新鲜榴莲出口总额高达 14.11 亿美元，约合人民币 98 亿元。

此外，泰国人充分利用农业资源，结合发达的旅游业开展体验营销，写就一二三产业融合新篇章。

值得一提的是，泰国还是红牛饮料的原产地。红牛目前已在全球 100 多个国家创下销售奇迹，占据功能饮料 70% 的市场份额，有人甚至把它列为仅次于可口可乐、百事可乐的世界第三大饮料。

有机泰国：泰国版的"国家品牌计划"

泰国政府视有机农业为未来重要的发展方向。2015 年初，政府与农业合作社部、商务部、公共卫生部联合签订备忘录，制定了 2015～2021 年有机农作物发展战略。

泰国还专门制订了一些农作物的国家标准和国家认证计划，并以国家做背书，推出有机农业的"国家品牌计划"——有机泰国。在这一战略的支撑下，以素林和武里南府为代表的近千个传统农场已转型为有机水稻农场。

泰国政府希望在未来五年内，以每年增加 20% 的速度扩大有机农业用地面积，提高有机农业的种植收入（见图 9-2）。2019 年，泰国通过有机认证的农场约 11.89 万家，总面积约 27.94 万公顷，占泰国总耕地面积的 1.4%，总产量较 2018 年增长了 40%。

图 9-2　泰国有机农业

泰国有机农产品的销售途径主要有四种：地方社区市场、安全食品专卖店销售、超市以及重要的出口市场。泰国的农产品出口扩大到 160 个国家和地区，有机农产品已成为泰国出口创汇的重要来源之一。

泰国的出口市场一般由专业组织来操作，或者外国公司与有机农户进行合同订单生产，公司支付认证和其他费用，有机农户负责生产、粗加工和包装。

为了更好地打入国际市场，泰国政府和国际相关食品安全组织共同为出口的食品及农产品制定了相关标准。泰国政府十分重视有机食品生产基地的建设，品种的挑选、土壤的改进都需要经过相关认证，对于大米和水果的产地也都有严格的划分，同时推进农民使用清洁、科学的种植方法，培养农民的有机意识。此外，大力扶持泰国的中小企业出口，安排相关出口前培训，带领企业实地考察、商务洽谈。

泰国农业合作部还鼓励泰国有机食品商扩大大米、优质水果、咖啡和茶等有机食物的生产，抢占中国有机食品的市场份额。泰国商业部已经组织了 70 多家泰国龙眼出口贸易商和天猫商城代表进行配对商讨，初步设定的目标是 8000～10 000 吨，约合 2 亿泰铢。按照目前的需求和供给，未来三年通过天猫平台出售的泰国龙眼总量将翻一番。

"世界厨房"计划：泰国农业打开世界的一扇窗

一提起泰国，很多人就会立马想到诱人爽口的泰国菜，如酸辣虾汤（泰文发音"冬阴功"）、青木瓜沙拉、绿咖喱椰汁鸡、泰式炒米粉等。

近年来，泰国政府大力推广"世界厨房"计划，集成该国农业、金融、餐饮服务等多个行业的力量将泰餐推向全球。泰国领导人表示真正的泰国菜要用正宗的泰国原料，并欢迎世界各地的泰餐馆来泰国采购原材料，这给泰国农产品生产、加工及出口带来了新的机会。

政府鼓励本地企业家走出国门，拓展商机。曼谷前市长沙玛登上电视节目宣传泰餐，泰国商业部前副次长则开了一家跨越美欧各国的著名泰餐连锁店。一家由泰国御厨的女儿开办的米其林餐厅 Blue Elephant（蓝象），位居欧洲标杆亚洲餐厅之列，是当之无愧的全球泰国美食大使。蓝象在全球 5 个国家建立了 6 家餐厅，并通过子公司向全球 37 个国家地区出口食材，连续多年获得泰国总理最佳出口商奖。近日，299 家餐厅正式入册《2021 泰国米其林指南》。泰国餐厅已经成为泰国农业打开世界的窗口。

为了对泰餐原材料的生产销售、泰餐厅的质量和服务进行监督管理，泰国政府专门成立了"泰国食品和餐饮推广委员会"，由农业合作部部长、商业部部长、工业部部长、卫生部部长及企业高层等组成。

虽然店员迎接顾客都说"萨瓦迪卡"（泰语，表示欢迎的意思），但据不完全统计，全世界 6500 家泰餐馆，老板是泰国人的只占约 1/5。政府计划通过大力扶持，使全世界泰餐馆达到 8000 家以上，并大大提高其中泰国老板的比例。包括通过联合农业大学对泰餐厨师进行高技能职业培训，以及重点扶持海外颇具规模的泰餐厅，帮助他们建立连锁店。

在泰国政府的大力推广下，泰国中小企业积极参与其中，配合政府开展"一乡一品"计划，利用当地各自不同的优势，生产特色产品，刺激出口。"一村一品小吃博览会"每年在曼谷举行，全国 76 个府利用本土食材制作的特色美食，广受人们欢迎。

独具特色的"皇家农场"

若你曾经到访过泰国,一定在便利商店、卖场里看见过 Doi Kham 品牌的各类商品,不仅泰国人喜欢买,游客也常常大包小包地买,作为送亲友的伴手礼,这些品质优良的产品就来自泰国皇家农场。

泰国是个市场经济型国家,农村有 490 万个以生产资料私有制为基础的农户。面对风云变幻的国内和国际市场,小生产与大市场的矛盾十分尖锐,泰国政府主要有四种解决方式:农业合作社、公司+农户、家庭农场,还有独具特色的皇家项目(Royal Project)。

皇家项目是泰国九世先王建立起来的民间扶持项目。从 20 世纪 60 年代到现在,在全泰国境内已经有 4350 个皇家项目落地生根,而这个数字还一直在增加。

皇家项目的核心在于构造可持续发展的经济体系,与我们熟悉的"助农"十分相似。不少当下热门的旅游项目就属于皇家项目。

泰国皇家农场 Doi Kham 即是其中相当著名的一个。泰国皇家农场 Doi Kham 项目开始于 1969 年。为了提升国家安全能力和保护自然环境,同时也为山区部族带来更好的生活,先皇拉玛九世开始实施皇家项目,提倡可持续农业生产和轮替耕种,于是有机农业成为优先发展的对象(见图 9-3)。

1972 年,第一家皇家工厂在清迈府的芳县成立。如今,Doi Kham 皇家工厂的六条主要生产线包括罐装食品、瓶装产品、水果干、饮用水、冷冻食物和浓缩果汁生产线。

除了芳县之外,泰国"皇家农场"项目还在清莱府的湄占县、沙功那空府的叨爱县和

图 9-3 泰国皇家农场 Doi Kham
资料来源:泰国皇家农场 Doi Kham 官方网站。

武里南府的拉汉赛县建立皇家工厂。为了保证收入，皇家官方会直接向农民收购作物，避免被中间商人抽去部分利润。

体验营销，泰国版的一二三产业融合

旅游业是泰国经济的支柱产业，自20世纪60年代起步以来，发展十分迅速。2019年新冠肺炎疫情前，旅游业收入占泰国国内生产总值的20%。普吉岛更是严重依赖旅游业，旅游业收入占比达到95%。

泰国人充分利用农业资源，在旅游业发达的大背景下很早就在开展体验营销，做一二三产业融合的文章：服务于榴莲爱好者的榴莲旅游套票应运而生；橡胶被出口到全球各地，各种橡胶制品为泰国人带来很大一笔收入（见图9-4）；天然海域和特色小岛成为世间珍品燕窝的生产基地，燕窝产品销往世界各地。

图9-4　瞧，这就是正在晾制的橡胶皮

为了满足榴莲爱好者的需要，泰国旅行社设计了榴莲旅行套票，提供中文航班、住宿和榴莲种植园之旅。一些种植园还开设了自己的旅行团，甚至建造住宿设施以迎合中国旅客。

在泰国普吉岛上，橡胶树随处可见。橡胶汁用途广泛，可制作成医用器械、奶嘴、床垫、枕头等，其中最大的用途是汽车和飞机轮胎。参观橡胶园、体验割橡胶等已经成为普吉岛旅游的常规项目。

燕子住在泰国南部2000多公里的海岸线上，"放养"保证了泰国燕窝的优质。泰国燕窝融合加工业和休闲旅游业，推动当地特色产业振兴、地方经济增长，打造三产融合的新样板（见图9-5）。

众所周知，泰国是盛产热带水果的宝地，每年5~7月水果丰收，泰国各地都会举行一年一度的水果节，为泰国的旅游业带来大批游客。

可以说，依托热带气候和热带农业，泰国的农文旅结合、一二三产业融合，是除了人妖之外，泰国最有特色的看点了。

图 9-5　普吉岛燕窝体验中心

泰国香米如何成为"国家品牌名片"

泰国大米被誉为泰国菜的灵魂，是泰国烹饪中最重要的食材。

泰国有5000多年的水稻种植历史，然而，泰国大米的出口历史不过百年。20世纪90年代，泰国香米进入中国，红遍大江南北，在一代人的心智中建立了对初级农产品品牌的初次认知。

香米是泰国大米产业乃至整个农业品牌化的一个缩影（见图9-6）。

由于受到土壤、气候、水源等因素的影响，在泰国可种植香米的地方极少，仅占泰国水稻耕种面积的6%，每年泰国香米的出口量也只有220万吨左右。泰国香米完全靠雨水浇灌生长，因此只能选择在

图 9-6　泰国香米

泰国雨季（6~10月）种植，一年只能种植一季。这些因素都限制了泰国香米的产量提升，物以稀为贵，因此正宗的泰国香米尤为珍贵。

泰国香米为什么这么香

泰国香米呈长粒形，属于籼米的一种，因其香糯的口感和独特的露兜树

香味享誉世界。

泰国的地理环境、纬度、气候，决定了这里出产的大米含水量不超过14%，口感香糯、柔软。泰国大米的直链淀粉含量低，而直链淀粉含量的高低决定大米在烹煮后的软硬程度，直链淀粉含量越低则饭粒越软、越绵滑。

泰国香米为什么这么香？其产品差异化的秘密是什么？

泰国茉莉香米的基因图谱作为泰国国家机密从未对外公布，科学家只透露了泰国香米的"致香"基因。香米之所以香，是因为发生了基因突变。泰国茉莉香米的基因图谱中，有八个基因处于"停工"状态。

"致香"基因的发现对于泰国农业具有相当重要的意义。一些普通品种的大米、玉米、稻谷、小麦、豆子和椰子或许可以通过人工改良，提高质量和产量。

从特产品牌到国家名片

泰国政府一直支持"大特产"到"国家名片"的升级。这不仅需要政府高度重视和进行顶层设计，还要一整套利益创造、分配机制以及国际化营销思路和营销策略，最终打造出泰国香米的知名度。

2020年泰国首次将大米发展计划明确化，国家稻米政策管理委员会通过以市场为主导的2020～2024年"国家稻米战略五年计划"，包括国内外市场营销、播种生产、产品加工和创新等方面，计划将泰国发展成为全球大米生产领先国、出口大国以及优质大米国。

在泰国的出口宣传战略中，大米从来就是第一品牌。异国品牌如何尽快本土化、使品牌的核心价值被当地消费者所认可、所依赖，不仅仅取决于价格、质量等要素，还包括树立良好的社会形象，拉近品牌与当地消费者之间的距离。

2014年12月，中国总理李克强再次访问泰国，中泰两国政府达成一致，重启"大米换高铁"的合作，即中国参与泰国高铁项目建设，泰国则以农产品抵偿部分项目费用。①2016年米价下跌，农民大受打击，泰国前总理英拉现身街头亲自帮助米农卖大米，声援米农。②

以官方的名义，泰国香米可以获得国家首脑的支持，国家领导人也成了泰国香米最好的"推销员"，每年泰国都要利用各种机会在国内外宣传推广茉莉香米。

泰国公主诗琳通亲自带领泰国香米推介团到中国进行访问，以自己的亲和力和对中国的熟悉，将政治影响与商业宣传相结合，影响力巨大；泰国农业部常务副部长楚蒂玛现身阿里巴巴总部，在2017泰国茉莉香米天猫双11全球首发会上为中国消费者推介泰国香米（见图9-7）。

图9-7 泰国香米天猫新米节

资料来源：http://www.ifuun.com/a20171146553631/.

一波三折：泰国香米的区域公用品牌打造

虽然泰国香米在区域公用品牌打造方面起步较早，获得了巨大成功，但其后续表现却是"高开低走，一波三折"，曲折的市场表现令人深思。

其中最致命的就是"劣币驱逐良币"——假冒产品的冲击。泰国香米是

---

① 资料来源：http://www.xinhuanet.com/world/2014-12/20/c_127321229.htm.
② 资料来源：http://www.163.com/news/article/C5LPR1JD0001875O.html#from=relevant.

国际注册商标，只有在泰国原产地种植的才"正宗"，但市场上不少是用外观相似的大米冒充的。

泰国香米质高价优，再加上国内检测手段和技术无法大规模应用，给不法商贩创造了造假贩假的空间和条件。假冒产品对泰国香米品牌的冲击非常大，加之竞争品牌的进入，导致泰国香米在中国市场的口碑大打折扣。

此外，泰国香米在公用品牌打造上也存在一些问题。比如，泰国香米在产业组织上只是注重品牌传播，而忽视了基于区域公用品牌之上的企业品牌打造。目前，无论是广告诉求还是品牌推广，都是集中宣传泰国香米产品本身的品质质量，采用权威认证推荐、口味留香等宣传手法突出泰国香米的概念。

于是，这就造成了品牌产权不清晰的局面，多个品牌的泰国香米缺乏明显的品牌个性形象及区分，价格成了唯一的竞争手段。众多香米生产企业，在用户认知差异化方面无所作为。

在品牌化消费时代，消费者对品牌的需求和要求越来越高，痛定思痛的泰国香米也开始了自身转型之路。

泰国香米对品牌进行了一系列的整合：不再强调产品本身的功能性层面，而从消费者洞察方面建立独有的品牌形象和个性，将消费者对区域公用品牌的美好印象转化成企业品牌印象，满足消费者的物质和精神需求，调动消费者的情感和情绪以达成共鸣，建立消费者忠诚度，彻底摆脱低层次的价格竞争，获得品牌的溢价能力和空间（见表9-1）。

表 9-1 泰国香米主要品牌的宣传口号、品牌特点和目标客户

品牌	宣传口号	品牌特点	目标客户
KOKO	口口香米，口口留香	香味浓	对口味有要求的
孟乍隆	泰国商业部推荐用米	官方背书	对品质有要求的
金满门	皇家用米	高端	对高端产品有需求的
金轮大米	原香幸福家庭	原产地/纯真	家庭客户

农产品品牌化的一个障碍就是农产品难以标准化，而泰国香米却做到了

相对标准化。当然，泰国政府制定的农业政策功不可没。

目前，相比世界上其他稻米生产国制定的标准，泰国大米标准是最为规范和详尽的标准之一。严谨的大米标准对泰国大米的质量起到了保护作用，成为泰国大米畅销世界的通行证。

泰国商业部于 2001 年颁布了《泰国茉莉香米标准》，对泰国茉莉香米的产地、长度、宽度、香味等指标进行了明确说明，并规定了出口泰国茉莉香米必须经过泰国官方授权的商检机构检测，只有含量不低于 92% 的 Hom Mali 105 及 RD15 这两个品种的大米，才可以冠以"Thai Hom Mali Rice"（泰国茉莉香米）称号。除此以外，潮湿度不能超过 14%，商标条形码为"885"开头。分包装的泰国茉莉香米外包装则印有"QS"标志，商标条形码为"69"开头，包装上印有"五洲检验（泰国）有限公司"或"C.C.I.C（THAILAND）CO., LTD"标识（见图 9-8）。

图 9-8　五洲检验标识

泰国香米不仅建立了严格的产品标准、品牌识别系统，原产地绿色标志也是其品牌差异化系统的一个重要组成部分。泰国商业部对符合标准的泰国茉莉香米颁发原产地绿色标志。由政府授权允许出口米商在包装袋上标示泰国茉莉香米标志：绿色圆形底盘上有金色谷粒和稻穗，并写有泰文"泰国茉莉香米"（见图 9-9）。

泰国缘何成为"世界米仓"？除了得天独厚的自然资源外，重视大米生产的举国体制和政府鼓励扶持政策，是成就泰国大米成为世界品牌的主要原因。经过多年的潜心发展，以茉莉香米为代表的泰国大米产业，已成为泰国农业具有代表性和示范性的先进产业。

图 9-9　泰国茉莉香米原产地绿色标识

榴莲：一炮打响的泰国农业"新利器"

世界陷入榴莲热恋

世界各地陷入榴莲热恋，一场场狂欢在各大社交平台上蔓延：微博网友开辟了专门的"榴莲超话"；"徒手开榴莲""千元榴莲试吃""喷火枪烤榴莲"等B站视频都有数十万甚至上百万的观看量，"开榴莲盲盒"更是风靡全网……

榴莲，块头巨大、浑身硬刺，看上去霸气十足，辨识度极高，而它带来的嗅觉冲击，更让人难以忘怀。作家郁达夫曾形容，榴莲的气味"混合了臭乳酪与洋葱的臭气，又有类似松节油的香味"。

"一个榴莲三只鸡"，水果之王榴莲含有丰富的维生素、氨基酸及人体所需的微量元素，是世界公认的营养密度最高的热带水果之一。

说到榴莲，就不得不提泰国。作为全球出口榴莲最多的国家，每年泰国有60%以上的榴莲出口到国外。中国已成为泰国榴莲出口增速最快的目的地，中国市场的榴莲基本全部来自泰国。

中国市场对榴莲的旺盛需求带动了泰国榴莲种植面积的扩大和价格上涨。泰国主产地的农民纷纷改种榴莲，以赚取财富。据当地种植园主介绍，其种植的榴莲从几年前每公斤60～80泰铢（约13～17元人民币）涨到100～130泰铢（约21～28元人民币）。

泰国榴莲将在2025年赶超马来西亚成为世界第一大榴莲生产国，产量突破200万吨。榴莲有望超越泰国香米和橡胶，成为出口创收价值最高的农经作物产品，向世界介绍泰国的新利器、新名片。

全球热恋背后的"榴莲秘籍"

政府出手保市场

新冠肺炎疫情期间，中国对包括泰国水果在内的进口商品采取了严格的检疫措施，泰国在出口榴莲前必须向中国海关总署提交良好农业规范认证（GAP）以及国际生产标准认证（GMP），在通过农产品认证（DOA）后才可出口。虽然较为烦琐的通关流程对泰国榴莲出口是不小的考验，但长期来看，这反倒有利于泰国榴莲在疫情期间稳住中国市场。

只有高品质的农产品才可持续受到市场的青睐，泰国为此采取了多项措施：在源头监管上，泰国将私自采摘和出口未成熟的榴莲定为违法行为，违法者将面临监禁、罚款或监罚并处的处理；在包装和销售程序上，泰国农业部要求，泰国水果出口企业要加大质量监控，从水果质量到包装标准都进行更严格的规范；同时扩大线上销售，推出榴莲期货交易和质量回溯体系，为泰国榴莲出口创下更好的口碑。

大单品独步天下

泰国注册过的榴莲品种一共有 234 种，目前普遍种植的有 60~80 种，其口味和质地各有不同。"金枕头"是泰国头号响当当的榴莲品种，也是在中国和泰国当地最为常见的榴莲品种（图 9-10）。因为金枕头采摘后只要保存得当，可保持约 20 天不变质，所以泰国向海外出口的榴莲 99% 都是金枕头。

金枕头榴莲的体型较大，一颗约 3~5 千克，区别于其他榴莲的重口味，其气味温和不冲鼻，入口绵滑香甜。金枕头榴莲分为 A、B、C 三个等级，其中 A 级金枕头榴莲个大、果型好，数量少且价格高，是榴莲中的上品。

图 9-10　金枕头榴莲

随着越来越多的消费者选择健康的零食，对诸如果干、果粉等加工水果的需求将会增加。在中国，除了新鲜榴莲，榴莲干、榴莲冰激凌、榴莲蛋糕、榴莲饼干、榴莲糖等榴莲衍生食品层出不穷，激发了无限想象力和消费力。

未来泰国榴莲面临的巨大考验是基于区域公用品牌之上打造企业（产品）品牌，这也是泰国榴莲高质量发展的重大机会。期待泰国榴莲效仿新西兰国家名片佳沛奇异果，造就下一个世界水果品牌传奇。

中国成了拯救泰国榴莲的"新大陆"

过去，泰国榴莲价格便宜，几乎所有农户都背负债务。但在通过电商等渠道搭上中国农业食品市场的高速路之后，泰国榴莲的价格飙升，为泰国创造了大量的收入。

据泰国有关部门透露，2020年中国是泰国榴莲的最大进口国，占泰国榴莲出口量的90%，中国从泰国进口新鲜榴莲的总额为690亿泰铢（约147亿元人民币）。可以说，中国庞大的需求市场支撑起了整个泰国的榴莲产业。

这还要归功于一项独特的协议，即泰国是唯一获准向中国出口整个新鲜榴莲的国家。泰国榴莲成为中国市场宠儿的另一个重要原因是物流。国内几大主流电商平台都已实行了榴莲泰国直采，国内直销。

2018年4月，阿里巴巴集团与泰国政府签订了一系列合作备忘录，旨在帮助泰国中小企业和农户通过阿里巴巴平台寻求发展机会。根据合作协议，阿里巴巴将在三年内为泰国销售30亿元的金枕头榴莲。此外，还将建设智能物流系统，推动泰国水果出口中国，并开设泰国香米官方旗舰店。天猫上泰国金枕头榴莲预售上线仅仅1分钟，8万个超过40万斤的榴莲就被一抢而空。

"萨瓦迪卡！"随着一声友好的招呼，泰国副总理朱林"空降"淘宝直播间，为在天猫上新开的国家旗舰店"泰国食品官方旗舰店"以及泰国特产做宣传。这是朱林副总理第一次进行国际直播活动，当天的直播活动共售出近5000个榴莲、2万个椰青、1500份甜虾和3000袋香米。㊀

中国对泰国榴莲表现出的强大购买力使口岸方面也传来佳音。从2021

㊀ 资料来源：https://www.alizila.com/alibaba-news-roundup-shopping-around-the-world/.

年4月29日起,中国再增加一处泰国水果进口口岸,即东兴口岸,不仅提高了泰国水果出口中国的效率,也降低了水果在运输过程中的损耗。

正大集团:世界级的现代农牧业产业化经营典范

1980年前后甚至更早出生的人都有这样的回忆:

20世纪90年代,随着中央电视台综艺节目《正大综艺》的持续热播,一首名为《爱的奉献》的歌曲红遍大江南北,其中一句歌词是"爱是love,爱是人类最美好的语言,爱是正大无私的奉献"。

这档综艺节目的赞助商就是泰国的正大集团。因为冠名了国内第一档综艺节目,正大集团以激光穿透的传播方式让中国人认识了这家企业,很多国人甚至认为正大是一家中国本土企业。

年轻消费者可能对正大的认知没有80年代之前出生的人那么强,但是他们大多知道卜蜂莲花(正大集团旗下的零售品牌),在超市里见过打着CP标识的正大鸡蛋(见图9-11)。

农牧食品全产业链一体化的引领者

正大集团⊖是泰籍华人创办的多元化知名跨国企业,以农牧食品、商业零售、电信电视三大事业为核心,同时涉足金融、地产、制药、机械加工等10多个行业和领域。集团业务遍及全球100多个国家和地区,员

图9-11 正大鸡蛋

工约35万人,2019年全球销售额约680亿美元(约4816亿元人民币),资深董事长谢国民更是几度登顶富豪榜成为"泰国首富"。

⊖ 中国以外称作卜蜂集团。

然而，这样一家巨头，竟是白手起家。

1921年，谢易初、谢少飞兄弟开办了一家菜籽作坊，几十年来几代人筚路蓝缕、艰苦奋斗，逐步将其发展成为一家跨国公司。从销售农作物种子开始，到提供"从农场到餐桌"的全产业链产品和服务，正大集团形成了由种子改良、种植业、饲料业、养殖业、农牧产品加工、食品销售、进出口贸易等组成的完整现代农牧产业链，堪称世界现代农牧业产业化经营的典范（见图9-12）。

图9-12 正大集团农牧食品产业链布局

近30年来，正大集团在家族第二代管理者的领导下，在巩固原有新农牧业优势的同时，还积极涉足其他行业，如电信、石化、房产、医药、零售、金融、机械和传媒等，成效卓著，跻身于东南亚规模最大和最具影响力的企业集团之列。

在中国决定改革开放并引进外商投资的时刻，谢氏兄弟就决定投资中国，拿到了编号为001的中外合资企业营业执照，也拿下了当时深圳特区最早、最大的外商投资项目。正大集团成为中国改革开放后第一个在华投资的外商集团。

40多年来，正大集团扎根中国，第一家现代化孵化场、第一座现代化种猪场、第一个引入全价配合工业饲料体系均出自其手。截至目前，正大集团已经设立了400多家企业，是在中国外商投资规模最大且投资领域最多的跨国企业集团之一，总投资额早已超过1200亿元！正大集团的中国业务，撑起了近20年来正大集团业务和利润增长的半壁江山。

四位一体，把分散的农户组织成"联合体"

正大集团之所以在中国发展得顺风顺水，一个重要的原因就是其开创了"公司+农户"模式，并取得了巨大的成功。

这种经营模式肇始于20世纪80年代，它在农民学习生产技术、规避市场风险、规模经营增收等方面发挥了积极作用，解决了中国农业生产端天然分散与品牌打造要求产品标准化和规模经济的矛盾。

如今"公司+农户"模式已不再新鲜，但很少有人知道正大集团是最早在中国开启这种模式的。正大集团创造的"公司+农户"模式，使正大和农民之间建立了既宽松又紧密的经济联系：农民得到了急需的资金、良种、技术、饲料和销售渠道，种植、养殖的风险大大降低；正大集团则得到了广阔而稳定的市场（出售饲料）和充足而可靠的货源（收购禽畜水产等），同时又不用负担庞大的员工队伍开支，可集中力量于技术改进、产品更新以及国内外市场的开拓。结果是富了农民，壮大了公司，搞活了当地经济。

正大集团到来之前，没人相信一个农民可以养一万只鸡。作为中国养殖业的黄埔军校，它几乎以一己之力重塑了整个产业。在改革开放初期，正大集团给中国带来的先进技术、理念，无疑是非常珍贵的。

正大集团在中国市场投资40余年，就是全产业链一体化和"公司+农户"的再实践。随着中国经济社会的不断发展，正大集团的"公司+农户"模式不断升级和迭代，现已成为"地方政府+金融机构+龙头企业+专业合作社"的模式。在这一模式下，银行为项目提供商业贷款获得利息，政府通过政策引导推动农业产业升级。

以"农"为核心的"中央厨房"战略布局

随着"互联网+"现代农业发展步伐的加快，正大集团积极参与农业与互联网的深度融合，为传统农牧食品业发展插上了互联网的翅膀。

正大集团确定了新战略——"打造世界厨房，做人类能源的供应者"。拥有全产业链的正大集团，在中央厨房的打造上拥有天然优势。

中央厨房即把餐桌食品工业化，主要是将原料制作加工成成品或半成品，实行统一采购和配送。正大集团的中央厨房项目于2019年2月开工。该项目由泰国正大与美国康地两家世界500强公司共同投资，项目涵盖中央厨房及肉制品深加工、饲料加工、有机肥加工3个工业项目和6个配套畜禽养殖项目。项目建成后，可年产特色盒饭1.5亿份、肉制品9万吨，预计可实现年销售收入60亿元，税收3.9亿元。同时，该项目将打造成"饲料加工—畜禽养殖—特色盒饭生产、肉制品深加工—冷链物流—连锁销售"的现代特色经营业态。

未来学家奈斯比特曾经说过："成功不是因为解决了问题，而是因为抓住了机会。"正大集团通过打造"中央厨房"来提高农牧食品生产的标准化、工业化程度，以严格的管控手段保证产品品质（见图9-13）。从改革开放之初义无反顾进入中国，到今天在消费升级的背景下布局"中央厨房"，正大集团把握战略机会，不断为品牌注入新内涵。

图 9-13　正大中央厨房产品系列

资料来源：正大食品（正大集团下属公司）官方网站。

工业化 + 快消化：品牌殿堂的通行证

正大集团发展到现在已近百年，作为一个家大业大的典型家族企业，正大集团凭什么能够屹立不倒并且焕发出勃勃生机？

特色之一：工业化

把原来毫无标准的传统农业做成有标准的现代农业。为此，正大集团下属公司正大食品（简称正大食品）（青岛）总投资18亿元，引进了美国、德国、法国、荷兰、日本等国际一流设备。正大食品已经建成亚洲最先进生产线，全封闭的卫生环境、无人化的加工操作、高科技的生产模式无不在刷新食品加工业态，引领食品加工行业的发展。

特色之二：快消化

"做饭两小时，吃饭五分钟"，快节奏的生活方式催生了预制半成品的大风口。

作为全球前三，服务遍及全球50亿人的食品品牌，正大食品早已洞察到农产品快消化的趋势。近年来，正大食品大举进入速冻米面食品制造业，凭借其雄厚的资金和技术实力，全套引进数条国外生产线，生产蒸饺、饺子、包子、馅饼、中式米饭炒菜等产品，生产过程全自动、规模化，成为速冻米面食品制造业的佼佼者。

正大集团充分利用源头优势，打通"从农场到餐桌"的产销链，抓住了懒人经济背后的商机。

泰国版 7-Eleven：这就是新零售

7-Eleven 是全球数量最多、规模最大、营收额最高的连锁便利店品牌。7-Eleven 授权给全球多个国家的大型公司分别运营，而泰国的 7-Eleven 是本土化运作最成功、利润最大的。由正大集团运营的 7-Eleven 有哪些不同呢？

高密度布局，高强度引流

7-Eleven 在全球有超过 7 万家便利店，仅在泰国就有超过 12 000 家店，在泰国便利店行业是绝对的垄断者。这样的终端门店数量让其他品牌的便利店没有任何机会。

独特定位：暖心食堂，泰国人的"第二个家"

泰国人不喜欢在家做饭，认为做饭麻烦又浪费时间，很多人家里甚至连厨房都没有，7-Eleven 几乎包揽了很多泰国人的一日三餐。店里有着全球最全的微波套餐，种类繁多，价格低廉。据统计，泰国人每天至少要进 7-Eleven 两次，某种程度上比回家的次数还要多。7-Eleven 被称为泰国人的"第二个家"，绝非浪得虚名。

泰国特色：将 7-Eleven 作为国家名片

图 9-14　泰国 7-Eleven
资料来源：泰国 7-Eleven 官方 Facebook 账号。

泰国 7-Eleven 面积不大，但坪效非常高。如此高的效率得益于其在选品上极具泰国特色，比如各种海苔、驱蚊水、MaMa 牌方便面等都是泰国独有的。此外，7-Eleven 积极与全世界各地的机构合作，付款方式非常灵活，包括微信、支付宝在内的支付方式超过 10 种。逛 7-Eleven 能够完全感受到泰国的饮食、消费、人情、文化等，很多外国游客把进 7-Eleven 购物当作旅游的一部分，所以说，7-Eleven 堪称泰国的一张名片（见图 9-14）。

从经营产品到经营顾客，完美诠释"新零售"

经营顾客就是在卖产品之外，通过一组运营活动，深化和顾客之间的关系。7-Eleven 在这方面下足了功夫，其个性化服务就是用户思维的最好体现。

为应对酷暑，泰国每一家 7-Eleven 都有非常充足的冷气。当顾客走进门店，即便什么也不买，店员也不会催促或者暗示。店里还有微波炉、饮水机、自助沙冰、咖啡和饮料柜台，可以随意使用，更有泰国人需求强烈的驱蚊水、驱蚊草药、面膜、护肤品随时供应。通过这些服务，7-Eleven 将与顾客之间的关系从弱关系转化为强关系，从而拥有了一批"铁粉"。

泰国正大集团还在积极尝试新零售，将"24 小时购物"等线上零售业务和 7-Eleven 便利店等线下实体零售业务进行整合，为电商平台上大约 200 万注册用户提供服务，实现从经营产品到经营顾客的转变。

从农场到餐桌，一二三产业真正融合

摆在 7-Eleven 店里的一盒猪肉罐头，从饲料、养殖、宰杀、加工配送

到销售全是正大集团自己一条龙完成的。稳坐泰国第一零售业巨头的正大集团，通过包括 7-Eleven 便利店在内超过 14 000 家店的销售终端，打通了正大集团食品产业链的最后 1 公里，真正实现了一二三产业的无缝连接。泰国 7-Eleven 价格合理，很大程度上也是依赖于正大集团完善的食品产业链。

了解正大集团模式，就是了解商业模式的整合和创新，了解如何以全产业链思维布局产业发展，三产融合，实现从农场到餐桌的跨越。

无独有偶，中国速冻食品行业的开创者和领导者三全食品也采取了同一套打法。2019 年，三全食品正式获得 7-Eleven 便利店在河南省的独家特许经营权。至此，河南正式开启外资便利店品牌入驻的新模式，同时也意味着三全食品可通过 7-Eleven 便利店的鲜食业务板块，快速布局终端市场。

利国、利民、利企业的"三利"哲学

优秀的企业，最核心的竞争力往往是价值观引领下的企业文化。利国、利民、利企业的"三利"原则是正大集团的经营哲学，即首先要考虑国家的利益，其次是人民的利益，最后是企业的利益（见图 9-15）。

卓越的企业经营思想是为顾客服务的思想，顾客满意了，才会多次消费你的商品，企业才会生意兴隆。企业发展了，对国家有利，对企业的股东、员工都有利。实际上，有效经营最基本的一条就是为社会奉献高品质的产品及服务。

正大集团作为全球最大的农牧食品企业之一，率先进入了中国的农牧业，从此拉开了正大集团在中国投资发展的序幕。40 多年来，正大集团秉承"利国、利民、利企业"的经营宗旨，积极投身于中国改革开放事业，并不断加大在华投资力度。如今正大集团已成为在华投资

图 9-15　正大集团"三利"经营哲学

规模最大、投资项目最多、投资金额最大的外商投资企业之一。

其开创的"公司+农户"模式，富了农民，壮大了公司，搞活了当地经济。此外，正大集团还特别注重公益慈善、产业扶贫，积极履行社会责任。据不完全统计，正大集团各事业板块参与公益慈善和捐助捐赠总额超 14 亿元人民币，各类产业扶贫项目总投资额超 60 亿元。

企业文化不是挂在墙上、讲在嘴上的，也不是凭空而来的，而是在一定的时间内和条件下，通过生产经营和管理活动沉淀的、具有该企业特色的精神财富和物质形态。优秀的企业，最核心的竞争力往往是价值观引领下的企业文化。正大集团一直奉行并践行"三利"经营哲学，是它走到今天的一个重要的原因。

第 10 章

加餐

世界农业产业化的三个样本

立顿：茶叶品牌帝国的全球化思维与工业化路径

《财经国家周刊》曾有"中国茶企七万家，比不过一个立顿？"的报道，引发了广泛关注。不产一两茶叶的英国，却做出了全球第一大茶叶品牌"立顿"。

1992 年，立顿进入中国，仅用了五年，便取得了茶包销售额第一、市场占有率第一的成绩。

没有对比，就没有伤害。作为茶叶原产地和第一大产茶国的中国，却面临着有品类但缺品牌的尴尬境地。

一包小小的立顿茶，在快节奏的现代社会中，在已经扁平的全球化浪潮里，会经历什么样的嬗变呢？又是如何迎合现代生活的需要的？

以三个"标准化"，打造"全球化"的茶叶

无论是"商界不死鸟"的麦当劳，还是着力为消费者打造"第三空间"的星巴克，抑或打"情感牌"的哈根达斯，均有一个共同的成功基因：以高

度标准化为前提，借助资本力量，不断复制原有商业模式，实现在全球范围内的扩张。

立顿茶的三个"标准化"

立顿在全球的成功，重要原因之一是其承袭了"麦当劳"们的模式——将标准化做到极致，这正是工业化时代的商业精髓之一。在标准化非常困难的农业上，立顿做到了三个"标准化"。

首先是口味标准化。对农产品而言，味道就是王道。把产品口味维持在一个恒定的较高水平，这是最关键也是最难的，然而，立顿做到了。

以立顿销售最好的红茶为例（见图10-1），其原料分别采购自斯里兰卡、肯尼亚、中国，尽管在种植环节立顿已经制定了标准，并尽可能保证标准化，但是产品细微上的差异在所难免。对此，立顿的办法是对来自不同产地的原材料进行拼配，立顿在英国设有一个拼配中心，该中心会用不同产地的茶叶拼配出每年基本固

图10-1　立顿红茶

定的口感，以确保世界各地的消费者在各个季节买到的都是统一口感与品质的立顿茶。

其次是质量检测标准化。立顿很清楚，口味固然重要，但是质量也绝对不容忽视，一旦质量出现问题，消费者就会对品牌"一票否决"。在食品安全标准的执行上，立顿始终都从严管控。

最后是可持续的标准化。在种植过程中，立顿坚持可持续发展的理念，在流程上下了不少功夫，建立了茶叶的可追溯系统、农药使用记录等一整套标准体系。立顿强调，好的品牌，最重要的是从产品源头开始做起。

三个"标准化"正是立顿建立品牌的工业化路径。从传统的观点看，由于农业的特殊性，不同地区的消费习惯、作物生长方式、气候条件均不尽相同，由此导致不同地区的产品异质性较强。但立顿却通过三个"标准化"的

经营理念，实现了立顿茶的工业化发展，为拓展全球市场奠定基础。

立顿茶的全球化之路

早在1892年，立顿就开始了全球化之路，其最先打入的是美国和远东市场。20世纪80年代，联合利华收购了立顿的全线品牌，从此立顿开始了更为强势的扩张之路。结合立顿和联合利华的营销经验，立顿茶叶类产品如今在全球110个国家和地区销售。无论是知名度还是销量，立顿均是全球第一大茶叶品牌。如今，立顿也是全球消费者选用最多的第三大非酒精饮料，仅次于可口可乐和百事可乐。1992年，立顿进军中国市场，五年后，成为中国第一茶包品牌。

立顿之所以能够取得如此卓越的成就，最主要的原因是它聚焦于红茶包，并围绕红茶包构建了全球化价值链和经营体系。

首先，原料和生产全球化。立顿在全球布局和采购原料，斯里兰卡、印度、中国和肯尼亚都有其原料供应基地，中国的原料供应基地分别位于安徽黄山、四川雅安、云南（见图10-2）。然后以茶叶拼配技术为支撑，立顿茶为全球市场提供标准化的茶叶产品，为全球消费者（尤其是年轻消费群体）提供"肯德基、麦当劳"式的饮茶体验。同时，在印度、美国、中国、英国等国家均设有工厂。

其次，为适应欧美发达国家市场上快节奏的消费需求，它颠覆了传统的饮茶传统。立顿创造性地将茶叶拼配成泡茶包，既保存了茶叶风味，又方便饮用；不仅弱化了茶叶产地，也通过规模化和标准化生产统一了口味，从根本上解决了传统茶饮消费冲泡时间长、冲泡过程复杂、茶渣不易处理、喝到茶渣不雅等弊端。立顿在彻底解决了茶叶作为商品必备的标准化和大规模生产问题的同时，保持了茶叶的优良品质，实现了包装方式和饮用方式的全球化。正因如此，立顿红茶很快风靡市场，为全世界的消费者所喜爱，给他们带去了全新的品牌体验。

图 10-2　立顿斯里兰卡种植基地

再次，以大众化价格拓展全球市场。在卓越的拼配技术支持下，茶包工业化大生产降低了产品的成本，满足了大众化的消费需求。中国销售的立顿黄牌精选红茶，每袋售 0.4 元，每克仅需 0.2 元，价格非常大众化，一般的消费者都能接受。立顿用时尚的品牌、便捷的产品和大众化的价格，摆脱了贵族饮料的标签，以"价格全球化"，走进了追求时尚健康饮食习惯的广大年轻消费群体，打开茶叶市场的"新大陆"。

最后，构建以现代渠道为主的全球化分销体系。要建立世界性的品牌、开拓全球性的消费市场，渠道网络尤为重要。1972 年，立顿被联合利华收购，借助这家全球性跨国消费品公司的营销网络，开启了更为强势的世界级品牌打造之路。

一切从消费者出发

如果说标准化是立顿品牌的基石，那么用户思维就是立顿品牌经久不衰、历久弥新的秘诀。德鲁克在《为成果而管理》中指出，企业的成果在企业外部，而非在企业内部。这也是为什么立顿总是孜孜不倦地研究消费者的喜好。

立顿每年都要拿出销售额的 0.7% 作为研究经费，研究不同区域消费者的喝茶习惯，对茶叶冲泡、选料和包装形式等的偏好，影响消费者选择茶叶的各种因素以及饮茶文化的流行趋势等，并建立全球茶饮料消费者习惯的数据库。此外，立顿还建立了"感官项目室"，不仅能有的放矢地针对特定消费者开发新产品，而且对品牌传播与推广有事半功倍的效果。

立顿对消费者的研究可以追溯到其创始人汤姆士·立顿，他发现红茶会因水质不同而在口味上存在微妙差异。从这一独特现象出发，立顿公司根据各地不同的水质创立了不同的品牌，并且打出了"与您家乡的水完美组合的立顿红茶"的口号。这一举措不仅丰富了立顿的品牌组合，也大大提高了立顿品牌本地化的程度。

同理，立顿想要在中国市场立足，必须面临的一个事实是：中国历来就是茶文化大国，消费者对茶叶有较为丰富的品类认知和多样化的消费习惯，甚至对文化、产地、品类、茶具、场所、冲泡方式都有要求，如何打入中国市场，让消费者接受一个诠释本国国粹的外来品牌，是一个难题。

立顿彻底打破产地概念（它的原料多来自印度和斯里兰卡）和中国传统茶品类概念（龙井、铁观音等），而且用水一冲，茶水立现，晶莹透亮，品质始终一致，从根本上实现了快消化（见图 10-3）。这不仅使立顿茶可以不受产地、茶叶形状、消费群体、时间、地点的制约，始终保持产品口味的稳定性，而且圆满地解决了中国茶叶消费冲调不方便的痛点，这也是立顿一进入中国，就快速占据市场销量榜首的重要原因。

同时，基于中国茶叶市场的消费现状，在通过袋装红茶打开中国市场后，立顿对自身产品风格进行了重新定位，并借改变形象之时延

图 10-3　立顿冲泡茶

资料来源：立顿官方 Twitter 账号。

长产品线，推出全新的绿茶、茉莉茶和铁观音茶等符合中国消费者口味的茶包。通过对中国消费者深入细致的洞察，立顿依靠精准的目标消费者和市场定位，以大众化、时尚化对抗经典与传统，成功地占据了中国时尚茶饮市场。

不可否认，高端路线可以增加产品的附加值，但高端市场比较狭小，而且对企业的实力和运营能力要求很高。中国茶企普遍定位于高端，却又往往缺乏对高端消费者的研究，无法打通"高端"路径。而立顿另辟蹊径进入中国，准确捕捉中国消费者的需求，倒成了时尚、品位和生活品质的象征。

从卖茶到贩卖生活方式

立顿的成功还在于，它卖的不仅仅是产品，更是生活方式。

虽然中国的茶文化历史悠久，但对"茶文化"的本质缺乏统一共识，这也是中国"茶文化"很难走出国门、中国茶叶品牌难以国际化的重要原因。

相比之下，日本的茶道却在世界范围内备受推崇。其中一个重要的原因是日本将博大精深的茶文化浓缩为所有人都容易理解的"和敬清寂"四个字，这是日本茶道的精髓，也是超越社会等级、文化背景、地域人文的共通感悟。

19世纪中叶，英国公爵夫人安娜·玛利亚·罗素创造了下午茶的贵族生活方式。当时在英国流行着这样一句话：当钟敲响四下时，世上的一切都为下午茶而停。

一向讲究礼节的英国人，有自己传统的茶室礼仪，讲究交谈声音要小，茶具轻拿轻放；女士举止从容，有人从面前经过时要礼貌地轻轻挪动身姿，报以微笑。这些下午茶社交活动无不体现着英国的贵族精神，以及以荣耀、责任、自律等一系列价值为核心的人文精神。《纽约时报》说，真正的贵族不是生活方式上细枝末节的奢华，而是沉稳的性格及守护传统的责任。

简·奥斯汀在她的《傲慢与偏见》一书中这样写道："茶壶送进书房来时，房间里立即弥漫着沁人心脾的芳香。一杯茶落肚后，整个身心得到了极好的慰藉。绵绵细雨中散步归来，一杯热茶所提供的温馨，美妙得难以形容。"

立顿茶准确捉住了"英式下午茶"的精髓——轻松的朋友闲聊，略带私密的社交空间，并把这种下午茶文化与现代生活和商业社会紧密融合，用创新的产品和专业的运营开创全球化品牌。

同时，立顿产品以明黄色外包装为基础，传递给消费者明快、活泼、充满活力的品牌形象，这同立顿打造的"生活方式"品牌形象相契合。同时，黄色的穿透力很强，即使在超市琳琅满目的货架上，其产品识别度也很高。

根植于有 300 多年历史的英式下午茶生活方式的立顿茶，虽无日本茶的玄妙，也无中国茶的细腻，但给人以轻松闲适的直观感受，用标准化、多样化、快消化和时尚化，炮制出一种飘逸世界的精致的生活方式。

这是立顿茶走向全球并取得成功的重要原因。

品牌推广：从引爆点到全场景互动

格拉德威尔在《引爆点》一书中揭示了一个秘密，即无论是流行病的传播还是文化的流行，通常都遵循三个法则：关键人物法则、附着力法则及环境威力法则。

立顿深谙此道，在顾客心智中建立认知的过程最初也遵循了这样的思路，先在上流社会流行起来，继而扩散到大众群体，最终走进了千家万户，成功开创了红茶的平民消费时代。

立顿通过英国贵族阶层做营销也是将"引爆点战略"发挥到了淋漓尽致的地步。1897 年，立顿抓住维多利亚女王登基 60 周年庆典时机，支持英国皇室布施食物给穷人，立顿捐赠了布施所需的茶叶及砂糖款项，从而被授予爵位，获得"世界红茶之王"的称号。正是通过这种方式，立顿在英国名声大噪。

立顿进入我国这样一个"传统茶文化"大国，仍然选择的是高端消费者作为引爆点。

立顿在中国也非常重视"弥漫"营销战略，自进军中国市场以来邀请多位明星代言立顿品牌。1989 年，周华健获立顿红茶青睐，拍摄商品广告，并演唱广告歌曲，就此成为立顿红茶商品代言人。2008 年，享誉百年的全球第一茶饮品牌——立顿黄牌精选红茶，在北京 798 艺术区举行了盛大新闻发布会，正式宣布新锐导演徐静蕾成为立顿红茶代言人。2021 年，立顿官宣品牌代言人欧阳娜娜，并携手推出欧阳娜娜同款立顿薏气茶（见图 10-4）。

图 10-4　欧阳娜娜代言立顿薏气茶

在我国高端消费者中站稳脚跟之后，立顿逐渐将消费群体扩大到 18～35 岁的都市青年和公司白领，这类群体与互联网关系密切，对于新生事物接受能力较强，同时也认同快节奏的生活方式，对袋泡茶这种产品形态没有天然的抗拒心理。在上述两个群体中，很容易产生意见领袖（KOL），通过这些意见领袖，在年轻一代中传播立顿的青春时尚理念，并借机进行口碑营销，进一步扩大消费群体。

立顿对都市白领的日常生活与工作十分关注。市场调研发现，都市白领因为工作原因，多数时间都在办公室度过，只能通过网络或电话和朋友进行交流，立顿敏锐地抓住商机，围绕办公室下午茶展开营销，举办"传情下午茶活动"，打出"温情牌"，在社交媒体中，朋友间的祝福与情谊就由一杯小小的立顿红茶传递着。从活动传播效应来看，活动网站总计 1200 万访问量，共吸引 400 万独立用户登录活动网址，其中 84 万独立用户参与送茶活动。

基于产品特质和消费者需求，立顿尝试着将产品的独特品质和消费者的情感需求联系在一起，针对立顿奶茶推出了"连连抱"网络活动，传递"拥抱"的温暖，将温暖形成一个"拥抱链"，一直链接下去。该活动共分八个环节，依次为选择好友、选择拥抱方式、选择心仪拥抱形式、为你的拥抱借力取名、发起属于你的拥抱、等待好友传递、积累积分、兑换礼品。此次活动在两个半月之内便产生了百万级独立用户浏览量，发起了超过 80 万次拥抱。

此外，立顿的品牌形象和系列产品在影视剧（如《杜拉拉升职记》《丑女无敌》）、各种时尚杂志以及网络小说中反复植入和出现，以深度体验和潜移默化的方式影响着消费者的购买行为，达到"润物细无声"的效果。

樱桃谷鸭：一只北京鸭引发的国际种业保卫战

提起北京烤鸭，大部分人的第一反应就是中华老字号"全聚德"。但鲜为人知的是，"全聚德"的鸭子竟然来自英国，其学名叫"樱桃谷鸭"。2016 年全球市场占有率超过 75%。据统计，英国樱桃谷鸭仅凭知识产权专利每年可从中国获利数亿元人民币。

更令人扼腕叹息的是，"樱桃谷鸭"是英国从中国引进的，原名是北京鸭。英国樱桃谷公司从北京引进原种，经过 70 年改良，育出了新品种樱桃谷鸭。

改名换姓："北京鸭"英伦变身"樱桃谷鸭"

1874 年，北京鸭被英国人带到了英国。

19 世纪 50 年代，英国的一个叫 J. 尼克森的农场主开始组织团队研究鸭子的养殖问题。通过长达 30 年的遗传选择试验，英国人对传统的北京鸭进行了改良，培育出了生长快的瘦肉型鸭子，并将其重新命名为樱桃谷鸭（见图 10-5）。这种鸭子很快成为英国种鸭出口的佼佼者。

樱桃谷鸭完美地继承了北京鸭的优点——生长快、体型大、产蛋多、遗传稳定、饲养成本低，生长比北京鸭还要快一个月，瘦肉率高达 70%，饲料转化率更高，抗病力也更强。

对于殖民地曾经遍布全球的英

图 10-5　樱桃谷鸭

国而言，其做品牌始终不缺乏全球视角。1981年，中国刚改革开放时，樱桃谷鸭就销售到中国。

1991年，撒切尔夫人访华，促成了中英两国的一批贷款合作项目，河南华英集团（亚洲鸭王）养鸭项目便是其中之一，樱桃谷鸭就是从那时起，大规模进入中国的。

从无到有：三大战略打造品牌

那么樱桃谷鸭是如何打败它在中国的"近亲"，占据中国市场的呢？

其一，爆品思维，不断迭代。英国引进北京鸭之后，并没有满足现状，而是对产品进行持续改进，不断改良、迭代，形成有辨识度的产品，实现产品差异化。实际上，英国人在这方面的做法和新西兰人在引进中国猕猴桃之后的做法有着异曲同工之妙。基因专利壁垒种鸭繁殖是鸭产品产业链中盈利水平最高的环节之一，也是决定鸭产品质量和市场的核心环节，而英国人牢牢把握住了这一核心环节的核心技术。

英国樱桃谷农场公司成立于1958年，专门从事种鸭基因开发和供应，在樱桃谷鸭培育成功后其注册了基因专利，20世纪90年代该公司开始进入中国，推广肉鸭繁育养殖产业化，并取得了很大发展。2016年樱桃谷鸭在我国的市场占有率已经超过85%。凭借基因祖代鸭苗繁育技术壁垒，英国樱桃谷农场公司获得的毛利率超过60%。

因为樱桃谷鸭巨大的市场价值，其培育者尼克森曾经在1984年和1994年两次获得英国女王伊丽莎白二世颁发的"女王勋章"。

其二，锁定中国市场，为品牌寻找"沃土"。中国作为鸭肉消费历史悠久和传统丰富的国家，是樱桃谷优良肉鸭最丰富的发展土壤。此外，独特的烹饪技艺使中国成为世界鸭子消费大国，英国人通过将樱桃谷鸭返销中国，赚得盆满钵满。

其三，打造产业链，建立竞争壁垒。从产业竞争思维看，笔者认为，企业获得产业竞争优势的方式有两种：一是向下游延伸，在与消费者结成一体化关系的过程中形成竞争优势；二是向上游延伸，不断掌控核心技术优势。樱桃谷鸭遵循的路径是后者，与樱桃谷鸭合作的企业之一华英集团是我国也是世界上最大的商品鸭养殖公司。完整的产业链保证了生产的连续性、稳定性，提高了产品质量和成本的可控性，增强了企业的综合竞争力。

20 世纪 90 年代，尼克森年事已高，因为后继乏人，所以他将"樱桃谷鸭"卖给了信托基金。而在两年前，英国市场上出现了出售"樱桃谷"的消息，机会来了！中信集团和首农集团同时注意到了市场上的这一细微变化，首农集团本身就是北京鸭最大的养殖企业和烤鸭原料供应商。

2017 年 9 月 11 日，首农集团与中信农业联手宣布，以 15 亿元人民币价格收购英国樱桃谷农场有限公司 100% 股权。这标志着"北京鸭"这一百年前流失的品种通过海外并购，又重新回归中国。[一]

通过这次收购，樱桃谷鸭的育种技术和专利权也将由我国掌控，对提高我国鸭产业核心种源自给率、建立良种繁育体系以及提升我国鸭子在世界市场上的占有率，维护我国农产品产业安全、建立民族品牌以及推动肉鸭行业上游的供给侧结构性改革具有重大而深远意义。

樱桃谷鸭"回家"的启示

樱桃谷鸭、立顿，充分体现了英国人的农业品牌思维观：做产业链的高价值部分，立足全球去整合资源为品牌所用，实现价值增值后，再卖给全球市场。其具体体现在以下四方面。

其一，用全球视角整合资源，牢牢锁定农业微笑曲线的高价值环节，打造农业品牌。英国因为自然资源有所限制，在农业微笑曲线种植和养殖环节并不占优势，于是英国聚焦农业下游和上游核心技术，从而获得了竞争优势。

其二，始终以企业成果为核心打造创新路径。英国在发展农业过程中，

[一] 资料来源：https://www.sohu.com/a/192112364_475573.

始终以打造品牌为目标，通过"外部"即顾客认知层面的创新引领企业内部创新，对引进的资源进行创造性利用，比如产品的改良、迭代，产业链打造，品牌保持和专利申请等一系列动作，进行品牌培育、运作、管理和保护。

其三，以始为终，以打造市场一流品牌为目标开发市场。英国国内市场较小，但英国从不局限于国内市场，而总是从全球市场角度，用市场承载销量和品牌。英国培育樱桃谷鸭后，牢牢锁定中国市场，实现了从引进到改良再到返销的过程，创造了丰厚的利润。

其四，种质资源是农牧业立足之本。历史上中国动植物种质资源流失，又被外国公司改良抢注的案例屡见不鲜，中国要建立完备的农业产业体系，就必须从源头掌握种质资源这一命脉。

正官庄：一个世界级特产品牌的国家营销之道

高丽参是韩国的一张国家名片。

在韩国，高丽参是销量最好也是最常见的健康食品，不仅男女老少都可以食用，而且常被选为赠送亲朋好友的礼品。在众多的高丽参品牌中，正官庄无疑是首席代表，在韩国它的名气可与路易威登、香奈儿等国际大牌比肩，是高丽参中的名品，在国家外事活动中也常被选为赠送贵宾的礼物（见图10-6）。

图10-6　正官庄旗舰店
资料来源：正官庄中国官方网站。

当然，正官庄高丽参也是全球游客尤其是中国游客的常备伴手礼。

提起高丽参，我们往往会联想到我国东北地区。中国东北东区是人参主产区，其产量占世界总产量的70%以上。然而和韩国高丽参相比，中国东北地区的人参却显得十分尴尬：中国人参产值不到世界人参总产值的4%，效益不足正官庄的1/10。相比之下，韩国高丽参市场份额则占全球的34%，成为绝对霸主。为什么同样是人参产业，两者有如此巨大的差距呢？

韩国在扶植、保护、输出高丽参的过程中，充分体现了极具韩国特色的农业顶层设计和品牌战略。

国家强背书，打造联合体企业母舰

正官庄是韩国人参公社（KGC）旗下最重要的品牌之一。韩国人参公社于1899年创立，是专门掌管高丽参制造及输出的官方机构。正官庄出产的"正官庄高丽参"都标注有"大韩民国政府直接监制"的字样。

"正"代表公道、公正，"官"代表政府、官方，"庄"代表庄稼和工厂，"正官庄"的含义就是由政府主导开发生产的可信赖的产品。

1899年，朝鲜王朝宫内府内藏院设立参政课，它是韩国人参公社的前身，也是红参事业的重要起点。1908年，韩国设立了《红参专卖法》。1928年，韩国官方开始使用高丽参标志。1999年，韩国人参公社从烟草人参公社中独立出来，开始专注于以"红参"为基础的健康事业，不在"红参"之下的中低档人参消费品上与民争利。

值得一提的是，正官庄在创建品牌之初就创作了品牌故事和品牌图腾，这是一个在韩国家喻户晓的故事：

崔氏身患重病，其妻子每天在母后山里为丈夫祈福。有一天，妻子梦到一个白发银髯的神仙和两个仙女下凡，让她去找一株与人形相似的草药。妻子按照梦里神仙指的方位，真的在山里找到了这株草药和种子。崔氏服药后病情好转，与妻子幸福健康地度过了一生。而崔氏的妻子把草药的种子播种在后山，从此天上的仙草来到了人间。

这个故事用一种浪漫的方式讲述了高丽参的起源。

正官庄把这个感人的故事代代相传，将其作为品牌资产的一部分，并创作了故事画卷，作为品牌图腾，还注册了商标（见图10-7）。

图10-7　正官庄品牌图腾

资料来源：https://auction.artron.net/paimai-art5103880531/.

韩国在高丽参的发展过程中，明确一个主导产业，集全国之力，打造一个联合体企业，塑造一个联合体品牌，使得"正官庄"一出生就解决了很多农产品区域公用品牌根子上的隐患问题，为其后续发展摆脱了很多限制和顾虑。

联合体企业品牌，让产区内的经营主体担起了"主导产业，代表品类"的重担，不再"吃大锅饭"，解决了消费者面对区域公用品牌不知道选择谁的问题，将产地价值、产业价值变成了品牌价值、市场价值。

历史积淀和长期的国家政策支持让韩国人参公社成为韩国高丽参最强大、最正宗的主体经营企业，避免了企业间恶意竞争和假冒伪劣产品混淆的现象发生，天然具有主导行业、引领行业的优势基因。

6年根：定义产品标准，掌握核心价值链

农业品牌建设，品种第一，品质第二，品牌第三。

品种是品牌的基础，没有好的品种和产品，品牌就是无源之水，无本之木。深谙此道的韩国，在高丽参的品种培育、种植和加工工艺上，坚守种植传统，拥抱现代科技和生产工艺，不断提升和优化。

聚焦是正官庄人参成功的原因之一。虽然人参分为很多种，但是正官庄并没有全面铺开，而是聚焦红参，不遗余力地将红参做到极致，将韩国高丽参与最好的红参画上了等号，建立了"正官庄＝全世界最好的红参"这一心智联想。

正官庄树立的"6年根"人参标准，成为建立竞争壁垒的有力武器。高丽参的6年根人参是"参中极品"，正官庄则是唯一采用6年根的人参制造技

术企业,从选地栽培到流通,共经历 7 次严格的检测。选定参田后,韩国人参公社会与土地的主人签订合同,并派出专业人员进行指导,保证 6 年内人参的栽培、种植、收获(见图 10-8)。

正官庄红参产品的原料只使用 100% 合约栽培收获的人参,这需要经过 2 年的土壤管理、6 年的栽培,在 8 年内需要进行 290 多种安全性检查。在加工上,正官庄建成了世界上最大规模的人参加工厂,制作工艺结合传统手工作业和尖端工艺,拥有韩国食品药品质量体系认证的优秀医药品制造管理设施,通过了澳大利亚及日本的优秀医药品管理标准认证。

图 10-8 正官庄 6 年根种植基地

资料来源:正官庄中国官方网站。

正官庄旗下拥有"天丰""连丰""金丰"等20多个自研品种，正官庄将每年利润的20%用于研究开发，2005年研发投资额达70多亿韩元，研究经费逐年递增，并与KT&G（韩国烟草与人参公司）中央研究院及其他研究机构合作构建研发网络，以人参宗主国、世界人参研究先驱的姿态开展学术活动。

正官庄标志中的太极是韩国国家的象征，左右各一个人参的造型图样，参上方的6颗星星表示每一株人参皆为6年根采收，体现对质量的坚持。从1928年官方使用高丽参标志，到1958年放开红参专营权，正官庄用30年教育消费者形成正宗"高丽参"品质印记，形成行业规范。

通过多年专一、专注的持续努力，正官庄对高丽红参形成了近乎垄断的话语权，并由此掌握了产业核心价值链。

如今，正官庄在日本、美国、印尼等地设立了法人机构，并向世界上60多个国家出口产品。中国市场是韩国人参公社海外市场中占比最大的，现有1000多个直营专卖店。2009年，正官庄在中国专门成立了正官庄6年根商业（上海）有限公司，负责中国范围内的正官庄产品销售。

近年来，正官庄不断与中国展开深度合作，先后与吉林省人民政府、东阿阿胶签订战略合作协议，在品种引进、种植、研发、生产、销售等方面展开进一步战略合作。这也标志着正官庄凭借品种、技术和品牌优势，进入了"全球化布局+本土化渗透"的全新发展模式。

快消化，打破传统与重构价值

千百年来人们多是采用煲汤或泡酒的方式食用人参，但这样吃起来很不方便，更有很多人不知道人参正确的食用方式。现今的消费者，消费习惯和方式已经发生了很大转变，正官庄是如何打破千年传统，使人参融入现代生活和场景，让年轻人也爱上吃人参的呢？

答案是打破人参千百年来固有的产品形态和消费习惯，通过快消化、便利化、深加工化，重构行业规则和品类价值，开发适合不同人群、功能和场景的产品（见图10-9）。2021年，正官庄已经研发出200多种产品供消费者选择。除了传统的原支参以外，还有高丽参粉、高丽参膏、高丽参茶、高丽参精丸、高丽参含片、人参提取液、人参大枣粉、人参饮料、红参糖等一系列高丽参产品。

其中红参浓缩液和红参精是最受欢迎的。红参浓缩液是正官庄的王牌产品，曾创下年销售额3000亿韩元（约18亿元人民币）的纪录。红参精则含有多种矿物质及人参皂苷、氨基酸、氨基糖等对人体有益

图10-9 正官庄快消化产品组合
资料来源：正官庄中国官方网站。

的微量元素。正官庄红参精EVERYTIME首创便携式的小条包装，让消费者无论何时何地都可以快速方便地服用，上市至今销量已突破2亿条，相当于平均每个韩国人服用了4条。

古时起，韩国便有给孩子服用人参、鹿茸、当归等补品的习惯。正官庄推出的儿童专用红参制品"红儿将军"，始终稳居韩国儿童红参产品销量榜第一位。"红儿将军"选用定点培育的6年根正官庄红参，覆盖3~10岁儿童，根据不同成长期的特点，提供不同的营养成分来增强儿童的体质。此外，为了符合儿童口味，正官庄还使用梨的浓缩液来消除红参的苦味。

正官庄专为11~20岁的青少年开发的I-PASS系列产品，同样以6年生的红参为主材料，辅以蓝莓浓缩液、黄芪、当归、茯苓、燕麦等多味药材制作而成，已获得韩国国家机关的官方认证。除此之外，正官庄还推出了儿童高丽参果汁饮料，打开吸嘴盖就能直接饮用，有葡萄、苹果、橙子三种口味。

高端红参护肤品牌"彤人秘"（DONGINBI）则承载着韩国人参公社征服美妆领域的期待。韩国人参公社将最引以为傲的红参原料和技术倾注到护肤

品上，彤人秘以"专业红参护肤品"的品牌形象，迅速在韩国市场占据一定的市场份额，并已逐步进入了美国、加拿大、新西兰等国家。2019 年彤人秘的销售额已经达到 1.5 亿元人民币。

凡是腿长走得远的地方特产，都在产品形态、包装上动了脑筋，进行过快消化改造。英国立顿茶相对于中国传统茶是快消的，加多宝凉茶相对于街边店售卖模式是快消的，东阿阿胶桃花姬相对于传统阿胶是快消的，正官庄 200 多种加工产品相对于传统红参是快消的。

国家营销 + "韩流"，双轮驱动走向世界

国家背书赋予正官庄高丽参强大的品牌能量。

2010 年，在韩国首尔举行的 G20 峰会上，韩国政府选择采用 6 年根红参制作的正官庄产品，作为国礼之一送给各国首脑。

韩国人参公社还在新闻中心开设"正官庄咖啡厅"，展示"红参咖啡"等产品，其中红参拿铁是专为第一次接触红参的外国人所准备的一款饮品，专供于此次 G20 峰会。韩国人参公社方面还在会场中放置红参果冻、红参糖果以及红参饮料"红参源"等，以此进一步扩大正官庄的知名度。

正官庄获得了"国礼"的身份，频繁参与国家高级外交活动，不断为正官庄续写品牌故事，提升品牌的溢价能力。

"韩流"文化是韩国国家品牌的重要组成部分，在韩流粉丝通过电视连续剧、电影、围棋等对韩国文化产生兴趣后，韩国美食、传统文化也开始逐渐进入大家的视野。正官庄高丽参当然也没有放弃这样一个文化营销的战略机遇。

韩剧《大长今》是 2004 年度韩国收视率冠军，被引进中国后在中国的收视率也是遥遥领先。在韩剧《大长今》中，出现次数最多的食材便是人参。长今和崔尚宫进行美食比赛，做的第一道菜是"人参牛肋骨"；害得长今被流放的罪魁祸首是"人参全鸭汤"；长今救治了因食用腐烂蔬菜而生病的百姓，乡亲们为了感谢她，赠送的还是人参。

而且，正官庄高丽参还多次聘请最具影响力的韩国明星代言，将韩国产品成功植入东南亚各国消费者的心智。出演《大长今》的李英爱，还有风靡亚洲的韩国明星裴勇俊、成东日、金喜善等，都曾是正官庄的代言人。而凭借在韩剧《太阳的后裔》中的植入，正官庄红参精在韩国供不应求，其他国家消费者也纷纷将其列入"韩国必买购物清单"。

经韩国食品药物管理局（KFDA）认证，红参具有增强免疫力、缓解体力疲劳、促进血液循环、改善记忆力、抗氧化、改善女性更年期症状六大功效，养生属性显露无遗。正官庄打通传统和时尚的两极，将传统理念与现代的韩国美容、美食、服饰等一系列潮流元素结合起来，推出全新的参养生概念——韩国御用养生。

同时，正官庄充分围绕大健康理念，策划了"高丽参养身探秘""韩国御用养生谈"等产品科普知识营销活动，"感恩母亲节""韩国御用养生中国行"等事件，在中央电视台财经频道（CCTV-2）《健康之路》节目播放专题《从宫廷到民间，韩国高丽参养生传奇》，在各大广播、健康类杂志等开设专栏，正官庄通过养生文化的传播促进了市场认同。

此外，体育营销在韩国品牌传播和助推"汉江奇迹"方面功不可没。在众多的体育运动中，韩国人非常喜欢围棋这项体现东方智慧的运动。正官庄通过赞助各种"正官庄"杯围棋对抗赛，在世界棋手、棋迷乃至普通民众中引发热烈反响，将高丽参与围棋这两个具有悠久历史的符号牢牢联系在一起。

第 11 章

从西方术到东方道
中国特色农业品牌建设的道路与方法

为帮助中国农业现代化和品牌化探寻真经、找准路径，笔者历时 6 年，先后走遍美国、法国、荷兰、以色列、新西兰、瑞士、德国、日本、泰国等 9 个世界上农业较为发达的国家，用脚步丈量世界，剥茧抽丝，企图寻找世界农业发达国家的"真经"，为我们所用。

农业"西游"，笔者最大的感触是：一个强大的国家，必须有强大的农业。西游诸国多已进入农业现代化时代，确实有很多值得学习的"术"。

然而中国农业品牌之"道"，笔者认为还应从中华民族深厚的五千年农耕文明和独一无二的中国特色社会主义伟大实践中去发掘和探索，从而找到中国特色的现代农业发展和品牌建设之道。

2007 年，时任浙江省委书记习近平提出："我国农业人口多、耕地资源少、水资源紧缺、工业化城镇化水平不高的国情，决定了发展现代农业既不能照搬美国、加拿大等大规模经营、大机械作业的模式，也不能采取日本、韩国等依靠高补贴来维持小规模农户高收入和农产品高价格的做法，而必须探索一条具有中国特色的现代农业发展之路。"㊀

㊀ 陈锡文.走中国特色社会主义乡村振兴道路[M].北京：中国社会科学出版社，2019.

中国地大物博，文脉深厚，是世界农业文明的重要发源地之一；中国培育了世界上最早的水稻、粟（小米）和菽（大豆），开辟出史无前例的世界交流大动脉——"丝绸之路"（见图11-1），创作出世界上最早、最先进的农业科学著作《齐民要术》《天工开物》等；从本源上提出"道法自然""天人合一""药食同源"等宇宙观、生态观和养生观，为全世界贡献了不可替代的农业资源、农业科技和农业哲学。

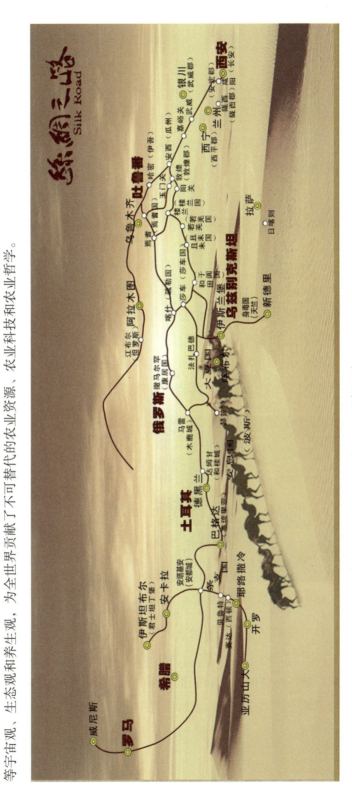

图11-1　丝绸之路

资料来源：http://sbj.cnipa.gov.cn/dlbz/dlbz/201705/t20170512_264595.html.

今天，我们已经进入了 21 世纪的新时代，在中国现代化和农业品牌建设上，也要探索出中国特色的道路和方法，从而创造出中国特色的新农业文明。这是新时代中国新农人的使命和责任，也是我们 20 年专注品牌农业研究与实践的初心和信心。

日本人为什么偷不走茅台酒

日本人爱学习，凡是别人的好东西都想研究和借鉴。他们曾经看上了中国的茅台酒，想"克隆"走。经过研究，他们认定酒窖里面黑色的泥巴是形成茅台酒味道最核心的东西，于是他们弄了一块窖泥偷偷带回日本。

窖泥里有数不清的原产地微生物，没想到的是，到了日本"水土不服"，死的死，伤的伤，结果同样的窖泥在日本酿造出来的酒完全不是茅台味。日本人终于明白了，茅台酒只能属于中国（见图 11-2）。

图 11-2　茅台镇和茅台酒厂

日本拿不走茅台酒，那茅台酒在中国挪个地方行不行？

1975 年，由于茅台酒原厂面积太小，无法满足消费需求，茅台决定易地建厂。茅台酒的复制工作被列为国家"六五"重点科研攻关项目。寻找了 50 多个地址，最后在遵义找到一个山清水秀、没有工业污染的地方。领导要求把茅台酒的所有流程工序、设备和原厂制酒的老师傅都带过去，连茅台酒厂的灰尘也装了一箱子。专家们知道，独特的微生物是造就茅台酒独特风味的关键！

在新厂址，师傅们用当地非常纯净的水，利用从原厂搬过来的窖泥和灰尘中的微生物，严格按照茅台酒的流程工序复制和试制；一共进行了 9 个周期、69 次实验，1985 年这个项目还是宣布失败了。新厂生产出来的酒也是好酒，但就是与茅台酒的风味不一样。无奈，后来这个厂子生产的酒被命名为"酱乡珍酒"。

茅台酒的故事告诉我们一个道理：特产和农产品，因地域而生，独一无二，不可替代！这是它的珍贵之处，也是做品牌最宝贵的资源。

千年一遇：中国农业进入品牌经济新时代

改革开放40余年来，中国农业取得了举世瞩目的成就，创造了用世界上9%的耕地养活了近20%的人口的奇迹。

如今，在高质量发展的新阶段，质量兴农、绿色兴农、品牌强农，品种培优、品质提升、品牌打造，区域公用品牌、企业品牌、产品品牌三位一体，已经上升为国家战略，形成全社会的理念共识和行动指引。

实施乡村振兴战略、推动农业转型升级、满足人民美好生活需要，很大程度上有赖于品牌农业的发展。

农虽旧业，其命维新。中国农业正走进品牌经济新时代，并呈现蓬勃发展之势。

一带一路 + 双循环，农业国际化重大机遇

中国于2013年提出"一带一路"倡议，经过多年发展，取得了举世瞩目的成就。截至2019年底，中国已经同138个国家和30个国际组织签署了近200份共建"一带一路"的合作文件，中欧班列累计开行21 000多列，中国与沿线国家累计贸易额超过7.3万亿美元。中国通过搭建"一带一路"合作平台与沿线国家分享中国改革开放的红利，并在市场层面上形成优势互补、互通有无的关系。

2020年5月14日，中央政治局常委会会议指出，要深化供给侧结构性改革，充分发挥我国超大规模市场优势和内需潜力，构建国内国际双循环相互促进的新发展格局。

"以国内大循环为主体,绝不是关起门来封闭运行,而是通过发挥内需潜力,使国内市场和国际市场更好联通,更好利用国际国内两个市场、两种资源,实现更加强劲可持续的发展。"

用循环实现畅通,用畅通创造价值。国内大循环是在内需层面更高质量的开放,在新发展格局下,要靠自身发展,但也离不开与世界的交流与合作。

作为农耕时代的世界强国,"丝绸之路"上的中国深刻地影响了全世界,瓷器、茶叶、丝绸、中医药等成为耀眼的国家名片。

从全球视角看,中式饮品(包括茶)、中餐、白酒、中药、养生和保健品、丝绸、黄酒等都拥有强大的国家心智资源。

如今,老干妈辣酱、冰糖葫芦相继在国外成为网红,宁夏枸杞更成为"超级食品",还有了个响当当的外文名字:Goji Berry(枸杞莓)(见图11-3)。

2018年,在美国10年来最严重的季节性流感疫潮中,来自中国的特色产品——枇杷膏成为美国人心中的新网红。可口可乐、雀巢卖中式茶饮,肯德基、麦当劳大力推油条、茶叶蛋甚至螺蛳粉。

图11-3 宁夏枸杞公用品牌主视觉

这就是中国特色的力量。

随着中国的和平崛起,拥有强大心智资源的特色农产品和食品,具有创建世界级品牌的基因,最有可能率先创造出国家名片式的大品牌。

从"一带一路"到"双循环",是中国农业国际化的重大机遇,有利于提升我国农业科技现代化水平和产业国际竞争力,促进农业创新引领,打造更多中国的"世界级农业品牌"。

药食同源,农业品牌附加值的"黄金地带"

中国源远流长的"药食同源"养生智慧,造就了数不胜数的具有区域特征和健康价值的美食（食品）方法、品类与口味，同样孕育着巨大的产业机会。

传统农业的产业链条较长，相比种植和养殖环节，健康产业具有高附加值、高消费性的突出特点，其和农业结合可以大大拓展农业的利润区和附加值。品牌农业新时代，大农业和大健康产业形成了交集，成为中国农业企业打造品牌的"黄金地带"。

农业健康化，健康业农业化。药食同源，健康产业和大农业有着共同的上游，具有天然的联系。随着世界进入老龄化社会和"健康中国"大战略的实施，以及全民健康消费意识的觉醒，一个新的复合型产业正在崛起，该产业基于消费者"药食同源"理念的大认知，形成大农业、大食品、大健康三业的交叉融合，这里是中国农业品牌建设的黄金地带，蕴藏的市场价值不可估量。

东阿阿胶推出"桃花姬"阿胶糕，千年阿胶越来越食品化；宛西制药凭借旗下仲景食品公司，推出仲景香菇酱、野生蓝莓酱等健康美味食品。反过来，六个核桃能"补脑"，王老吉凉茶能"预防上火"，百瑞源枸杞油软胶囊能"提高免疫力"，佳沃蓝莓能"养眼"（见图11-4），这样的案例将会越来越多。

图 11-4　药食同源产品图

8000 多个地理标志，孕育万亿级品牌蓝海

宁夏的枸杞、长白山的人参、云南的普洱、内蒙古的牛羊肉、广西的芒果、西湖的龙井、新会的陈皮、绍兴的黄酒、洛阳的牡丹、沁县（古称沁州）的小米、涪陵的榨菜、新疆的干果、库尔勒的香梨、玉树的牦牛、苏州的

丝绸……

中国是世界农业大国，农副产品品类资源非常丰富，拥有农业农村部、原国家质检总局、原国家工商总局颁发的"地理标志"8421个，数量世界第一，还有蓬勃发展的"一县一业""一乡一特""一村一品"等。数以万计的特产品类资源，蕴藏着让世界多数国家都羡慕的"金山银山"，面对中国14亿人口消费红利，再小的品类也能打造成大品牌！这是做品牌的天赋和资本，背后孕育的是万亿级品牌蓝海。

但地理标志（见图11-5）是起点，不是终点；是产业语言，不是消费语言；是入场券，不是胜券！不要以为获得地理标志就是做品牌。苹果地理标志产品有66个，桃子地理标志产品有153个，你能想起几个？只有塑造心智品牌，实现从地理标志产品到心里标志品牌的跨越，才是真正的成功。

图11-5　中华人民共和国地理标志和农产品地理标志

在中国地理标志产品的名录中，有数以千计的地理标志产品，等待用品牌去唤醒，去振兴。地理标志是产业的根与叶，品牌是市场的花和果，只有品牌才能真正让农产品在市场中开花结果。试想，如果中国所有的县都能够实现"一县一品"，近3000个县域都在地理标志产品基础上成功打造特色品牌，那么中国农业将呈现何等的气象！

从农业大国、资源大国到农业强国和品牌强国

中国广袤的土地，丰富、多元的自然气候、地理地貌和人文环境，孕育了世界上任何一个国家都难以比拟的自然资源与物产。"丰富物产＋中华美食＋深厚文脉"三位一体，是中国不可替代的最具竞争力的三大国家级资源，也是创建伟大品牌的天然基因和心智优势。

西方市场实践告诉我们，当一个国家和地区的人均GDP达到5000美元

时，居民的消费模式开始从以温饱为主的基本型消费向以满足为主的享受型消费转变。现在，中国人均 GDP 已达 1 万美元，全球最大的市场以及全球最多的 4 亿新中产消费群体已经形成，中国消费者需求结构正在发生根本性转变：从吃饱到吃好到美好生活。品质化、个性化、多样化、象征性消费成为突出特征。

中国开始从农业大国、资源大国向农业强国和品牌强国转变，中国农业将进入大整合、大集中、大品牌的新时代，这是千年一遇的产业革命和财富浪潮，也是诞生伟大品牌和伟大企业家的战略性机遇。

打造品牌！这是企业家和地方党政一把手的第一要务。

品牌是农业现代化和乡村振兴的战略抓手

习近平总书记强调，乡村振兴战略是党的十九大提出的一项重大战略，是关系全面建设社会主义现代化国家的全局性、历史性任务，是新时代"三农"工作总抓手。

如果说乡村振兴是"三农"工作的总抓手，那么进一步追问，乡村振兴的抓手又是什么？笔者认为是产业兴旺，因为产业兴旺是乡村振兴总任务的第一项，是基础。产业兴旺从何抓起，其标志是什么？是品牌！品牌是产业价值和资产的聚集器、放大器。要想真正实现乡村振兴，必须打造强势品牌。

没有品牌，农产品就无法实现将产业优势转变成市场价值；没有品牌，消费者面对优质产品也是"纵使相逢应不识"。所以，品牌是农业现代化和乡村振兴的战略抓手，是带动、整合和促进乡村产业发展的根本抓手，是让"绿水青山"成为"金山银山"的金钥匙。

以上总结起来就是"三个抓手"：乡村振兴是"三农"工作的抓手，产业兴旺是乡村振兴的抓手，品牌强盛是产业兴旺的抓手。这是必须明晰的推进路径。

山东寿光立足设施蔬菜，打造"寿光蔬菜"区域公用品牌，构建产业集群，是目前中国最大的蔬菜生产基地和全国重要的蔬菜流通基地，蔬菜产业年经济总产值210亿元，农民收入70%以上来自蔬菜产业，因此被公认为全市人民的"命根子"（见图11-6）。

图11-6 寿光蔬菜区域公用品牌发布会

在河南西峡县，仲景香菇酱（见图11-7）不仅造就了"中国香菇酱第一股"仲景食品，更带动了西峡香菇的产业转型和价值升级，推动区域特色产业持续做强做大。西峡县香菇总产量突破20万吨，综合效益突破60亿元，全县农民纯收入的50%来自香菇产业，已成为西峡富民强县的第一产业抓手。

图11-7 仲景香菇酱

中国农业品牌建设的三大"病症"

一是群龙无首。市场集中度是产业和市场成熟的标志。中国农业的主要矛盾，依然是千家万户的小生产与千变万化的大市场之间的巨大冲突。以我国肉制品行业为例，行业前三强——双汇、雨润、金锣的加工总量，不到我国生猪屠宰总量的5%，而美国前三家肉类加工企业的总体市场份额已超过65%。因此，福来咨询反复强调，农业品牌建设，除了打造区域公用品牌，还必须扶持和培育龙头企业，做企业品牌和产品品牌。

二是市场营销滞后。很多企业至今仍存在严重的政府（政策）、银行依赖症，把主要精力放在了争取政府的支持和扶持上面，要土地、要资金、要政策，之后又建基地、盖厂房、购设备，把大部分钱和精力都放在了看得见的"高大上"的硬件上了，而看不见却更重要的企业战略发展规划、品牌创建与传播、市场渠道开拓、人才队伍建设等却不够重视。一进市场才发现，没有好产品寸步难行，有了好产品还是卖不赢。

三是缺"根"少"魂"。对中国地方政府和企业而言，农业品牌建设绝大部分都是摸着石头过河，跟着感觉走。我们经常看到，许多地方政府做区域公用品牌的热情很高，设计 Logo、开发布会、搞文化节、打广告，期望很高，结果却是叫好不叫座，好看不好用。还有不少企业，产品多而不精，力量散而不聚。企业越小，想法越多，产品越多——这是最大的病症。

农业行业产地依赖性强、产业链条长、投资周期长、综合风险高，必须首先做好"顶层设计"，明确发展的逻辑和路径，对生存的根基与边界、资源如何配置进行通盘考量和决策。福来咨询称之为"战略寻根"。

农产品品牌的差异、价值和定位多蕴藏在产地、品种和文化中，需要经营者深入挖掘和提炼，找到与消费者强大心智共鸣的消费者集体意识，福来咨询称之为"品牌找魂"。战略无根，品牌无魂，是导致绝大部分农业企业和区域公用品牌失利或失败的严重"内伤"。

与生俱来的生态和文化是农业品牌最大的基因和禀赋

一方水土养一方物。

农产品的品质特色是由它赖以生存的生态和文化决定的，与生俱来的生态和文化，是农业品牌建设最大的基因和禀赋。

先说生态。农产品是大自然的杰作，因所生长之处的地理、气候环境不同而不同。地理、气候等统称为生态环境。库尔勒香梨，以皮薄、肉脆、汁多、味甜、酥香、爽口、耐贮藏和营养丰富等特点驰名中外。库尔勒香梨原产于新疆南疆地区，已有 1300 多年的栽培历史。南疆地区属典型的内陆暖温带干旱气候区，独特的生态环境和上千年的驯化栽培形成了库尔勒香梨独特的品质和极强的地域依赖性。国内各地多次引种栽培，结果都令人失望。只有美丽的孔雀河水浇灌的土壤，才能种出地道的库尔勒香梨。

盱眙龙虾之所以受到市场的追捧，源于其国家级生态县的环境优势和"三白两多"的品种优势（见图11-8）。龙井茶的制作工艺可以说没有什么秘密可言，可是只有杭州的狮、龙、云、虎、梅五个一级核心产区的原料制作出来的龙井茶，才是"正宗龙井"。

图11-8 盱眙龙虾区域公用品牌

五常大米也是，最具代表性的品种稻花香2号，也有人引种到外地，可是种出来的品质与五常大米核心产区的质量相距甚远。

上述案例说明，生态环境不仅造就了产品的独特性和优异品质，也造就了产品的珍稀与不可替代性。这是农业品牌价值的重要源泉。

再说文化。有人，有历史，就会有文化。伴随农产品的诞生与发展，有关农产品的历史、传承、工艺，与农产品相关的人物、习俗、精神等，在产地和品类中蕴含，在原产地中流传，这些非物质文化与农产品生长所依赖的生态环境一样，也是农业品牌的基因与禀赋，独一无二。

武夷山最负盛名的乌龙茶叫"大红袍"，被誉为"茶中之王"。"大红袍"的名字是怎么来的呢？传说天心寺的和尚用九龙窠岩壁上的茶树芽叶制成茶叶，治好了一位皇官的疾病，这位皇官将身上穿的红袍盖在茶树上以表感谢之情，红袍将茶树染红了，"大红袍"茶名便由此而来。九龙窠岩壁上至今仍保留着1927年天心寺的和尚所做的"大红袍"石刻，而这已成为大红袍爱好者的精神图腾和"朝拜之地"。

沁州黄是山西小米的代表，因为受到康熙皇帝的青睐，被奉为皇家贡米而闻名于天下。福来咨询协助沁州黄小米集团以产地和历史为根基，以"守护名米30年"为品牌口令，为沁州黄塑造了大气、厚重、正宗的品牌形象（见图11-9）。

图11-9 沁州黄小米

新时代农业品牌建设的王道，就是做有根有魂的事

在中国社会经济高质量发展的新时代，创建品牌，谋求升级，就是要做有根有魂的事，这是新时代农业品牌建设的王道！

茅台之所以成为中国白酒第一品牌，是因为始终坚守酱香白酒的品类边界、茅台独特的生态条件与酿造工艺、1915年巴拿马万国博览会金奖的历史荣耀以及茅台的各种历史渊源，这是让茅台在白酒市场上牢牢占据老大地位的根和魂。

同样是茅台这家企业，脱离了根和魂，开拓新领域会成功吗？

茅台集团以茅台为品牌，推出了茅台啤酒、茅台葡萄酒，结果屡战屡败。现在茅台啤酒已出售给了华润集团，茅台葡萄酒还在苦苦支撑。这是何等的反差啊！其根本原因就是茅台在啤酒和葡萄酒行业，尤其在啤酒和葡萄酒的消费认知上无根无魂。无论茅台集团的领导和员工们怎么努力，也无法在别人的土地上扎下根来。

2018年以来，湖南力推红茶，动作频频：打造"湖南红茶"公用品牌。对此，笔者持不同看法。提起湖南，跟什么茶关联最密切？当然是安化黑茶。现在湖南要力推红茶，有机会吗？可以有！但是从全省茶产业战略上已经很难有战略机会了。因为提起红茶，消费心智中跳出来的首先是安徽祁门、云南滇红、福建闽红、广东英红、四川川红等。这也是为什么西湖龙井和信阳毛尖在绿茶品类中如此有名，延伸到红茶领域却始终不温不火，红不起来。

就像偷不走的茅台酒一样，容县沙田柚同样也无法复制。容县是"八山一水一田"的典型丘陵山区，生态环境优越，涵养水分丰富，是种植优质沙田柚不可复制的好地方。容县沙田柚，色泽金黄，外皮细薄，果底有独特"金钱肚"，果肉脆嫩，口感清香甜蜜，回味悠长。"独有蜜香、入口无渣"是容县沙田柚的独特品质。不可替代的高品质正是容县大力发展沙田柚产业的战略之根，也是其市场价格高于其他产区50%以上的秘密。

2020年初,中国红枣第一股"好想你"突然宣布把几年前收购的知名电商休闲零食品牌"百草味"100%的股权以7.05亿美元现金出售,很多人表示不理解,但是笔者认为这充分体现了"好想你"该出手时就出手的战略把控和决断能力。聚焦主业不动摇,从老大到伟大,在新的起点上做更好的"世界枣王"和"健康食品引领者",这是更稳健也更具竞争力的战略选择。

陕西白水是苹果大县,也是世界苹果最佳优生区之一,产业基础扎实。为了打造白水苹果区域公用品牌,该县曾花重金聘请影视明星许晴代言,在媒体上大力推广,可惜没有品牌灵魂,从"有机"到"健康",从"好味道"到"好生活",把放之四海而皆准的特色说了个遍,白水的特色却没有体现,白白浪费了资源。

来自内蒙古乌兰察布的兰格格乳业,在乳品行业只是个"小老弟",凭什么能在刺刀见红的乳业市场开辟一片蓝海?有根有魂!兰格格的"根"是什么?草原酸奶!兰格格的"魂"是什么?"草原酸奶世家"!想当年,伊利、蒙牛的成功也源于草原牛奶,但今天它们已经是全球化奶源,不再只属于内蒙古大草原了。真正的好奶,尤其是低温酸奶,一定是草原的牛、草原的奶、草原的工艺,在草原上自然发酵,600里[⊖]草原急送。这正是来自草原酸奶之都——乌兰察布的兰格格的根,也是众多消费者喜欢兰格格的内在原因,无可替代(见图11-10)。

战略决定命运,品牌决定效益。新时代农业品牌建设的王道,就是做有根有魂的事。根与魂是"任督二脉",打通,则价值更入心,竞争更有力,事业更长久。

这是新时代农业战略规划和品牌建设的本质,也是福来咨询特有的方法论。

图11-10 兰格格草原酸奶

⊖ 1里=0.5千米。

政府主导、企业主营双轮驱动：农业品牌建设的中国道路

中国是农业大国，千千万万小农户共同构筑了国家繁荣稳定的基石。据第三次农业普查数据，我国小农户数量占到农业经营主体的 98% 以上，小农户从业人员占农业从业人员的 90%，小农户经营耕地面积占总耕地面积的 70%。

当前，农业农村发展进入新时代，但大国小农仍然是我国的基本国情和农情。

所以，在中国，想在农业上做大事，必须由政府主导。农业本身投资大、周期长、见效慢、风险大，做农业面临多重挑战。政府有能力、有手段、有资源、有政策，既有统筹协调能力，也有权威性、公信力和凝聚力，做企业和农户想做而做不了、做不好的事情。这就是中国特色，也是必须掌握的规则。

中国茉莉之乡，广西横州市委市政府集全市之力打造区域公用品牌，建设国家现代农业产业园和全国特色小镇，创办世界茉莉花大会，抢占行业话语权，把横州建设成为"世界茉莉花产业中心"，推动茉莉花产业向更高质量发展，年综合总产值达到 125 亿元，成为名副其实的区域经济发展引擎（见图 11-11）。

图 11-11　横州茉莉花公用品牌

宁夏枸杞、盱眙龙虾、兴安盟大米、寿光蔬菜、洛川苹果、伊川小米等，这些区域公用品牌及产业经济成功的背后，均离不开政府的积极主导和强力推动。

政府主导，但不能越位。主体企业必须承担起农业品牌市场营销的主角责任，打通区域公用品牌到用户品牌转化的"最后一公里"。凡是出现问题的农产品区域公用品牌，多是因为缺乏一个在品牌产权上明晰的、在市场经营上具有强大实力的企业法人主体。

五常大米很好，买哪个品牌呀？阳澄湖大闸蟹好，谁家最正宗？这种现象比较普遍，原因就是产业和品类没有"带头大哥"进行市场主导。产业要兴旺，品牌要强大，首先要有品牌产权明晰、善于市场经营的企业法人主体。有了实力强大的企业主体，乡村振兴和品牌强农工作才有抓手，工作才能落到实处，也才能实现从产业优势到市场胜势，从产品优势到品牌胜势的伟大跨越。

纵观全球，中国农业最突出的问题是，千家万户的小生产与千变万化的大市场之间的矛盾。国情和市场发展阶段不同，国外经验必须与中国国情和中国市场实际相结合，不能照搬。但是有一点最值得借鉴，即以品牌为战略抓手，以联合体企业落地。波尔多葡萄酒、佳沛奇异果、正官庄高丽参、新奇士橙、正大集团、恒天然乳业，均是如此。

这也是世界发达国家农业带给我们的最大启示。

从根本上说，中粮集团、首农集团、北大荒集团、双汇集团、伊利集团等，都是联合体企业。

乌江榨菜的成功，首先源于政府很早就组建了重庆市涪陵榨菜集团这个国有控股的市场经营主体，并通过体制和机制创新，持续激活企业，一步一步把产业做强做大，才成就了"中国榨菜第一股"。

盱眙龙虾一路开创引领中国小龙虾美食，有赖于历届盱眙县委、县政府的高瞻远瞩、强力推动和不懈坚持，并成立盱眙龙虾产业集团这个龙头型市场经营主体，在养殖、调料、餐饮、节庆、推广等诸多方面，政府和企业共同撑起了盱眙龙虾的市场蓝天。

没有政府主导,产业像一盘散沙;没有企业主营,政府主导落不到实处。中国农业品牌建设进入"政府主导、企业主营双轮驱动"的新时代,"政府主导"和"企业主营"两个轮子要相互协力、共同驱动(见图11-12)。

图11-12 政府、企业双轮驱动图

政府主导:在农业品牌建设中,政府要起主持和引导作用。政府主导两件大事:一是产业选择与培育,二是区域公用品牌打造。主要工作有:产业规划、战略寻根、品牌找魂、整合资源、搭建平台、夯实基础、传播推广、品牌管理、市场主体培育与组建等。

企业主营:这里说的企业,是指联合体企业,它代表产业和品类进行市场经营,是产业和品类中的中坚力量和"带头大哥",是农业品牌建设的载体和主体。

什么是联合体企业?联合体企业是指在政府主导或引导下,由龙头企业、中小企业、合作社和家庭农场组成,以区域公用品牌为基础,以分工协作为前提,以规模经营为依托,以利益联结为纽带,以企业品牌和产品品牌为抓手,形成实体化、法人式的一体化新型经营主体,代表产业和品类进行市场经营。我们形象地称之为"航空母舰"。

我们提出的联合体企业及联合体企业品牌,是在国家倡导的"农业产业化联合体"基础上的实践、延伸和深化。根据中国国情,在其组建方式上,产权关系可以不变,也可以控股、相互参股;可以是民营(如"好想你"枣业)、国有独资(如寿光农发集团),也可以是混合所有制(如新疆果业集团)。目的只有一个,要有实力和能力承担起振兴品牌农业的大任,要一个形象、一个声音、一个品牌、一个标准,形成"拳头",一致对外。

新疆果业集团(品牌为"西域果园"),作为新疆林果产业的主力联合体企业,就是由自治区供销社参股、社会法人、企业员工共同持股的混合所有制企业,充分发挥了国资、员工和社会法人各自的优势与主观能动性。集团在林果主产区建立了六大基地,在北上广等九大中心城市和周边地区建立了直销中心和2000多家连锁网点,实现农产品交易总量100万吨,带动订单农业40万亩、农户15万户,综合营业额突破100亿元,成为新疆林果业真正的领头羊和"航空母舰"(见图11-13)。

图 11-13 新疆果业集团

总之,在农业品牌创建过程中,政府和企业各司其职,互为依托;发挥所长,相互配合;共同驱动,缺一不可。政府、企业双轮驱动,才能走得稳、走得顺、走得好。这是中国农业现代化、品牌化的必然选择和基本路径。

省市县"三极联动"的中国实践之道

在农产品区域公用品牌建设的时代大潮中,省市县如何定位与分工才能不发生错位、失位和抢位?如何站在全局高度系统规划、推动并引领农业品牌建设高质量发展?我们在自身探索实践和总结国内外典型案例的基础上,提出了农业品牌建设的省市县"三极联动"之道:省市农业服务品牌为面,省市大单品品牌为线,"一县一业"品牌为点,点线面结合,协同发力,实现三极联动(见图11-14)。

图 11-14 省市县"三极联动"

一极:省市农业服务品牌,服务地方、倒逼地方

在推动农产品公用品牌建设和农业高质量发展的战略任务中,省市级政府(尤其是省级政府)是关键引领力和推动力,要立足全局,高瞻远瞩,通过省市级农业服务品牌,搭平台、做支撑,进行价值赋能、政策赋能和服务赋能,发挥两大职能:服务地方与倒逼地方。

具体而言,省市级政府的核心工作是搭建四大平台。

第一大平台为价值平台。根据省市的人文历史、地理位置、生态特点、农业禀赋,提炼出该省市的整体农业"灵魂",并创作传播口令,设计传播标志和形象,形成省市农业价值平台,从而为省市特色优势农业产业、"一地一特"农产品进行价值赋能。

价值平台有两点需要强调:一是其名称必须实名制,一定要体现省市名;二是要明确传递省市农业的特色和价值,要有"灵魂"。

广西提出了"壮美广西,生态农业"的宣传口号,强化"壮美""生态"的价值。河北提出了"河北农品,百膳冀为鲜"的宣传口号,占领"新鲜"

的价值（见图 11-15）。

图 11-15　河北农品服务品牌

第二大平台为宣销平台。酒香也怕巷子深。一方面，要加大宣传力度，通过媒体发出强音，全方位传播省域农产品（农业）价值。需要特别指出的是，类似的广告宣传一定要把省内特色产业带出来，而不是只做单纯的形象广告。

另一方面，通过政府政策和资源，对接阿里巴巴、京东、本来生活、新发地等，搭建统一的市场销售平台，为省市农产品销售铺设高速通道。当然，也有自建平台的，如宁夏的"乡味宁夏"、云南的"云品荟"等，但这个要求比较高，投入资源也比较大，一定要慎重。

第三大平台为政策平台。农产品品牌建设是乡村振兴（产业兴旺）、农业供给侧结构性改革的战略抓手，需要省市政府通盘考虑、统筹谋划、引导引领，做好政策层面的顶层设计，充分发挥集中力量办大事的制度优势和政策优势。

第四大平台为管服平台。发挥省市级政府的权威性和公信力，整合国内外各种优势资源，搭建省市农业高质量发展的管理和服务平台，做企业和县级政府想做但做不了的事。山东省人民政府与农业农村部在寿光联合建立的

"全国蔬菜质量标准中心",对于占领全国蔬菜质量标准制高点、促进山东蔬菜产业提质增效、引领中国蔬菜产业质量标准升级意义重大。

特别强调:省市农业服务品牌的打造重点在省,对市来说,并非必选项。必须满足三个基本条件:品牌命名实名制、文旅资源丰富、战略性持续投入的能力和魄力。否则,千万不要轻举妄动。

二极:省市大单品品牌,聚焦一产业,影响全行业

站在全国甚至全球的角度,从外向内看一个省市的特色农业产业资源,找出全国乃至世界第一、唯一或领先的优势特色产业(品类),打造超级大单品品牌,形成特色优势产业连片聚集效应,带动全省市的品牌农业经济发展。农业农村部和财政部提出的"优势特色产业集群",也是以省市为主要单位。大单品品牌的成功例子,国内的有宁夏枸杞、河北鸭梨、寿光蔬菜、兴安盟大米(见图11-16)等;国外的有波尔多葡萄酒、爱达荷土豆、加州巴旦木、华盛顿苹果等。

当然,省市大单品品牌的打造,并非必选项,必须满足三个基本条件:突出的产业特色(优势)、足够的产业体量、可控的质量标准。如果条件不具备,千万

图 11-16 兴安盟大米区域公用品牌

不要凑热闹、赶时髦,要有所为有所不为,宁缺毋滥。譬如湖南红茶公用品牌的打造就实属勉强,倒不如打造湖南黑茶更有价值。

三极:"一县一业"品牌,是着力点,是主战场

县域(包括区、旗、县级市)是农产品区域公用品牌建设的主力军和主战场。"一县一业"品牌就是要以区域公用品牌建设为战略抓手,全面推动县域的乡村振兴、产业兴旺和高质量发展;同时,也是对省市农业服务品牌和省市大单品品牌的强力支撑。

"一县一业"品牌，不搞大而全的多品类品牌是关键，一定要先聚焦人、财、物打造一个主导产业，如横州茉莉花、盱眙龙虾、洛川苹果、容县沙田柚、三江早春茶、兴仁薏仁米、伊川小米等。

柳州市三江县是侗族自治县，生态环境优越，农产品资源丰富。在福来咨询的协助下，三江县委县政府凝神聚力打造"三江早春茶"品牌，并站在产业竞争和用户价值角度，基于三江茶叶比一般茶叶早上市（春节前就能喝到）的独特优势，赋予其"早春茶"的品牌灵魂，品类品牌化，品牌品类化，建立基于区位和生态的"永恒价值"（见图11-17）。后来居上，"三江早春茶"迅速成为中国早春茶的代表，引领三江茶叶走上高质量发展的高速路。

图11-17 三江早春茶区域公用品牌

"一县一业"品牌的打造，统一领导和统筹规划至关重要。要根据省市的整体规划来选择和实施，既承接省市服务品牌或大单品品牌的势能和政策资源，又避免各自为政，分散资源；尤其是区域公用品牌建设的资金使用，要做到专款专用，明确产业基础投入和品牌创建的软硬投入比例，避免地方政府不会花、不敢花、胡乱花。为避免效果打折扣，"一县一业"品牌建设必须作为一把手工程，列入地方党政一把手的实绩考核体系。

云南省打造世界一流"绿色食品牌"的发展实践，走在了全国前列。云南省按照"大产业+新主体+新平台"的发展模式，聚焦茶叶、花卉、水果、咖啡等8个优势产业，全面落实"抓有机、创名牌、育龙头、占市场、建平台、解难题"6个方面的举措，在全省择优创建了20个"一县一业"示范县，给政策、给荣誉、给支持，做大、做强、做优主导产业，构建完善的产业体系、生产体系和经营体系，把经营主体引入"一县一业"发展大格局，通过服务地方、倒逼地方，两年时间内获得了显著的成效。

总之，以省市农业服务品牌统筹全局，纲举目张；以省市大单品品牌为特色优势产业名片，树品牌影响，做产业带动；以"一县一业"品牌为抓手，做强一点，带动一片。点线面结合，"三极联动"，各司其职，互为支撑，形成上下合力的高效联动效应。

目前来看，省市县"三极联动"，是符合我国国情的农业品牌建设之道，值得进一步实践与探索。

后记
Postscript

行万里路，写一卷书

"读万卷书，行万里路。"这是董其昌在其《画禅室随笔》中的一句名言。

唐贞观三年（公元629年），玄奘从玉门关西行5万里，历时17年，游经138个国家，带回了佛教经典657部，翻译1335卷。他还将中国的《老子》等书翻译成梵文传入印度，并将路途见闻撰写成《大唐西域记》十二卷，为中外文化的交流互鉴做出重要贡献。

玄奘可谓"行万里路，译千卷书，游百余国，立十卷言，留一世功"。

一千多年后的今天，在我国全面推进乡村振兴加快农业农村现代化的伟大征程中，如何有效地学习借鉴全球的优秀成果，具有很强的历史意义和现实价值。

市场上现有的相关研究成果，普遍存在"偏理论缺实践，重学术轻市场，多游览少提炼"的问题。能否学习玄奘环游世界，亲身体验，从产业、市场、品牌、产品、营销等角度系统总结全球农业标杆的理念、实践和经验，让大家不用东奔西走也能把世界农业看透，为我所用呢？

这并不是一件容易的事。不仅要有全球宽度和实践深度，有市场角度和理论高度，更要有对中国国情的深刻了解和中国道路的足够自信。

当然，也需要一定的时间和"盘缠"。基于近20年的农业产业研究和战略品牌咨询实践，我下决心挑战自己，来一场"农业西游记"。

于是，从2014年到2021年，我穿上醒目的"品牌农业西游记"文化衫（不给自己留中途退缩的后路），游历6年，往返15万公里，走遍9个国家，酝酿2年，闭关创作3个月，终于完成这本《娄向鹏看世界农业：一本书带你看透世界标杆农业》，算是对自己的一个交代，也是我环游世界为大家取回来的"真经"。可谓：行万里路，写一卷书。

回想创作《娄向鹏看世界农业》的过程，我用2台电脑、3部手机找资料、倒照片，加班加点，整个人连轴转了3个月，做梦都在改文章，真有点"着了魔"的感觉。

《娄向鹏看世界农业》是我"品牌农业"系列著作的第五部，也是目前国内第一本从产业、市场、品牌、产品、营销角度系统总结全球标杆农业的理念、实践和经验的书，期望能帮大家节约宝贵的时间和精力。假如能对你有一点点启示和帮助，我也就不枉西游万里，心满意足了。

务农重本，国之大纲。

民以食为天。农业是基础性产业，中国现代化离不开农业现代化。农业也是建功立业、成就伟大品牌和伟大企业家的黄金沃土。

这也是我们对中国农业现代化、品牌化最大的底气和信心。

2020年9月，我在青海三江源调研玉树牦牛项目时，途经通天河，据传《西游记》中渡河晒经的章节就发生在这里，当地还修建了晒经台，我禁不住拍照留念，感慨万千。

从事农业和西游取经像极了，路途远、周期长、风险多，但是有意义、有价值。真心希望《娄向鹏看世界农业》能给你一双"千里眼"和"顺风耳"，助你眼观六路，耳听八方，把握正道，不走弯路，修成农业正果。

当然，因为《娄向鹏看世界农业》涉及9个国家，知识点多，信息量大，来源途经多元，难免有偏差和不当之处，敬请大家谅解并不吝赐教。

需要说明的是，本书用到的图片，大多是我自己拍摄的，部分引用的已注明出处，个别找不到出处的请版权所有人联络我们，以便酬谢。

我历经8年的"农业西游记"终于结束了，但《娄向鹏看世界农业》不是一个人的旅程,而是团队智慧的结晶。福来咨询联合创始人郝北海,合伙人郝振义、钟新亮、康海龙、由海、李程、何承霖,项目总监聂小剑,神农岛执行主编李小恬,以及赵晓萌、魏广成、张俊文、陈晔四位高才生,均参与了图书创作或策划创意工作。在此向他们一并表示感谢。

机械工业出版社华章公司的王磊、李文静、王芹三位女士,专业、认真、负责,给予本书出版诸多支持与帮助,向她们深表感谢。

感谢"农业西游记"途中一路相伴的各位"驴友们"。

感谢为《娄向鹏看世界农业》挥毫题词的领导、专家和企业家们。

感谢为"品牌农业五部曲"的创作及出版提供支持和帮助的朋友们。

特别感谢著名"三农"问题专家、中国人民大学教授、博士生导师孔祥智老师一直以来的指导和帮助,并为本书作序。

感谢父母赋予我的农业基因和善良天性,让我义无反顾,顺农而为。感谢我太太和两个儿子的理解与支持,你们是我最坚强的后盾。

都是农业结的缘。

于北京奥运村